大学美育

DAXUE MEIYU

主　编◎柯汉琳　副主编◎林钰源　唐晓敏

编写人员（按姓氏笔画排序）

刘海玲　吴慧平　欧建平　周小蓬　林翠花

广东高等教育出版社
Guangdong Higher Education Press
·广州·

内容简介

本教材是专为高等院校（包括普通高校和各种专业院校、职业技术院校等）学生编写的素质教育教材。教材以培养大学生人文、审美素养为宗旨，在阐述审美教育基本理论的基础上，精选了古今中外文学和艺术经典作品进行审美鉴赏，以打开学生的艺术视野和审美胸怀，在艺术审美鉴赏中获得美的享受和审美感受力、审美创造力的提升。

图书在版编目（CIP）数据

大学美育/柯汉琳主编. —广州：广东高等教育出版社，2020.7（2021.12 重印）
ISBN 978-7-5361-6765-0

Ⅰ. ①大…　Ⅱ. ①柯…　Ⅲ. ①美育-高等学校-教材　Ⅳ. ①G40-014

中国版本图书馆 CIP 数据核字（2020）第 088236 号

出版发行	广东高等教育出版社 地址：广州市天河区林和西横路 邮编：510500　营销电话：（020）87553735 http://www.gdgjs.com.cn
印　　刷	东莞市雅达彩印有限公司
开　　本	787 毫米×1 092 毫米　1/16
印　　张	19.25
字　　数	368 千
版　　次	2020 年 7 月第 1 版
印　　次	2021 年 12 月第 3 次印刷
定　　价	48.00 元

目 录

导语

社会进步的标志，不仅仅体现在物质文明上，而且体现在人的精神文明上；社会主义的现代化，不仅仅表现于科学技术、物质生产的现代化，也表现于人的现代化，而且首先在于人的现代化。没有高素质的现代化的人，就没有社会主义的现代化。

所谓高素质的现代化的人，应该是具有与现代科学文化水平相适应的道德情操、专业知识修养，以及健康的身体素质、人文素养和审美素质等的人，即具有现代特征的德、智、体、美、劳全面发展的一代新人。

造就这样全面发展的新人，是一个复杂的系统工程，需要多方面的努力：不仅需要个人自我修养的努力，还需要社会、学校、家庭教育的努力；不仅要有切实的道德教育、智力教育的努力，也要有以培养人的丰富感受力、情感力为特质的生动的审美教育（简称“美育”）。正如周扬所说：“一个人要全面发展不能缺少技术教育，也不能缺少美育。在现代化教育中，没有美育是不成的。”① 20世纪90年代末，《中共中央国务院关于深化教育改革，全面推进素质教育的决定》明确把美育纳入教育方针，作为全面素质教育的一个重要组成部分，指出：“美育不仅能陶冶情操、提高素养，而且有助于开发智力，对于促进学生全面发展具有不可替代的作用。要尽快改变学校美育工作薄弱的状况，将美育融入学校教育全过程。”2015年，国务院办公厅发布《关于全面加强和改进学校美育

① 周扬．关于美学研究工作的谈话［J］．美学，1981（3）：6.

工作的意见》（国办发〔2015〕71 号），提出要全面加强和改进学校美育工作，要取得突破性进展，美育资源配置逐步优化，管理机制进一步完善，各级各类学校开齐开足美育课程；到 2020 年，初步形成大中小幼美育相互衔接、课堂教学和课外活动相互结合、普及教育与专业教育相互促进、学校美育和社会家庭美育相互联系的具有中国特色的现代化美育体系。2017 年，党的十九大报告中再次重申，我们的教育方针是培养德智体美全面发展的社会主义建设者和接班人。《教育部关于切实加强新时代高等学校美育工作的意见》（教体艺〔2019〕2 号），强调美是纯洁道德、丰富精神的重要源泉。学校美育是培根铸魂的工作，提高学生的审美和人文素养，全面加强和改进美育是高等教育当前和今后一个时期的重要任务。要求以习近平新时代中国特色社会主义思想为指导，全面贯彻党的教育方针，坚持马克思主义指导地位，坚持中国特色社会主义教育发展道路，坚持社会主义办学方向，坚持明德引领风尚，落实立德树人根本任务，引领学生树立正确的审美观念、陶冶高尚的道德情操、塑造美好心灵，切实改变高校美育的薄弱现状，遵循美育特点，弘扬中华美育精神，以美育人、以美化人、以美培元，培养德智体美劳全面发展的社会主义建设者和接班人。很明显，党中央、国务院对美育工作是高度重视的。

美学作为一门专门研究客观世界的美和人对美的审美反映、审美创造等规律的特殊学科，其研究目的不仅在于深化、提高美学理论自身，而且在于发挥美学对现实的积极作用，包括对人的积极作用。美学要引导人们在美的理想的驱动鼓舞下，运用美的规律去创造生活的美、艺术的美，也要通过美的教育创造和提升人自身的美，促进社会文明的发展。这就是说，审美教育的研究和实践问题，是美学研究的重要现实课题。

上编

美育知识篇

第一章 美育的性质特征

美育，也叫审美教育、美感教育，古希腊人称其为“缪斯教育”。中国古代提出和倡导的“诗教”“乐教”就是美育。美育是一种以“美”为手段教育人的特殊教育。美育有实践意义上的美育和理论意义上的美育两种概念，前者指以美育人的实施过程；后者是对前者的理论概括和阐说，可称美育学。

美育作为一种理论，是美学的一部分，又是教育学的一部分，前者可谓“美学的教育学”，后者可谓“教育学的美学”。

美育的根本目的是什么？应如何理解美育的性质？这是我们首先要认识的问题。

第一节 美育的性质

一、美育是审美的人格教育

美育的性质是什么？首先，美育是一种审美的人格教育。就是说，美育以把“美”作为手段，通过审美活动的方式，让美滋润人的心灵，培育人的美好情操和审美修养，塑造美好的人格作为根本目的。

在中国，审美教育的理念和实践产生于先秦时代，而且一开始就被视为人格教育的重要方式。

中国最早谈及审美教育的是大教育家孔子。孔子的思想核心是“仁”。“克己复礼为仁”[①]，仁是把遵守奴隶制社会等级制度的“礼”作为自觉要求的那种思想境界。在孔子看来，人要达到“仁”的境界必须经过自我的主观修养，而诗与乐就是用来修养自己以达到“仁”的最高境界的重要手段。孔子说，只懂得“仁”的道理还不行，还要爱好“仁”，但更重要的是要对“仁”产生一种内在的愉悦的情感，这就需要诗教与乐教，因为它们可以深入人的内心，感发人的心灵，改变人的性情，使之自觉接受和实行仁道。孔子说：“诗，可以兴，可以观，可以群，可以怨。”[②]“兴”就是一种感发人的意志，荡涤其浊心，激励其精神的情感教育，也就是一种情感的净化和陶冶。孔子认为人的修养是“兴于诗，立于礼，成于乐”[③]，即由诗开始，最后由乐来完成。据《礼记·经解》记载，孔子说：“入其国，其教可知也。其为人也，温柔敦厚，诗教也。”可见，孔子认为，诗教是培养温柔敦厚的理想人格的方式，诗教与乐教作为审美教育在人格教育中具有重要意义。

荀子是孔子美育思想的继承者和发挥者。他认为对美的要求是人的本性，具有人类的普遍性，只有符合“礼”，对人才有益，才是合理的。他强调通过“乐”的教育作用，使人与人保持和谐、协调的关系。他认为，喜怒哀乐是人先天具有的情欲，但情欲任其发展也是不行的，必须给情欲以引导和节制。诗与乐的审美教育就是要给人的情欲以理性的规范，使之合乎道的要求。荀子的美育思想在后来的《乐记》（一说《乐记》为公孙尼子作）中得到进一步说明与发挥。《乐记》是中国第一部美学著作，也是儒家美学的重要经典。《乐记》第一次明确提出音乐（艺术）是情感的表现。“乐者，音之所由生也，其本在人心之感于物也。”正因为艺术是情感的表现，所以运用艺术进行审美教育，其直接的作用即在打动人的情感。《乐记》指出艺术的功能是“和同”：“乐者为同，礼者为异。同则相亲，异则相敬。”艺术的这种美育功能就是要影响人的情感，使不同的人在情感上融合协同起来，在整体人格上符合社会伦理要求。

近代中国，随着西方哲学、美学及教育理论的传入，审美教育思想的发展出现了新的契机。经过梁启超的启蒙，王国维的开拓，蔡元培的系统阐发，到20世纪30年代，

---

① 出自《论语·颜渊》。
② 出自《论语·阳货》。
③ 出自《论语·泰伯》。

中国的美育理论已初具独立体系的形态。

梁启超是最早引进西方美学并把它与中国传统美学思想结合起来的尝试者。他首次提出“趣味教育”的概念。在他那里，“趣味教育”和“情感教育”同义，实际上就是审美教育。他认为，情感教育是一种内在的感化，其根本目的在于培养人的高尚情操，推动人类的进步。他还认为艺术和自然景物都是情感教育的有力手段，艺术尤为重要，如小说对人的情感具有“熏”“浸”“刺”“提”的作用。

王国维对审美教育在教育中的独立价值及其特殊性也做了深入的探索。他认为教育的宗旨在于培养“完全之人物”，即“身体能力”和“精神能力”两个方面都得到和谐与全面发展的人。因此，教育也应分为体育和心育两大部分。他认为：“最高之理想存于美丽之心（beautiful soul），其为性质也，高尚纯洁，不知有内界之争斗，而唯乐于守道德之法则，此性质唯可由美育得之。”① 就是认为美育对促进、培养人的高尚品德具有重要作用。他还对美和美的情感教育的特殊性做了深入的阐述，认为美是无功利性的，即只“可爱玩”而“不可利用”，由美的对象而引起的情感也是一种与功利和欲求无关的“纯粹之乐”，是一种高尚的情感。因此，审美教育在于以美的事物诉诸感情领域，引起无利害的高尚纯洁的快乐，从而达到陶冶情感、完善人格的目的。

蔡元培是我国近代美育思想的集大成者。他曾从“教育救国”的宗旨出发，提出把美育定为新式教育方针的内容之一。蔡元培在《对于教育方针之意见》一文中提出了包括美育在内的国民教育宗旨，后来又将自己的新式教育方针总结为德、智、体、美四个方面。他说普通教育的宗旨是养成健全的人格。所谓健全的人格，内分四育，即德育、智育、体育、美育。他认为，四育之中，德育是中心，但德育必须有智育和美育的帮助。“美育者，与智育相辅而行，以图德育之完成者也。”② 在他看来，美育就是通过陶养人的感情，使人的情操高尚并促进智育、德育完成的人格教育。

西方审美教育理论来源于古希腊哲学和美学。不论是斯巴达的武士教育、雅典的艺术教育，还是柏拉图、亚里士多德的教育理论，都非常重视审美教育对人格的塑造。这个优良传统可以说贯穿于整个西方教育的历程。

柏拉图是西方最早对审美教育提出较为系统看法的古希腊哲学家和美学家。他的美育观点是与其美学思想和政治主张紧密联系在一起的。柏拉图将理想中的公民分为三等，

---

① 王国维. 孔子之美育主义［M］//佛雏. 王国维学术文化随笔. 北京：中国青年出版社，1996：152.

② 文艺美学丛书编辑委员会. 蔡元培美学文选［M］. 北京：北京大学出版社，1983：174.

最高的是哲学家，即国家的最高统治集团，其次是武士，最低的是农工商，这三个等级的人只有各安其位，各司其职，毋相逾越，国家才能有正义和秩序。他认为，国家如此，人性也如此，人性可分为理智、意志、情欲三个等级。理智是人性中的最高等级，意志次之，情欲则是人性中最低劣的部分。人性要达到“正义”，也必须像国家一样，使情欲和意志一直服从理智，受理智的支配和统辖。他理想中的教育就是要培养出“理想国”里的理想的人，而艺术教育、美感教育是培养这种理想的人的重要手段，因为他把艺术看作是感性教育的重要手段，认为艺术能够深入人的心灵深处，使人敏感地看出一切艺术作品和自然事物的美丑，赞赏美的事物，并用以滋养自己的心灵。所以，他主张寻找一些有本领的艺术家，“把自然的优美方面描绘出来，使我们的青年们像住在风和日暖的地带一样，四周一切都对健康有益，天天耳濡目染于优美的作品，像从一种清幽境界呼吸一阵清风，来呼吸它们的好影响，使他们不知不觉地从小培养起对于美的爱好，并且培养起融美于心灵的习惯”①。他特别提到音乐的教育意义，认为从小受到音乐美滋润的人，“性格也会变成高尚优美”②。为此，他设想的教育蓝图是：7 岁前的教育主要是音乐（儿歌和摇篮曲使人敏感地看出一切艺术作品和自然事物的美丑，并赞赏美的事物等）和儿童游戏的教育；7 ~ 18 岁的教育是以体操锻炼身体，以音乐陶冶心灵的教育；此后，经过两年的军事训练，其中大部分成为战士，少数才智优异者再接受 10 年的心智教育以培养他们对理念世界绝对真理的兴趣，发展他们的理智，这些人将成为理想国度的政府官员。其中，出类拔萃者将继续接受 5 年的哲学教育，以培养少数能以理念世界的绝对真理治理国家、制定法律的最高统治者。柏拉图的以艺术为手段的审美教育从根本上说是为了节制情欲，使感性服从理性的支配与辖制。

古希腊哲学家亚里士多德在审美教育的理论观点上比柏拉图前进了一大步。如果说柏拉图的理想人格是理智处于绝对统治地位，而情感与欲望受到压抑的话，那么亚里士多德的理想人格却是理智与感性两种心理功能全面和谐发展的人格。亚里士多德认为，人的本能、情感、欲望与理性一样都是人性固有的，应给予适当的满足，而不应受到排斥或压抑。艺术教育和审美教育只有满足人的这一自然要求，才能有利于人格的健康发展，有益于社会。亚里士多德是历史上第一个肯定快感的合理性并为之辩护的思想家。他认为，人的快感有几种来源：有因模仿而来的快感，有因节奏与和谐而产生的快感，还有因情感受到净化而产生的快感。音乐、悲剧等艺术都具有这种对人的情感的净化作

① 柏拉图. 文艺对话集［M］. 朱光潜，译. 北京：人民文学出版社，1963：62.
② 柏拉图. 文艺对话集［M］. 朱光潜，译. 北京：人民文学出版社，1963：63.

用。他在《诗学》中认为悲剧借引起怜悯和恐惧来使这种情感得到陶冶，在《政治学》中特别论述了音乐对情感的净化作用。他认为不同音乐的乐调可以净化不同的情绪，如宗教的迷狂情绪。过度的热情、哀怜与恐惧的情绪受到音乐的激动，得到净化，心理就感到一种轻松、舒畅的快感，“一种无害的快感”[①]。可见，在亚里士多德那里，审美教育不是压抑情感、强调理性的教育，而是情感的教育，是一种对情感的陶冶和净化。而通过这种陶冶和净化，可以使过分强烈的情感和情绪得到宣泄而趋于平静，以保持情感的适度和心理的平衡。

到了古罗马，诗人、文艺理论家贺拉斯提出了艺术教育要“寓教于乐”的著名论断。他在概括文艺的社会功能时说：“寓教于乐，既劝谕读者，又使他喜爱，才能符合众望。”[②] 他认为，诗人的愿望应该是给人以益处和乐趣，应当把愉快和有益的东西结合在一起，使人在快乐中受到教育。贺拉斯试图通过“寓教于乐”的表述揭示审美教育的特点，这是有意义的。但他毕竟是一个理性主义者，审美教育在他那里仍然是理性教育的一种手段。

审美教育的独立理论形态形成于近代。随着生产力和科学的发展，资本主义生产方式的兴起，一方面生产力提高了，社会物质财富增加了；另一方面也造成了劳动的异化和人性的分裂。在这一背景下，审美教育作为克服人性分裂和完善人格的途径被提出来，并作为独立的对象加以理论的探讨。德国剧作家、美学家席勒发表了《美育书简》，这是历史上第一部以审美教育为研究对象的理论著作，也是审美教育理论形成独立理论体系的标志。在书简中，席勒首次提出了审美教育的概念，而且从理论上系统阐释了审美教育的本质、任务及社会意义。书简被后人称为“第一部美育的宣言书”。席勒从抽象的人性论出发，认为理想的人性应是和谐、自由发展的“完整的人”，这种人的完整性主要表现为感性与理性的统一、必然与自由的统一以及理想与现实的统一。古希腊人就是这样理想的人。但是，近代文明社会科学技术的严密分工和国家机器造成的等级差别却使人性的内在和谐与完整遭到破坏。“国家与教会、法律与习俗都分裂开来，享受与劳动脱节、手段与目的脱节、努力和报酬脱节。永远束缚在整体中一个孤零零的断片上，人也就把自己变成一个断片了。”[③] 他认为，解决这一危机的根本出路不是进行社会政治、经济领域的改革，而是要改造人性，实现“人格的高尚化”，而只有通过审美教育，

---

① 北京大学哲学系美学教研室．西方美学家论美和美感［M］．北京：商务印书馆，1980：45。

② 贺拉斯．诗艺［M］．杨周翰，译．北京：人民文学出版社，1982：155.

③ 席勒．美育书简［M］．徐恒醇，译．北京：中国文联出版公司，1984：51.

才能恢复完美的人性。他说："我们为了在经验中解决政治问题，就必须通过审美教育的途径，因为正是通过美，人们才可以达到自由。"① 席勒进而指出，人生来有两种冲动：感性冲动和理性冲动。感性冲动的对象是广义的生活，它包括一切物质存在和呈现于感官之前的东西，它要求理性形式获得感性内容，使潜在能力变为现实。理性冲动（又称形式冲动）的对象是形象，它包括一切理性形式和理性的法则，它要求感性内容获得理性形式，使变化着的客观世界显出和谐。两种冲动，产生了人的两种相反的要求，造成了感性和理性、个人和社会、主体与客体的分离，也就是说，人性是分裂的。人在自然力量、物质需要和理性法则的双重压迫下，是不自由的。要清除这种人性的分裂和不自由状态，必须实行第三种冲动，即"游戏的冲动"，也就是实施审美教育。因为游戏冲动的对象是活的形象，是美，是艺术，游戏与强迫是对立的，通过游戏冲动，便可以使人们从感性与理性、现实与道德分离的束缚中解放出来，使人成为完整的人。"只有当人在充分意义上是人的时候，他才游戏；只有当人游戏的时候，他才是完整的人。"② 席勒把美育看作是培养完美人性和理性的人的一种手段，通过审美教育，"使人由素材达到形式，由感觉达到规律，由有限存在达到绝对存在"③。当然，这种通过审美教育来建立自由王国的设想，只能是一种虚幻的空想。

在批判吸收人类以往优秀理论遗产的基础上，马克思和恩格斯对人的全面发展问题做了深刻的论述。他们认为，全面发展的人应该是自由发展的人，美育的根本目的是促进人的自由与发展。与以往的理论不同，马克思和恩格斯的基本出发点是唯物史观而不是唯心史观的抽象人性论。在他们看来，生产劳动实践是人类社会发展的动力和基础，人只有通过劳动实践活动，实现对客观世界的改造时，才会获得真正的自由。生产劳动是人区别于动物之所在，人认识和改造客观世界的程度，即马克思所说的自然人化的程度是人获得自由程度的标志。人类的劳动促进了人类的手、脑等的发展及完善，也进一步提高了人征服自然和按照美的规律创造世界的能力，从而使人得到了更大的自由。因此，离开生产劳动实践的发展就没有人的自由发展。这是关于美育问题的观点的根本转变。

马克思认为，劳动的实现，就是劳动的对象化。但是，在资本主义和私有制的条件下，劳动的对象化成为劳动的异化。"劳动为富人生产了珍品，却为劳动者生产了赤贫。

---

① 席勒. 美育书简［M］. 徐恒醇，译. 北京：中国文联出版公司，1984：39.
② 席勒. 美育书简［M］. 徐恒醇，译. 北京：中国文联出版公司，1984：90.
③ 席勒. 美育书简［M］. 徐恒醇，译. 北京：中国文联出版公司，1984：102.

劳动创造了宫殿，却为劳动者创造了贫民窟。劳动创造了美，却使劳动者成为畸形。劳动用机器代替了手工劳动，同时却把一部分劳动者抛回到野蛮的劳动，而使另一部分劳动者变成机器。劳动生产了智慧，却注定了劳动者的愚钝、痴呆。”① 人只有从异化劳动中解放出来，向着具有人类特征的感觉复归，才能得到真正的解放和自由，人的本质的丰富性才充分发展起来，人们在艺术、科学等方面的才能才会得到充分的发展。就是说，美育的根本目的是消除异化劳动带来的人的自由自觉性的丧失，促进人的本质的全面和谐发展。

二、美育是情感教育和形式美感教育

（一）美育是一种情感教育

美育是一种审美的人格教育。那么，美育是通过什么而达到人格教育的呢？上面的历史叙述表明，几乎所有的理论家都认为，美育是通过对人的情感熏陶而实现人格教育的。就是说，美育本质上是一种情感教育。对此，可以从以下几个角度来理解。

第一，从“美学”“美育”概念提出的特定内涵看，美育主要涉及人的情感领域。如前所说，从古希腊开始，传统哲学都认为人的心灵世界包括知、情、意三个领域，知、意分别由逻辑学、伦理学所研究，那么情也应该有专门的学科来研究。到了18世纪，德国美学家鲍姆嘉通就把这个专门学科定名为“美学”，因此，无论是鲍姆嘉通还是后来的美学家，都形成一种共识：美学的对象是感性认识（情感）所理解的完善，而这种理解到的完善就是美；与此相反的就是感性认识（情感）的不完善，就是丑。可见，“美学”概念的提出及其作为独立学科的建立是与人的情感领域紧密相连的，美学实际上就是“情感学”。而美育概念的提出者席勒认为，美育的性质和任务就是要在感性和理性的领域之外开辟一个新的消除了感性和理性束缚的高尚的情感领域，使人获得精神上的解放，培养完美的人格。从“美学”“美育”概念的提出及其作为两门独立学科最早建立时的定位，可以看出它们都主要涉及人的情感领域，这就从一个方面印证了美育作为情感教育的性质。

第二，从审美的性质特点看，美育是在审美活动中展开的教育。美育本身就是一种

① 马克思. 1844年经济学—哲学手稿［M］. 刘丕坤，译. 北京：人民出版社，1979：46.

审美活动，而审美活动的性质和美感的特点决定了美育是一种情感教育。审美活动实质上是一种情感体验活动，审美主体对美的把握，在心理上展开的主要是情感而不是理想认识或道德意志，审美对象引发的愉快主要是情感愉快。就是说，审美对象对审美主体的作用是由悦目悦耳进而悦心悦情，审美过程就是一种情感自我陶冶的活动，美育作为一种审美活动也是一种情感自我陶冶的活动；而从教育学的角度看，美育就是借助于美对受众进行情感教育的教育方式。

第三，从教育价值观看，美育也不同于德、智、体的教育。德育主要是对人们进行思想和伦理道德方面的教育，它体现着“善”的要求；智育主要是传授知识、技能，开发人们的智能，它体现着“真”的要求；体育主要通过运动和锻炼，促进人的健康水平，它体现着“健”的要求；而美育则主要是通过对人的情感美化作用培养人的美感情操，使人的审美心理结构完善、人格完美、个性和谐发展，它体现着“美”的要求。

可见，美育是通过情感教育实现人格完美化的教育。

在美学史和教育史上，不少美学家和教育家都认为，美育是一种情感教育。

在西方，如古希腊的柏拉图、亚里士多德，古罗马的贺拉斯，法国的卢梭，德国的鲍姆嘉通、席勒、黑格尔等人的美育思想都证实了这一点。柏拉图虽然把情欲视为人性低级的部分，但他要求优秀的艺术家用优美的作品教育人，滋润人的心灵，目的就是要使人的情欲高尚起来，这说明，在柏拉图看来，美育是一种情感的教育。亚里士多德的“净化说”就非常直接地肯定了美育的情感教育的性质。他说，通过艺术的陶冶和净化，过分强烈的情感和情绪得以宣泄而趋于平静，以保持情感的适度和心理的平衡。这是美育的目的，也是美育作为情感教育的性质的鲜明表述。

在我国，从古代的孔子、荀子、朱熹到近代的梁启超、王国维、蔡元培等人都把美育视为情感教育。孔子虽然更强调的是艺术的社会功能和言志作用，但根据他对《诗》的“乐而不淫，哀而不伤”的评价和视《诗》为教育人的手段，可见他也肯定了“诗教”的情感教育性质。荀子认为诗与乐的审美教育就是要给人的情欲以理性的规范的观点，恰恰也说明了审美教育的情感教育意义。《乐记》说得就更直接，它指出艺术的美育功能就是要影响人的情感，使不同的人在情感上融合协同起来。《乐记》显然把艺术的美育视为情感教育。到了近代，如前所述，梁启超提出的“趣味教育”即审美教育，就是“情感教育”。他所说的小说对人的“熏”“浸”“刺”“提”的作用，其实就是情感教育的作用。王国维明确指出美育的性质是“情育”，即情感教育。蔡元培也说：“美育毗于情感。”[1]“美育者，应用美学之理论于教育，以陶养感情为目的者也。”[2] 朱光潜也说：“美感教育是一种情感教育。”[3]

（二）美育是一种形式美感教育

美育作为一种情感教育，又是通过形式美感的教育来实现的。就是说，美育又是一种形式美感的教育。对此，可以从以下两个方面来理解。

第一，美育是以“美”育人的教育。我们知道，美，无论是艺术美还是自然美、人的美、文化美，都呈现为生动的形象。如黑格尔所说：“美只能在形象中见出。”[4] 而审美活动——不论是美的欣赏还是美的创造，都是通过形象感知来实现的。换句话说，在审美活动中，审美对象都是以其鲜明生动的形象（由色彩、线条、形体、声音等形式因素构成）诉诸人的感官，影响人的思想感情的。美和审美活动的这一形象性特征决定了美育必然是一种“审美形式感”或称为“形式美感”的教育。

第二，在审美教育活动中，审美主体对美的欣赏，必须保持一种非功利的心态，即对对象无所求、无所为、无欲望的超然的、静观的心态，也就是不涉及对象的“实质性”内容。如黑格尔所说，像希腊人在欣赏人体美时对一切涉及欲望的部分“漠不关心”一样；或如朱光潜所说，只把对象当作一幅画来看一样，这样，你就可以获得真正的审美愉快。美感教育就是这样一种形式美感教育，就是一种超越功利、超越实用、超越世俗的形式美感教育。

美育的独特性，就在于通过各种美的形象来触发人的情感，以美感人，以情动人，从而起到潜移默化的感染和教育作用。美育主要是一种通过形式的感受达到情感熏陶的情感教育。

综上所述，美育是一种情感教育和形式美感教育有机统一的人格教育。

三、美育与德育、智育、体育

美育与德育、智育、体育的关系，是深入理解美育的性质的一个重要方面。

---

① 文艺美学丛书编辑委员会. 蔡元培美学文选［M］. 北京：北京大学出版社，1983：5.

② 文艺美学丛书编辑委员会. 蔡元培美学文选［M］. 北京：北京大学出版社，1983：174.

③ 朱光潜. 朱光潜美学文集：第2卷［M］. 上海：上海文艺出版社，1982：505.

④ 黑格尔. 美学：第2卷［M］. 朱光潜，译. 北京：商务印书馆，1979：161.

教育的功能和价值，一是促进人类社会的发展和完善，二是促进人类自身的发展和完善。这就是说，教育的根本任务是推动社会和人类自身的发展和完善。教育是一个系统工程，人的全面发展有赖于多方面的动力。我们知道人的心理结构由智慧、意志、情感三种因素所组成。这三个方面在实践中分别表现为认识关系、伦理关系和审美关系。认识关系解释了主观与客观、认识与实践、感性和理性的发展过程，它是运用概念的普遍形式去把握事物的本质，属于智育的范畴。伦理关系揭示了人与人之间、个人与社会之间的一般道德准则，它告诉人们什么样的行为是善的，什么样的行为是不善的或丑恶的，属于德育的范畴。审美关系表现为一种情感关系，它揭示了人怎样按美的规律与审美理想来改造世界和塑造人自身，属于美育的范畴。这三个方面，对构成人的健全心理是不可或缺的，它们和侧重于人的体质锻炼、使人获得健康体魄的体育在一起，共同构成了促使人全面发展的教育体系。可见，整体动力观的教育观念决定了德、智、体、美是相互联系、相互促进的统一整体。

20 世纪 90 年代末，《中共中央国务院关于深化教育改革，全面推进素质教育的决定》（以下简称《决定》）明确把美育纳入教育方针，作为全面素质教育的一个重要组成部分。《决定》指出，“美育不仅能陶冶情操、提高素养，而且有助于开发智力，对于促进学生全面发展具有不可替代的作用。要尽快改变学校美育工作薄弱的状况，将美育融入学校教育全过程。”1993 年《中国教育改革和发展纲要》再次明确指出，美育对于培养学生健康的审美观念和审美能力，陶冶高尚的道德情操，培养全面发展的人才，具有重要作用。没有美育就没有完全的素质教育。

美育作为实施素质教育的切入点，除了自身的重要性以外，还对其他各育起促进作用。以美辅德，以美益智，以美健体，以美促劳，促使学生全面和谐地发展。

美育以它突出的人文性和面向整体人格的全面性而有别于德、智、体三育，又与德、智、体三育互相渗透、互相交融。只有把握好美育与德、智、体三育的关系，才能更好地开展美育。

（一）美育与德育的关系

美育与德育的关系问题，从理论上讲，就是美与善的关系问题。正如本书前面所说，美与善的关系非常密切，善是美的基础，在道德领域甚至善即美。这就是说，美育与德育的关系是非常密切的，美育最终要达到人格的提升，与德育的最终目标具有一致性。

美育与德育虽然存在着密切的联系，但又各有特点。美育与德育的差别主要体现在以下几个方面。

第一，从性质上说，美育是通过美的事物、美的形象、美的理想陶冶人的情感，塑造美的心灵，培养全面发展人格的教育。与德育偏重于规范与约束的特点不同，美育具有自由和愉悦的特点，它注重发展受育者的审美感受力、创造力，使个性得到和谐而自然的发展；在最个性化的审美体验中，受育者往往超越了现实生活的某些限制，自发地投入到受育过程中并乐此不疲。德育则偏重于对善的行为的逻辑判断，注重发展受育者的意志约束力，是一种规范性的教育；德育偏重于培养个性对社会的服从，它努力使受育者以社会普遍的规范和法则作为自己的需要和准则，而这种由外向内的约束常常使个性的发展要求受到一定的限制。

第二，从方式上说，美育是一种感性的引导和诱发，它以美感染人，使人的个性情感得到自由表现和升华，因而具有明显的情感性、形象性、自由性。在这个过程中，一切都得靠受育者自己去体验，这种体验是主动和创造性的，也是生动活泼的，受育者可从趣味满足中获得认同和教益。德育则主要是通过说理，言明大义，以理服人。它的重要特点是说服，尽管也可以采取一些生动活泼的形式，但它终究是理性化的，受教者也基本上处于被动地认识与接受的位置。

第三，从功能意义上看，美育偏于培养个性人格，它通过培养敏锐的感受力，发展个性情感，养成人的自发性和创造性。德育偏重培养社会人格，通过磨炼意志力，养成人的自觉性和遵从意识。因此，德育和美育在价值取向上有不同的侧重：德育侧重于社会尺度，它偏重于现实的原则以帮助受育者适应现实环境；美育则偏于个性的尺度，偏重于超越的原则，它不能帮助受育者从现实环境中获得实利，但受育者能在个性发展需要的基础上产生出变革现实、追求社会秩序更合乎人道的理想和动力。因此，美育包含着改造社会的超前的理想性。

美育和德育的关系是辩证的关系，其主要体现在如下几个方面。

第一，美以善为前提。善，体现着人类的普遍的利益要求。人的实践活动具有一定的目的性，而这种目的如果符合客观事物的发展规律，就是合理的，就会给人类带来益处，同时，也是善的行为。美则是人们对事物的一种情感体验。美之所以以善为前提，是因为美并不是什么超然的、抽象的东西，而是事物的客观性和社会性的统一。亚里士多德曾说："美是一种善，其所以引起快感，正因为它善。"雨果的名作《巴黎圣母院》中的敲钟人卡西莫多，从外形上看是丑得吓人，但由于他有一颗非常善良的心，所以仍能给人一种美感。所以说，美归根到底离不开善，有善才有美。美以善为前提，也决定了一切审美教育从根本意义上讲，是为了培养和诱发人们善的情感，使个体形成一种完善的人格。当然，这种善是广义的，不可从狭隘的功利主义出发去理解，否则，那也是难以实现的。

第二，道德状态是从审美状态发展而来的。席勒曾说："要使感性的人成为理性的人，除了首先使他成为审美的人，没有其他途径。"① 又说："只有审美的国度才能使社会成为现实，因为它通过本体的个性去实现整体的意志。"② 这话有点绝对，但也说明了审美教育具有特别重要的道德意义。道德状态从审美状态发展而来，是由于道德实践是建立在一定的情感基础之上的；要提高人们的道德状态，不能就道德说道德，更重要的是提高人们的审美情操。所以，德育教育人不要做违反道德的事无疑也是非常重要的，但如果能使人从小就热爱美，厌恶一切丑行，就具有更加直接和积极的意义。

第三，美最终是为了善。法国启蒙思想家伏尔泰说过："美德与过恶，道德上的善与恶，都是对社会有利或有害的行为；在任何地点，任何时代，为公益作出最大牺牲的人，都是人们会称为最道德的人。"③ 美最终是为了善，这是人类社会的本质所决定的。审美活动也是人类实践活动的一个方面，如果审美活动不能给人们带来益处，那它也难以存在和发展。美最终是为了善，表明美学和伦理学在根本目的上是一致的。把美学与伦理学用于社会实践的美育和德育，都是为了培养全面发展的人才，创造更加美好的世界。

（二）美育与智育的关系

美育与智育的关系问题，从理论上讲，就是美与真的关系问题。美与真的关系非常密切，真、善都是美的基础，离开了真、善就没有美。所以，美育与智育也是不可分割的。

但是，美育与智育是有着很大差别的两种教育，主要体现在以下两个方面。

第一，教育的内容和目的不同。美育以感性的审美对象和审美形式为根据和手段，主要是一种培养审美能力，使受育者的情感得到表现和升华的过程。在这个过程中，受育者接触的是以形式—情感为特征的审美对象，例如，自然景观和艺术作品等。当然，美育也包括知识的教育，但这不是最主要的，其主要目的是培养审美能力、陶冶情感。由于美育过程以受育者的自发性为基础，因此它能直接满足个体生命的发展要求，使个

---

① 席勒．美育书简［M］．徐恒醇，译．北京：中国文联出版公司，1984：116.
② 席勒．美育书简［M］．徐恒醇，译．北京：中国文联出版公司，1984：145.
③ 北京大学哲学系外国哲学史教研室．十八世纪法国哲学［M］．北京：商务印书馆，1963：84.

性得到和谐而自然的发展。智育则是知识的教学过程，它以概念—逻辑为特征的知识传授为依据，如公式、定理、概念、定义、法则以及判断和推理等过程和环节，其目的在于促进受育者掌握科学文化知识与技能，发展受育者的智力结构，与受育者的生命要求、情感满足要求并无直接的关联。

第二，教育的功能意义不同。美育的功能旨在培养审美能力、促进情感的表现和升华。审美能力的发展虽也需要知识的帮助，但它在本质上不是由具体表象向抽象逻辑的发展，而是越来越深入到具体的感性形象中去。智育的任务是促进观察力、想象力和思维力等方面的发展，其中以促进逻辑思维能力的进步为核心。皮亚杰的认知发展理论研究表明，逻辑思维能力的发展从一定意义上讲是一种抽象力的进步，是智力从具体表象向抽象逻辑的发展。审美能力与逻辑思维能力的这种不同发展方向决定了美育与智育的重要差异。以发展逻辑思维能力为主要目的的智育注重培养学生的逻辑判断和推理能力，它要摆脱认识中的主观性以符合客观性，对情感和想象力的发展往往有一定的抑制作用。

美育与智育虽然有着重要的差别，但是，由于个体任何一种能力都与他的其他能力联系在一起，某一能力的发展总离不开其他能力的发展，因此美育与智育又是相互促进的。

美育对智育的促进作用，首先在于它能够有效地促进人的认识能力的提高。我们知道，智育的过程是对规律的认识，是对知识体系的认识，而在个体的成长过程中，审美能力的发展一方面包含着认识能力的发展，另一方面也为认识能力的发展提供必要的基础和条件，因为从某种意义上来说，审美能力本身也是一种认识能力，只是它不同于逻辑思维的认识，而是一种特殊的悟解能力。任何审美形式都是个性情感的创造性表现，通过审美形式的体验，我们可以直接领悟到其中的情感生命，可以认识到主观世界的情感和情绪，成为对人生智慧的一种特殊领悟。这种领悟也意味着一种特殊的认识能力的发展，对人的智力的发展具有非常重要的意义。其次，美育所具有的培养创造性思维的功能，对智力的发展具有积极的作用。创造是人类最可宝贵的力量。大千世界的一切物质文明和精神文明，都是人类的创造性成果。创造性思维能力是智力的高级形式，是在既有知识和经验的基础上有所发现和创新的能力，是人类智慧的集中体现。而美育具有心理的综合体验和整体性的品质，是人的感知、想象、情感和理智等多种心理功能的统一，在感性直观的体验中，往往能激发受育者的思维，使其深入发现事物内部的本质联系，体现出整体性创造能力。因此，在智育过程中引进美育的形象性和趣味性，引进体验、启悟机制，引进美育的诸多方法，可以促进受育者的观察力、想象力、体悟力和创造性思维能力的发展。

同样，智育对美育也有重要的促进作用。首先，美育需要有一定的智力准备。一个知识储备越多、对事物认识能力即智力越高的人，他在审美活动中对对象的领悟就越深刻，审美情感反应就越强烈。智育主要培养的正是人的智力，所以对美育必然具有促进作用。其次，美育离不开理性的指导作用，美育就是要把理性渗透到感性的个体存在中去。理性思维由于能够揭示事物的本质，从整体上把握事物，因而能更好地指导人的实践活动。美育作为一种教育实践同样离不开理性思维的指导。如此，为了深入把握美的本质，获得更深刻的美的感受，美育就不能停留在美的感性认识上，必须上升到美的理性认识。因此，美育和智育的结合是必不可少的。

（三）美育与体育的关系

美育以提高人的精神素质为目标，体育则以提高人的身体素质为目标，二者密切相连。高尚的精神世界，有利于促进身体的健康；健康有力的体魄，是实现人的美好理想、促进人的精神生活提高的物质基础。所以，只有从人的全面发展的角度来认识美育和体育的关系，才能更好地把握美育与体育的关系。

现代体育的一个重要特点是注重身心协调发展，以人的全面发展为宗旨的现代教育决定了体育不应是单纯的身体教育，而应该是以身体教育为主要途径的人的教育。体育的一个重要目的是增进健康，而健康不仅是生理学的意义，它包含着身体机能的健康和心理功能的健康。美育通过美的熏陶和情感教育，恰恰可以使个体获得丰富的精神价值和心理功能的健康，就是说，美育和体育，在塑造人的内在美和外在美方面，起着互相协调、相互促进的作用。

从历史的发展来看，体育与美育往往是密切联系在一起的。原始的体育活动经常与娱乐或艺术活动融为一体。比如，具有宗教礼仪性质的原始歌舞，既是情感的宣泄，又是身体的运动。在古希腊，体育的目的一是培养强壮的身体，作为军事的准备；二是对人体进行健美的训练；等等。这种健与美完全统一的文化传统一直是后来体育和美育健康发展的重要源泉，也是如今将美育与体育相融合的一种文化资源。

从文化性质和功能上来说，美育与体育都以活动本身为目的。两者的教育过程本身就是一种生命活动，它本身就是一种目的。如果说道德活动和认识活动总以活动的结果为目的，那美育与体育的目的就在于活动过程本身。虽然美育与体育都包含知识、技能、技术及道德的学习，但这些因素只是手段，不是根本目的，它们都服从于身心协调发展的根本目的。此外，美育与体育都是人的身心全面投入的活动。美育通过美的熏陶和情感教育，促进全身心的协调发展；体育则通过身体的运动促进心理方面的发展和提高。身心全面协调发展的教育理想是美育和体育的基本前提和共同的基础，二者都直接体现了培养全面发展的个性的现代教育和宗旨。

体育对美育也具有促进作用，表现在两方面：第一，体育作为身体的教育，具有促进人体健美的功能。体育活动，可以使身体发展充分健全，骨骼匀称，骨肉丰满，皮肤光滑而有弹性，这本身就具备了美的意义，比如健美操就是人对自己的身体进行健美塑造的一种创造活动。第二，体育作为身体协调自由的活动，使运动者和观赏者产生强烈的审美体验。体育活动中常常伴随着审美的情感体验。在伴有音乐的艺术体操和滑冰中，人们可以获得视觉、听觉的审美愉快，就是运动者本身也会产生审美愉快。这种体验一方面来自运动中的自我实现感受；另一方面，运动的节奏感也蕴含着和谐自由的美感体验。随着人类文明的发展，体育越来越成为一种给人提供审美享受的运动，体育运动的观赏性越来越强，各种各样的体育运动项目为人们展示了精彩纷呈的审美对象，在这一点上，体育观赏也包含着促进个性情感表现和升华的美育功能。

美育对体育也有着重要的促进作用。第一，在体育中引进美育原则，发掘体育实践和教学过程中的美育因素，可以克服单纯身体锻炼的片面倾向，从而促进身心的协调发展。第二，在体育过程中，培养必要的审美能力，是掌握某些运动技能与技术的重要前提。比如，音乐教育有利于培养人的节奏感，舞蹈教育有利于培养身体的协调能力等。因此，从美育的方式入手，发掘人的美感潜力，可为体育运动打下良好的基础。第三，美育可促进生理和心理的和谐与平衡，而良好的心理素质和状态，也是体育运动的基础。具有较高审美素养的人，往往能比较自如地调节内心的平衡，也能够使自己迅速地兴奋起来，这种心理能力正是体育运动非常需要的。

第二节　美育的特征

为了更好地开展和实施美育，要深入研究和了解美育区别于其他教育的特征。美育的特征，主要表现在以下几个方面。

一、美育的形象感染性

美育通过各种美的事物来育人，引起人的美感和情绪上的激动，以达到美的陶冶和教育，具有形象感染性的特点。

美育的这个特点，是由作为教育手段的美本身的特点决定的，因为各种形态的美，无论是自然美、社会美还是艺术美，都是以具体的、可感的形象形式表现出来的，离开了具体的形象就没有美。所以，车尔尼雪夫斯基在肯定德国古典美学中正确的概念时强调："形象在美的领域中占着统治地位。"[①] 在审美教育活动中，正是那些多姿多彩的美的形象，唤起了我们的审美情感和审美欲望，使我们得到了美感享受和精神上的愉悦，从而达到"怡情养性"的目的。

在大自然中，那高耸的山峰、浩瀚的海洋、一望无际的草原、姹紫嫣红的鲜花等，无不令人心旷神怡、流连忘返。假如你去黄山游览，你会如同置身于一个神话般的世界。在层峦奇峰之间，极目远眺，巧石天成，犹如指路的仙人，散花的仙女，观海的猴子，望月的犀牛等；还有那千曲枝虬、苍翠奇特的黄山松，或立、或卧，或俯、或仰，犹如伫立迎客的主人，展翅欲飞的凤凰，呼啸下山的黑虎等；再有那变幻无穷的云雾，忽如起伏奔腾的浪涛，忽如混沌无际的大海等。如此千姿百态的动人形象，的确令人陶醉，令人感奋。

自然美如此，社会美（包括精神美、人格美、生活美等）也如此，都是以具体形象来感染人、教育人的。比如，白求恩、张思德、黄继光、董存瑞、雷锋、焦裕禄等，他们的精神不是抽象的，而是以他们具体的实际行动、光辉的形象使人受到感染的。

艺术美是社会生活和自然的审美反映，是美的高级状态，它的形象较之现实美更集中、更生动、更鲜明。艺术美正是通过生动的形象给人以审美享受和教育的。雕塑如《米洛斯的维纳斯》《掷铁饼者》《大卫》《巴尔扎克》《艰苦岁月》《宋庆龄》《鲁迅》等，绘画如《蒙娜丽莎》《清明上河图》《竹石图》及齐白石的《虾》、徐悲鸿的《奔马》、罗中立的《父亲》，音乐如《多瑙河之波》《命运交响曲》《黄河大合唱》《义勇军进行曲》，以及各种文学作品如诗歌、小说、散文、戏剧等，无论是视觉形象、听觉形象还是想象形象，都给人以强烈的形象感染性。

---

① 北京大学哲学系美学教研室．西方美学家论美和美感［M］．北京：商务印书馆，1980：251．

在审美教育中，美的事物是教育的手段，因此无论是从审美教育的内容来看，还是从它引起受教育者的审美感受来看，审美教育始终离不开感性形象，形象感染性是其独有的特征。

二、美育的情感体验性

在美育过程中，受育者对美的接受过程实际上是一种审美过程，而审美过程就是对对象的情感体验的过程，这就决定了美育具有情感体验性特征。

当然，审美的情感体验性又是由美的无概念性所决定的。康德曾指出，审美是一种趣味判断或鉴赏判断，它不同于单纯的快感，也与逻辑判断不同，逻辑判断涉及概念，而趣味判断不涉及概念，只涉及对象形式。所以趣味判断不是一种理智的判断，而是一种情感的判断；不是逻辑的判断，而是体验性的感悟。

比如欣赏米洛斯的断臂的维纳斯塑像，我们感受到她沉静典雅的表情，转折有致的身姿；感受到她表现出一种人性的尊严，一种充满生机、充满活力的力量，一种对于幸福和自由的追求；感受到她仿佛在呼唤着生命，而我们仿佛也产生了一种对生命、对美的赞叹和热爱的肯定性的愉悦的情感。这种肯定性情感虽然超出了生理快感，却并不是我们对这种艺术品的理性把握、逻辑推理的结果，而是情感体验、感性感悟的结果。

美的形象之所以能引起人的审美情感，是由于它肯定了人的本质力量，凝结着人的创造智慧与理想，因而最容易与人的情感相沟通，给人带来欢乐和精神鼓舞。一个人审美情感的产生，不会是无缘无故的，必然是情感体验的结果。体验，具有亲历性的特点，是人的一种基本生命活动，带有“以身体之，以心验之”的含义。在审美体验中，主体从对审美对象的形式、形象的感知进入其内在意蕴、意味的层次，进入意义的世界、情感的世界。如高尔基曾谈到他年轻时阅读福楼拜的短篇小说《一颗纯朴的心》时如痴如醉的情景：“我记得，在圣灵降临节这一天阅读了福楼拜的《一颗纯朴的心》，黄昏时分，我坐在杂屋式的屋顶上，我爬到那里去是为了避开那些节日里兴高采烈的人。我完全被这篇小说迷住了，好像聋了和瞎了一样，……我面前的喧嚣的春天的节日，被一个最普通的、没有任何功劳也没有任何过失的村妇——一个厨娘的身姿所遮掩了。……在这里一定隐藏着一种不可思议的魔术，我不是捏造，曾经有好几次，我像野人似的，机械地把书页对着光亮反复细看，仿佛想从字里行间找到猜透魔术的方法。”[①] 从高尔基的自述中我们可以看到，他完全沉浸到作品所创造的艺术世界中去了，心灵深处受到感染与震颤，并引起了强烈的共鸣，从而加深了对生活的认识。

由此可见，美育是一种情感体验性的教育，而情感的教育与开发，只能通过情感的作用。费尔巴哈说过：“如果你对音乐没有欣赏力，没有感情，那么你听到最美的音乐，也只是像听到耳边吹过风，或者脚下流过的水一样。那么，当音乐抓住了你的时候，是什么东西抓住了你呢？你在音乐里听到了什么呢？难道听到的不是你自己心的声音吗？因此感情只能向感情说话，因此感情只能为感情所了解，也就是为自己所了解——因为感情的对象本身只能是感情。”[②] 这说明，只有感情的沟通，感情与感情才能发生真实的作用。

三、美育的审美自由性

席勒曾经指出，在审美的国度里，每一个人都是自由的公民。黑格尔也曾说过这样一句名言：“审美带有令人解放的性质。”[③] 美育作为审美的一种方式，其整个过程是自由的，它使人的情感、个性得到了自由的舒展。

美育的自由性从根本上说也是由美的本质特征决定的。美是非功利的，因此美成为自由的象征。康德认为美是不涉及利害和概念的纯形式，即自由形式；审美不受利害和概念的纠缠，是自由的心灵活动。马克思主义则在社会实践的基础上指出，美是内容和形式的统一，是对象的形式特征表现人的自由创造活动内容的感性形象，美是劳动中、实践中自由创造的结果。总之，美、审美是自由的，从而美育是自由的。

在处于自由状态的审美活动中，人只有成为真正的审美主体，人的主体性才能得到充分的发挥。人的审美自由是与人类的整个社会实践和社会条件密切相连的，而且体现为一个发展的过程。马克思主义认为自由是对必然的认识与对客观世界的改造。但是，人类的审美活动不同于其他活动，就在于它既表现为一种主体性活动，同时又是一种对象性活动，这是人的生命活动的自由本质的反映。

---

① 高尔基. 论文学［M］. 孟昌，曹葆华，戈宝权，译. 北京：人民文学出版社，1978：182－183.

② 北京大学哲学系外国哲学史教研室. 十八世纪末—十九世纪初德国哲学［M］. 北京：商务印书馆，1975：551.

③ 黑格尔. 美学：第1卷［M］. 朱光潜，译. 北京：商务印书馆，1979：147.

审美的自由性特征决定了美育只能以自由而不是强迫的方式进行。一个人可以在强制状态下做某件事，却不可以在强制状态下去爱或恨某事某人某物，美育中受育者对美的体验及由此产生的爱或恨，都是自由自觉的，不受任何限制，这是美育与其他教育的不同之处。智育与德育固然重要，也要调动受育者的积极性与自觉性，但学科本身的严肃性与逻辑性决定了受育者必须克制自己的情感，接受与适应理性思维的训练，甚至被灌输。德育的原则虽然是人为所制定，但也是对社会生活准则的反映，难免带有一定的强制性，否则无法维持人们正常的工作与生活秩序。而只有美育，由于它摆脱了狭隘的物质与精神的束缚，使得它在方式上是轻松自如的，是能够满足个人的情感爱好与心理需要的，是能使审美主体总是处于一种精神自由的状态的。因此，席勒认为美育的一个重要特点就是“通过自由去给予自由”①。

审美的自由性特点，要求美育必须遵循美自身的发展规律对人进行教育。美育，实际上就是把美的必然性转化为自由。这种转化，是一个不断丰富与深化的过程，所以，美育不是短期行为，不是一劳永逸的事情，而是要伴随着人的一生的。当然，对不同的人和人的不同发展阶段，美育的方式和内容也应该是有所不同的。

四、美育的同化与超越

审美教育能使人自觉自愿，主动积极地接受教育，又能使人于不知不觉中受到美的感染，如“随风潜入夜，润物细无声”，这就是美育对人的潜移默化的过程。在潜移默化中，受教育者不但被熏陶而同化，同时还能使人超越个人的局限、超越现实功利的束缚，进入忘我的审美境界。

美育的潜移默化是自然而然发生的，是在审美主体主动、欣然接受美的过程中发生的。人们在对美的自由欣赏中，往往会情不自禁地沉醉于赏心悦目的美的形象和情景，如对美丽自然风景的流连忘返，对优美音乐的聆听，在意蕴深沉的绘画作品面前驻足凝视，对幽默诙谐的戏剧发出笑声……在这个过程中，审美主体不仅感受到美的无穷魅力，而且还领悟出许多深刻的人生哲理并被同化，从而使自己在现实生活中自然而然地去追求美的理想和美好的生活方式。

美育的这种潜移默化的影响，不是一朝一夕完成的，而是日积月累、逐步加深的

---

① 席勒．美育书简［M］．徐恒醇，译．北京：中国文联出版公司，1984：145.

"同化"过程。梁启超在谈到小说的作用时有一个很好的说明："人之读一小说也，不知不觉之间，而眼识为之迷漾，而脑筋为之摇扬，而神经为之营注；今日变一二焉，明日变一二焉；刹那刹那，相断相续；久之而此小说之境界，遂入其灵台而据之，成为一特别之原质之种子。"① 由于长期作用的结果，审美教育可使人形成稳固的心理结构和心理定向，从而对人的性格、气质、精神等产生长远而深刻的影响。经过长期的美的陶冶，人们会在不知不觉中感到不良的、低级的、丑恶的东西是不可容忍的。天长日久的审美教育，使受教育者的情感潜移默化地接受美的熏陶，精神境界趋于高尚，最终到达欲罢不能的境地。

人类创造的美总是体现着人对生活、对现实的超越性追求，体现着对世俗欲望的超越，也体现着某种超越性的创造。这就决定了美育必然具有超越性特征。它使得人们能够在接受美的教育过程中，超越世俗功利，超越现实的局限性，在创造性的想象中，实现由现实世界向审美世界的转化，实现从物质世界向精神境界的升华。

审美的超越性充分体现了人要求不断开创更广阔的生存空间，不断地更新自我、提升自我，争取更高自由度的独特本性。卡西尔曾深刻地指出："生活在形式的领域中并不意味着对各种人生问题的一种逃避；恰恰相反，它表示生命本身的最高活力之一得到了实现。如果我们把艺术说成是'超越人之外的'或'超人的'，那就忽略了艺术的基本特性之一，忽略了艺术在塑造我们人类世界中的构造力量。"② 审美的积极意义在于：在超越现实世界的各种界限的同时，开创了一个使个体的情感生命得以伸展、丰富与升华的人生的新维度。

审美超越最终归结于个体生存的自我超越。在审美中，无论是对物质实在性的超越，还是对社会现实的超越，都根源于并体现了审美主体的自我超越，这种自我超越是对个体现实存在的否定，是向着更高自由的生存状态的飞跃。

审美世界对现实世界来说是一种理想，它属于未来；但对于个体生存来说，它又是一个真实的、现时态的心灵空间，是情感生命栖息、生长的寓所。审美的生活和诗化的人生，可使人生变得充实和高尚，从而超越充满物欲的世俗人生。审美超越不仅仅具有不断指向未来的意义，更重要的是它改变着人的生存状况，实现着人生境界的转化，激发和更新着我们的生命。

---

① 北京大学哲学系美学教研室．中国美学史资料选编：下册［M］．北京：中华书局，1981：418.

② 卡西尔．人论［M］．甘阳，译．上海：上海译文出版社，1985：212－213.

思考与探究

1. 什么是美育？如何理解美育的功能性质和特征？
2. 为什么说美育是人的全面发展不可或缺的教育？
3. 如何理解美育与德育、智育、体育的关系？
4. 美育具有哪些特征？
5. 如何理解美育的审美自由性？

阅读参考书目

1. 席勒. 美育书简［M］. 徐恒醇，译. 北京：中国文联出版公司，1984.
2. 曾繁仁. 美育十五讲［M］. 北京：北京大学出版社，2012.
3. 杜卫. 美育学概论［M］. 北京：高等教育出版社，1997.

第二章 美育的任务

审美教育是实现人的全面发展的整体教育的重要组成部分。根据美育的特点和功能，美育的任务主要是进行人的心灵世界的审美化建构和审美能力包括审美感受力、审美创造力的培养。

第一节 心灵世界的审美化建构

一、情感感化

美育的心灵世界的审美化建构任务，首先是通过审美教育，丰富和感化受育者的情感，帮助受育者培养和发展积极、健康的情感，抑制和克服消极乃至邪恶的情感，从而美化心灵、完善人格，这就是美育的情感感化任务。

情感是人们对客观事物是否符合自己需要、愿望和观念而产生的一种态度和内心体验，它无时无刻不伴随着人的心理活动和实践活动，直接影响人的精神生活。情感的表现形式是多层次的，根据情感发生的强度、速度、持续时间的长短和外部表现，可分为心境、激情、热情和情操四种。在一些心理学著作中，心境、激情被称为情绪，带有较大的情境性，往往和具体情境相联系，波动性较大，属于低级情感；热情和情操被称为情感，它不与主体的本能需求直接联系，而往往与一定的思想有关，理性的因素较多，也较为稳定，属于高级情感。审美情感是人们对客观存在的美的事物的一种情感体验，它包含着广泛、丰富而深刻的思想观念和社会内容。在审美体验中，美的事物、美的形象、美的理想往往使人陶醉、使人激动、使人震撼，在获得美的感受的同时，美育可以帮助人们分清什么是真善美，什么是假恶丑，从而使人的情感得到陶冶和升华。

自然美、社会美和艺术美都是情感感化的手段。

观赏自然美不仅可以丰富人们的生活，启迪人们探索自然奥秘的智慧和热情，而且还可以陶冶性情，激发爱国主义情感，培养高尚的情操。伟大的音乐家贝多芬诞生于莱茵河畔的波恩，莱茵河畔的美丽风光在他幼小的心灵留下了美好的回忆，给他的审美感受力以特有的熏陶。在离开故乡十余年后，他写道："我的家乡，我出生的美丽的地方，在我眼前始终是那样的美，那样的明亮，和我离开它时毫无两样。"① 这成为他艺术灵感的来源之一，《第一交响曲》就是礼赞莱茵河的，而《七重奏》中以变奏曲出现的行板，便是一支莱茵河的歌谣。再如方志敏烈士在《可爱的中国》一书中写道："至于说到中国天然风景的美丽，我可以说，不但是雄伟的峨眉，妩媚的西湖，幽雅的雁荡，与秀丽甲天下的桂林山水，可以傲睨一世，令人称羡；其实中国是无地不美，到处皆景，自城市以至乡村，一山一水，一丘一壑，只要稍加修饰和培植，都可以成流连难舍的胜景；这好像我们的母亲，她是一个天资玉质的美人，她的身体的每一部分，都有令人爱慕之美。"② 我国历史上有许多仁人志士，为了保卫祖国的大好河山，英勇地献出了自己宝贵的生命。今天，当我们领略祖国的美好河山时，就能更好地认识我们伟大的祖国，对祖国产生深沉的眷恋之情。有了这种爱国的情感，就能排除一切私心杂念，使心灵得到净化，从而激起我们建设祖国、保卫祖国的热情。现实生活中被称为美的人物有着高尚的情操和坦荡的胸怀，他们的先进事迹对培养人的高尚情感具有巨大的作用。而艺术美在陶冶情操、美化心灵方面有着独特的功能。别林斯基曾高度评价俄国著名诗人普希金的作品对人的情感所起到的感化作用。他说，普希金的诗歌的情感本身就是优美的、雅致的、娴熟的；但它不仅仅是一般人的情感，而且是作为艺术家的人的情感。比如普希金在著名诗篇《我曾经爱过你》中写道："我曾经爱过你；爱情，也许/在我的心灵里还没有消亡/但愿它不会再打扰你/我也不想再使你难过悲伤/我曾经默默无语地/毫无指望地爱过你/我既忍受着羞怯，又忍受着嫉妒的折磨/我曾经那样真诚、那样温柔地爱过你/但愿上帝保佑你，另一个人也会像我爱你一样。"这是一首失恋的抒情短诗，却表现了一种

---

① 罗曼·罗兰. 贝多芬传［M］. 北京：人民音乐出版社，1978：7.

② 方志敏. 可爱的中国［M］. 北京：人民文学出版社，1963：13.

高格调的爱，因为这种爱以对方获得幸福为前提，因而是一种高尚、美好的感情，读来让人的情绪不由自主地受到感化，心灵得到陶冶和升华。

二、心灵规范

苏霍姆林斯基说："美是一种心灵的体操——它使我们的精神正直，良心纯洁，情感和信念端正。"他认为，通过艺术美的教育，可以使受育者"产生一种特别强烈的审美感情"，"使他们确立起关于善与恶、正义与非正义、美丽与庸俗的概念"。[①] 鲁迅也说："美术可以辅翼道德。美术之目的，虽与道德不尽符，然其力足以渊邃人之性情，崇高人之好尚，亦可辅道德以为治。"[②] 这些都说明美育对规范人的心灵、培养人的道德情操具有重要的作用。美育的心灵世界的审美化建构任务之一就是促使人的心灵规范化。

心灵的规范主要是使受育者能褒美扬善。

美和善有着天然的联系，作为一种社会价值，美与善对人的精神发展有着巨大的积极作用。善主要体现于道德。道德指一定社会为了调整人与人之间以及个人与社会之间的关系为大家共同遵守的行为准则和规范。道德是一种特定的社会意识形态，既是行为准则，又是善恶标准。我们对一个人行为的善恶进行审美评价，从美学或美育的角度来说，就是对这个人的审美评价，二者是密不可分的。一般情况下，美的事物、美的形象、美的理想所激起的道德情感与审美情感总是一致的。比如说，强烈的爱国主义思想感情，推动着人们为振兴中华而努力拼搏，就是审美情感和道德情感紧密交织在一起的表现。

褒美扬善，就是要使人在倾心赏美的过程中受到教育，促进美好道德的形成。现实生活中的英雄模范、先进人物，他们高尚的思想品德是社会美的集中表现，对人具有强烈的道德感化功能；许多艺术作品反映的生活内容具有强烈的道德倾向，同样具有道德感化功能，如车尔尼雪夫斯基的著名长篇小说《怎么办?》，在历史上曾起过巨大的教育作用，俄国早期的马克思主义者普列汉诺夫对它十分推崇。他曾说，阅读这部小说以后，谁都要对自己的生活再三深思，并严格检查自己的志向和爱好；差不多所有人都从这本书中汲取了道德力量和对美好未来的信心。列宁也曾称赞过这本书："这才是真正的文学，这种文学能教导人，引导人，鼓舞人。我在一个夏天里把《怎么办?》读了五遍，

---

① 苏霍姆林斯基. 学生的精神世界［M］. 吴春荫，林程，译. 北京：教育科学出版社，1981：71.

② 鲁迅全集：第7卷［M］. 北京：人民文学出版社，1958：274.

每一次都在这个作品里发现一些新的令人激动的思想。”① 国际工人运动家季米特洛夫也曾叙述过这本书对他的教育：“我还记得，在我少年时代，是文学中的什么东西给了我特别强烈的印象？是什么榜样影响了性格？我必须直接地说：这是车尔尼雪夫斯基的书《怎么办?》。我在参加保加利亚工人运动的日子里培养起来的那种坚持力、信息和精神——这一切都无疑地同我在少年时期读过的车尔尼雪夫斯基的艺术作品有关系。”② 芭蕾舞剧《天鹅湖》，描述了王子齐格菲和奥杰塔公主与恶魔抗争，终于取得胜利的爱情故事。它歌颂了真善美，揭露了假丑恶，因而强烈震撼着观众的心灵，有效地促使人们祛恶趋善。这些都具体而生动地说明了优秀的艺术作品具有巨大的道德感化功能。所以，美育过程要通过欣赏这些美的社会人物和艺术作品达到道德规范的作用。

第二节　审美感受力的培养

审美感受力是人的审美知觉、审美联想、审美想象、审美领悟等多种能力因素的综合，是人类独有的一种在特殊情感体验状态下体现出来的审美认知与创造能力。过去，西方一些唯心主义美学家曾认为审美感受力受人的先天生理和心理因素影响。我们认为，审美感受力有先天因素，但主要是后天的审美训练和教育的结果。只有通过审美教育，积极参加审美实践，融入美的境界，直接感受、体验美的事物，才能逐渐提高自身的审美感受能力。美育的任务就是要通过审美教育，使受育者对美的感受力不断地由浅入深、由低级到高级、由片面到完善，从而促进个人审美素质的提升。

审美感受力最基本的能力是审美知觉能力。审美知觉能力是人们进行一切审美、创造美活动的出发点，是审美能力中最基本、最初始的能力，通过审美感知，主体才能把握审美对象的感性状态，如颜色、声音、线条、形状等，进而获得美感。现实生活中的美是丰富多彩、无穷无尽的，关键在于我们是否能及时、敏锐地感受它、发现它。由于种种原因，个人的审美感知能力并不一样，苏联著名作家乌斯托夫斯基在《金蔷薇》书中曾记载道：印象派绘画的创始人、法国画家莫奈曾到英国伦敦游历。他在平常的雾天里画下了著名的威斯敏斯特大教堂，画中教堂尖顶上空笼罩的雾气是紫红色的。伦敦人非常惊愕，认为一定是画家看错了，因为伦敦的雾分明是灰蒙蒙的；可他们走出展厅，仔

---

① 列宁．列宁论文学与艺术：二［M］．北京：人民文学出版社，1960：897.
② 季米特洛夫．论文学　艺术与科学［M］．北京：人民文学出版社，1959：9.

细观看，却发现那屋确实是紫红色的，因为浓郁的尘烟和伦敦的红砖瓦房使雾气染上了紫红的色彩。这个故事说明，美是无处不在的，对于每个人来说，不是缺少美，而是缺少发现，缺少审美知觉能力。美育的基本任务之一，就是要通过审美实践，培养和提高人们对各种美的事物的知觉能力，使之具有一双能聆听美的耳朵和一双能感受美的眼睛。

审美知觉具有直觉性，审美知觉能力包含着直觉能力，所以审美知觉能力的培养包含着直觉能力的培养。直觉能力是审美中一种特殊的知觉能力，它的特点是不通过概念和推理，直接从对象的形式把握事物的内在本质。如老农民直接从天上云彩的形象对天气的变化做出准确的判断；医生从刚走进诊室的病人的脸色，对其病情做出准确的判断；裁缝师傅一眼就看出做衣人形体的数据；小孩一听脚步声就知道是母亲；等等，这种凭着对事物外在形式（形象）的审察直接把握事物本质的思维方式，就是直觉。在审美活动中，美感的生成具有直觉性特征。例如，当你欣赏大自然的美或是欣赏艺术美时，当你对对象发生“真美啊”的赞叹时，你并没有经过逻辑的推理，而是凭着形象的直觉，不假思索地发出美的赞叹的，而且往往是在发出赞叹之后还讲不出你为什么要赞叹的道理，诚如陶潜诗所云：“此中有真意，欲辨已忘言。”

总之，审美就是直觉。这种能力是长期审美实践的结果。美育的过程也是培养人的审美直觉能力的过程。

审美知觉活动中往往展开联想、想象等心理活动而有所创造，所以，审美知觉能力的培养离不开审美联想能力和审美想象能力的培养。审美联想能力和审美想象能力特别是审美想象能力，是人最具有创造性的心理能力，我们将在下一节展开阐述。

第三节　审美创造力的培养

培养与提高人的创造力，是审美教育的直接落脚点，美育的目的就是创造人类更加美好的世界。创造是一种超越的实践活动，也是人的本质特性，一个人只有进行创造性的活动，才能够真正认识自我的力量，也才能够更好地生存和发展。

创造力一方面指专门的创造能力，如发现和解决新问题的思维能力，发明与制作新事物的实践能力等；另一方面指不断实现和更新着的生命活力，是健康的个体生命的基本特质与能力。后者是创造性的基本内涵，又是前者的基础与源泉。创造性思维，不同于常规而有其新意的思维活动，是人才素质中最重要的组成部分之一。美育则是情感自由解放的过程，具有解放无意识，并使之得到释放和提升的功能，从而能减轻对深层心理活动的压抑和束缚，使之不断受到激发，保持旺盛的活力，成为创造精神的契机。比如，开普勒发现了著名的行星运动第三定律，很大程度上就得益于它从古老乐曲中得到的灵感。1681 年，开普勒从大量废乱的观察资料中，通过反复计算和分析，发现水星、金星、地球等行星的运动速度与它们的轨道半径有关，而且比例关系很有节奏，像音乐的和声一样。受此触动，他发现了神秘莫测的行星运动定律。可见，美育的形象领悟对于抽象思维的发展，对于激发人们的创造力，具有很大的促进作用。

美育的任务之一就是激发人的创造力，主要表现在激发和丰富个体生命，使之具有自发涌现的创造欲望和动力，从而为思维和实践的创造力打下基础。我们知道，个体创造性发展的关键期在童年，儿童时代是创造性发展最自由、最迅速的阶段，美育，特别是其中的艺术教育是开发和培育儿童青少年创造性的最佳教育形态。马斯洛曾写道："几乎所有的儿童，在受到鼓舞的时候，在没有规划和预先意图的情况下，都能创作一支歌、一首诗、一个舞蹈、一幅画、一种游戏或比赛。"① 我国当代著名画家刘海粟也说过："我很喜欢小孩子的画，真正的大画家要学小孩子的画。我八十多岁了，还在儿童画中得到启发。小孩子的画有纯真的童心。可以说是正气流溢。"② 确实，以自由创造为本性的审美、艺术活动可以充分促进人特别是儿童创造力的发展；而且，有连贯性的审美教育还能使个人在成年之后仍保持着活泼健全的"童心"，从而使创造性得到持续的发展。

审美创造能力是人类按照美的规律进行物质创造和精神创造的能力，这种能力是在长期的社会实践中不断丰富和发展起来的。美学史上有人认为这种能力是先天的，或如柏拉图所说是神力凭附的结果，是先验的、神灵赐予的。这显然是一种错误的唯心主义世界观。现实生活中我们也常听到人们抱怨自己不是天才，所以缺乏创造性。实际上，先天的生理、心理素质只不过为创造性提供了可能性，而要真正获得创造性的才能，还得在不断的实践中刻苦地学习和磨炼。黑格尔曾说过："最大的天才尽管朝朝暮暮躺在青草地上，让微风吹来，眼望着天空，温柔的灵感也始终不光顾他。"③ 著名画家黄永玉在展出他的《风荷》《白荷》《金线红荷》之前，床下卷了近万张的荷花写生。这些事实说明，人只有坚忍不拔、持之以恒地学习和训练，才能获得创造性的成果。美育的作用，

---

① 马斯洛．存在心理学探索［M］．李文湉，译．昆明：云南人民出版社，1987：124.

② 刘海粟．人生岂能缺美育［N］．文汇报，1982－04－26.

③ 黑格尔．美学：第 1 卷［M］．朱光潜，译．北京：商务印书馆，1979：364.

在于可以引导人们积极参加审美创造的训练和实践，激发他们的个体创造热情，使之具有自发涌动的创造性欲望和动力、高度发达的创造性能力。

审美创造力的心理机制主要由审美联想力和审美想象力构成。

一、审美联想力的培养

人在感知外部世界时，由一事物的刺激而想到另一事物，或由一物引起对他物的回忆的心理现象，叫作联想。联想是一种内部信息的交换过程，是外来的信息同大脑中原有的储存的信息相沟通而实现“表象回忆”或“表象转移”的过程。联想作为一种心理能力称为联想力，美感活动中的联想称为审美联想，而作为一种审美心理能力就称为审美联想力。

审美联想可以使审美活动获得更丰富的审美信息，建构出更丰富的审美意象，引起更强烈的审美愉快。例如，五代牛希济的诗《生查子》里有“记得绿罗裙，处处怜芳草”的句子，由芳草想到绿罗裙，芳草意象就不再只是自然之象了，而是自然之象与恋人之象的交融合一，并饱含着抒情主人公对恋人深厚感情的意象，这一芳草意象引起的美感就更加强烈了。审美中的共鸣正是联想的结果。

联想包括相似联想、接近联想、对比联想、因果联想等。审美联想能力包括这几种联想能力。

相似联想指由一事物想到与之具有相似性质或形态的另一事物的联想，也叫类比联想。例如，《诗经·小雅·四月》云：“秋日凄凄，百卉具腓。乱离瘼矣，爰其适归?”由秋日百卉之凋伤想到人间的离乱，引发在时代离乱中无所逃遁的哀感；屈原《离骚》云：“惟草木之零落兮，恐美人之迟暮。”由芬芳美好的植物的零落抒发对才人志士（美人有自比的意思）人生无常、事业无成的感慨；林黛玉听《牡丹亭》，由“只为你如花美眷，似水流年”“你在幽闺自怜”“水流花谢两无情”的唱词想到自己飘零寂寞的身世；等等。我国古代诗词的比兴手法以及各种比喻实际上就是运用了“相似联想律”。

接近联想指由甲、乙两事物在空间或时间上的接近而引起的联想。例如，苏东坡的《赤壁怀古》，由“故垒西边，人道是，三国周郎赤壁”想到“公瑾当年……”，是由空间的接近而产生的审美联想。北宋朱淑真的《生查子》由“今年元夜时，月与灯依旧。不见去年人，泪湿春衫袖”想到“去年元夜时，花市灯如昼。月上柳梢头，人约黄昏后”，是由时间的接近而产生的审美联想。唐代崔护的《题都城南庄》“去年今日此门中，人面桃花相映红。人面不知何处去，桃花依旧笑春风”则是由时空的接近而引发的审美联想。

对比联想指由某一事物的感受引起和它相反性质或特点的事物的联想。如由热想到冷，由暖春想到严冬，由苦想到乐，由“朱门酒肉臭”想到“路有冻死骨”（杜甫《自京赴奉先县咏怀五百字》），由“羡长江之无穷”想到“哀吾生之须臾”（苏轼《赤壁赋》）等都是对比联想。

因果联想指由一事物想到与它有因果关系的事物，如“不经一番寒彻骨，怎得梅花扑鼻香”，由梅花想到寒。

以上几种联想的心理能力在审美活动中具有重要的意义，可以说，没有审美联想就没有审美想象，就没有审美创造。

联想能力来自生活经验的积累。在生活中获得和贮存的信息越多越丰富，直觉能力和联想能力就越强。一个总是生活在一个小圈子中的人，少见世面的人，生活贫乏，这两种能力必然低下。据科学测定，人脑在1/10秒中可能接受1 000个信息单元，称为比特（bit），可见，人脑贮存的经验信息量是相当大的。一般来说，年龄大的人贮存的经验信息量比年龄小的人多，生活圈子大的人贮存的经验信息量比生活圈子小的人多。但因为现代生活信息不全来自亲身实践，还大量来自书本和各种现代电子媒介，所以，现代人贮存信息的多少已非单以年龄论定了。这就是说，要提高自己的联想能力，除了直接的生活经验外，还要通过书本和各种现代电子媒介摄取更多的知识。

二、审美想象力的培养

人在感知外部世界时，对已感知的事物形象（表象）进行加工改造而形成新的形象的心理活动就是想象，想象是重新组合表象的心理活动，作为心理能力，称为想象力。在审美活动中，想象就是人们对已感知的美的事物形象进行加工改造，形成新的审美意象的心理活动，这种能力就是审美想象力。换句话说，审美想象力是人们在直接观照审美对象的基础上，调动过去的积累，对审美对象进行补充、完善或对各种表象进行重新组合，从而创造新的对象的一种能力。如钟子期听俞伯牙弹琴，想象出一种“高山流水”之势；白居易听琵琶，想象出“大弦嘈嘈如急雨，小弦切切如私语。嘈嘈切切错杂弹，大珠小珠落玉盘”；克里斯多夫听莫扎特和贝多芬的音乐时想象出“莫扎特属于水的一类：他的作品是河畔的一片草原，在江上漂浮的一层透明的薄雾，一场春天的细雨，或是一道五彩的虹。贝多芬却是火：有时像一个洪炉，烈焰飞腾，浓烟缭绕；有时像一个着火的森林，罩着浓厚的乌云，四面八方射出惊心动魄的霹雳；有时满天闪着毫光，在九月的良夜亮起一颗明星，缓缓的流过，缓缓的隐灭了……”克里斯多夫因之“中心颤动”。这就是想象力和它的创造所产生的美感效果。只有这种想象，才能使审美活动具有艺术创造的意味；也只有这种想象，审美才能进入最高境界，主体从而获得最大的愉悦。

想象最突出的特点就是创造性。审美想象是一种创造性的思维活动，通过想象，人们可以创造和认识没有感知过的事物和形象；还可以超越时空的限制，打破生死、人神的界限，创造新鲜的、丰满的、奇特的审美意象，使之比原来已知的形象更引人入胜，激起人们更加强烈的美感，从而极大地丰富人们的精神，以至有人说，美感就是“想象的乐趣”。就艺术创作而言，可以说想象是最根本的独创能力。如中国龙的形象、孙悟空的形象、宝黛的形象、阿Q的形象……无不是想象力这种独创能力的神奇创造。所以马克思称之为“人类最伟大的天赋”，黑格尔说“想象是真正的创造”，雨果说“它是伟大的潜水者”，布莱克说它是“神的视力”，波德莱尔说它是“各种官能的皇后”。

想象与联想关系十分密切，可以说你中有我，我中有你，有时界线难分，以至有人把两者当作一回事。其实它们是有区别的。第一，联想侧重追忆，由一物想到另一物，较保守，侧重过去，不一定创造新形象；想象侧重未来，以创新为主，常常创造并形成新形象。第二，联想较被动，由一物想到另一物时受到原先事物较大的限制；想象较主动，可以超越原来的事物主动构成新的形象，而且纵横驰骋，海阔天空。所以想象不等于联想，但想象必须以联想、追忆为基础，可以说没有联想就没有想象，而没有想象就没有创造。

想象力分为以下两种。

第一种是被动性想象力。被动性想象力指受知觉对象牵制、不脱离知觉对象的想象力，即表象的重新组合是以眼前的知觉对象为基础或原型的，所以也称为知觉想象力。如阅读文学作品对人物形象的想象，是不能离开文本的。虽然被动想象所产生的意象已有读者的创造，却不能等同于原知觉对象本身离开了知觉对象，如在文学欣赏中，我们只见文字，不见形象，但通过想象，可以如见如闻，这种想象就离不开该文字所描绘的事物形象。具体说，读《红楼梦》产生的“我的黛玉”或“你的黛玉”，虽然都不等于“曹雪芹的黛玉”，却又不脱离“曹雪芹的黛玉”。所以也可以把这种想象称为知觉想象。

诗句“黄河之水天上来”“疑是银河落九天”对黄河和庐山瀑布的想象再夸张，也没有离开黄河、庐山瀑布这两个特定对象，是知觉想象；欣赏自然景物时，我们把某些山峰、石头想象为神女峰、望乡石、望夫石、猴子观海等的能力，都属于被动性想象力即知觉想象力。

第二种是主动性想象力。它指由一物的触发而引起对记忆中各种表象的新的综合的想象，有人称为综合想象力。在这种想象中，想象主体不被触发物所牵制，而是充分发挥主观能动性进行自由创造，所以相对于被动性想象，可称为主动性想象。主动性想象创造出的新形象，有以下两种情况。

一种是新形象包含着原触发物形象，但已滋生出许多原触发物没有的新的形象因素，与原触发物形象相去甚远。如“龙”的形象创造，龙包含着鹿、驼、兔、蛇、蜃、鱼、鹰、虎、牛、鹿等形象，但已不是其中任何一种的形象。文学创作如《三国演义》中的“三顾茅庐”，在史书《三国志》中，只有“凡三往乃见”五个字，而在小说中却写成四五千字的洋洋大文，人物活动、情景皆为创造性想象，但没完全抛开“凡三往乃见”的记述。

另一种是新形象完全摆脱了原触发物形象，最后想象创造出来的形象是全新的形象。如冼星海的音乐作品《风》。在巴黎的一个寒夜，风从窗缝中钻入，像泪箫呜咽，像谁长哭后的悲歌，冼星海于是想到风雨飘摇的祖国、人生的苦辣辛酸，最后创造出苦难的祖国和人民的形象以及音乐家所憧憬、幻想的美好生活形象。再如，托尔斯泰晚年一次在野外散步见到一株牛蒡花，其被车轮碾过之后，尽管身溅污泥，枝叶被折断，却仍歪着身子倔强生长，可见其生命力多么顽强。托尔斯泰由此想到一位英雄人物——哈吉·穆拉特，于是经过八年的艰苦创作，写出了小说《哈吉穆拉特》，塑造了这个不屈不挠、有着罕见生命力的英雄形象。

审美想象力是一种重要的思维能力，它需要一定的学习和审美训练，才能逐渐发展起来。美育的重要任务就是要培养这种想象力。

思考与探究

1. 怎样理解美育对人的心灵世界的审美化和规范化建构？
2. 什么是人的审美感受力？美育从哪些方面培养人的审美感受力？
3. 什么是人的审美创造力？美育从哪些方面培养人的审美创造力？

4. 想象力有哪些类型？它们体现的创造力有何不同？
5. 举例谈谈审美想象力与科学研究想象力的区别和联系。

阅读参考书目

1. 黄高才. 大学美育［M］. 北京：北京大学出版社，2018.
2. 张法. 美育教程［M］. 北京：高等教育出版社，2006.

第三章　美育资源与艺术教育

第一节　美育资源

审美教育的资源是多种多样的。自然美、社会生活美、艺术美，都是审美教育的资源。

（一）自然美资源

大自然之美，美在大自然的丰富多彩。如同是名山，却有不同的面貌，历来有“泰山天下雄、黄山天下奇、青城天下幽、峨眉天下秀、华山天下险”的说法。即使是同一片山，各个山峰也往往各有特点。大自然的美，也表现在大自然的勃勃生机上。陶弘景《答谢中书书》：“山川之美，古来共谈。高峰入云，清流见底。两岸石壁，五色交辉。青林翠竹，四时俱备。晓雾将歇，猿鸟乱鸣；夕日欲颓，沉鳞竞跃。实是欲界之仙都。自康乐以来，未复有能与其奇者。”大自然的美，又表现在大自然的无穷变化上。范仲淹《岳阳楼记》写的“朝晖夕阴，气象万千”，就是大自然的变化。欧阳修《醉翁亭记》有

"若夫日出而林霏开，云归而岩穴暝，晦明变化者，山间之朝暮也。野芳发而幽香，佳木秀而繁阴，风霜高洁，水落而石出者，山间之四时也"，也是写大自然的变化。日本清少纳言的《枕草子》"四季的情趣"写道："春，曙为最。逐渐转白的山顶，开始稍露光明，泛紫的细云轻飘其上。夏则夜。有月的时候自不待言，无月的暗夜，也有群萤交飞。若是下场雨什么的，那就更有情味了。秋则黄昏。夕日照耀，近映山际，乌鸦返巢，三只、四只、两只地飞过，平添感伤。又有时见雁影小小，列队飞过远空，尤饶风情。而况，日入以后，尚有风声虫鸣。冬则晨朝。降雪时不消说，有时霜色皑皑，即使无雪亦无霜，寒气凛冽，连忙生一盆火，搬运炭火跑过走廊，也挺合时宜；只可惜晌午时分，火盆里头炭木渐蒙白灰，便无甚可赏了。"同样是写大自然的变化造成的美感。许多美学家都指出大自然之美及其价值。如宗白华说："什么叫做美？——自然是美的，这是事实。诸君若不相信，只要走出诸君的书室，仰看那檐头金黄色的秋叶在光波中颤动；或是来到池边柳树下俯看那白云青天在水波中荡漾，包管你有一种说不出的快感。这种感觉就叫做'美'。我前几天在此地斯蒂丹博物馆院里徘徊了一天，看了许多荷兰画家的名画，以为最美的当莫过于大艺术家的图画、雕刻了，哪晓得今天早晨起来走到附近绿堡森林中去看日出，忽然觉得自然的美终不是一切艺术所能完全达到的。你看空中的光、色，那花草的颤动，云水的波澜，有什么艺术家能够完全表现得出？所以自然始终是一切美的源泉，是一切艺术的范本。"① 许多学人也都讲到了大自然之美对人的教育价值。如叶圣陶在《读〈经典常谈〉》中就说，"有些人不怕旅行辛苦，道路几千，跑上峨眉金顶看日出"，这似乎是无用的，但当他们从金顶回来，"胸襟扩大了，眼光深远了，虽然还是各做他们的事儿，却有了一种新的精神。这就是所谓无用之用"。这种无用之用，也就是审美的功用。因此，大自然以其绮丽的风光、绚丽的色彩和蓬勃的生机而呈现出各种美丽的风貌，是实施美育的极好资源。

（二）社会生活美资源

日常生活中，也处处存在着美，这也是审美教育的重要资源。中国古人就特别注意到日常生活中的美，也特别重视在普通的日常生活中营造美的氛围。中国人喜欢喝酒，他们在酒香中创造了一种美的生活氛围。孟浩然《过故人庄》："故人具鸡黍，邀我至田家。绿树村边合，青山郭外斜。开轩面场圃，把酒话桑麻。待到重阳日，还来就菊花。"

---

① 宗白华．宗白华全集：第1卷［M］．合肥：安徽教育出版社，1994：310－311．

李白《山中与幽人对酌》:“两人对酌山花开，一杯一杯复一杯。我醉欲眠卿且去，明朝有意抱琴来。”这两首诗歌写的都是日常生活，但都很有美的意味。日常生活中的饮食、服饰，也都包含着美的因素。如饮食美，就包含着饮食外观的色泽美、形态美，具有悦目怡心、引起联想等美感作用。白居易《荔枝图序》写荔枝“壳如红缯，膜如紫绡，瓤肉莹白如冰雪，浆液甘酸如醴酪”，即写了荔枝的色泽形态之美。李渔《闲情偶寄》讲他最喜欢螃蟹，说道:“蟹之鲜而肥，甘而腻，白似玉而黄似金，已造色、香、味三者之至极，更无一物可以上之。”“鲜而肥，甘而腻”是滋味，“白似玉而黄似金”则写的是螃蟹作为一种食物的色彩美。李渔还说:“予于饮食之美，无一物不能言之，且无一物不穷其想象、竭其幽渺而言之;独于蟹螯一物，心能嗜之，口能甘之，无论终身一日皆不能忘之，至其可嗜可甘与不可忘之故，则绝口不能形容之。”这更是把螃蟹的美味说得无以复加，并给人留下想象的空间。历史上许多文学家、艺术家，以百姓这种普通的日常生活为题材，创作了许多不朽的文学艺术作品。《诗经》的《溱洧》:“溱与洧，方涣涣兮。士与女，方秉蕳兮。女曰观乎?士曰既且。且往观乎?洧之外，洵訏且乐。维士与女，伊其相谑，赠之以勺药。溱与洧，浏其清矣。士与女，殷其盈矣。女曰观乎?士曰既且。且往观乎?洧之外，洵訏且乐。维士与女，伊其将谑，赠之以勺药。”晏殊《破阵子·春景》:“燕子来时新社，梨花落后清明。池上碧苔三四点，叶底黄鹂一两声。日长飞絮轻。巧笑东邻女伴，采桑径里逢迎。疑怪昨宵春梦好，元是今朝斗草赢。笑从双脸生。”所写的都是日常的生活。陶渊明的诗歌《归园田居》:“开荒南野际，守拙归园田。方宅十余亩，草屋八九间。榆柳荫后檐，桃李罗堂前。暧暧远人村，依依墟里烟。狗吠深巷中，鸡鸣桑树颠。”这些都是平常的生活。陶渊明的另一首诗《读山海经》:“孟夏草木长，绕屋树扶疏。众鸟欣有托，吾亦爱吾庐。既耕亦已种，时还读我书。穷巷隔深辙，颇回故人车。欢言酌春酒，摘我园中蔬。微雨从东来，好风与之俱。泛览《周王传》，流观《山海》图。俯仰终宇宙，不乐复何如?”也是一样。可以说，陶渊明诗歌的特点之一，就是把日常生活审美化了。现代作家也是一样。如朱自清的《春》写风:“‘吹面不寒杨柳风’，不错的，像母亲的手抚摸着你。风里带来些新翻的泥土气息，混着青草味儿，还有各种花的香都在微微润湿的空气里酝酿。鸟儿将窠巢安在繁花嫩叶当中，高兴起来了，呼朋引伴地卖弄清脆的喉咙，唱出宛转的曲子，与轻风流水应和着。牛背上牧童的短笛，这时候也成天嘹亮地响。”写雨:“雨是最寻常的，一下就是两三天。可别恼。看，像牛毛，像花针，像细丝，密密地斜织着，人家屋顶上全笼着一层薄烟。傍晚时候，上灯了，一点点黄晕的光，烘托出一片安静而和平的夜。乡下去，小路上，石桥边，有撑起伞慢慢走着的人；还有地里工作的农夫，披着蓑，戴着笠。他们的房屋，稀稀疏疏的，在雨里静默着。”这都是最平常不过的生活情景。这些生活情景中处处包含着美的因素。宗白华讲：“我有一次黄昏的时候，走到街头一家铁匠门首站着。看见那黑漆漆的茅店中，一堆火光耀耀，映着一个工作的铁匠，红光射在他半边的臂上、身上、面上，映衬着那后面一片的黑暗，非常鲜明。那铁匠举着他极健全丰满的腕臂，取了一个极适当协和的姿势，击着那透红的铁块，火光四射，我看着心里就想着：这不是一幅极好的荷兰画家的画稿？”① 宗白华也在最普通的生活中发现了美。

节庆假日中，也处处有着美的因素。节日中，人们的生活变得丰富多彩。如除夕，自古就有通宵不眠、守岁、贴门神、贴春联、贴年画、挂灯笼等习俗，流传至今，经久不息。春联以工整、对偶、简洁、精巧的文字表达美好愿望，是我国特有的文学形式。在贴春联的同时，一些人家要在屋门上、墙壁上、门楣上贴上大大小小的“福”字，寄托了人们对幸福生活的向往，对美好未来的祝愿。放爆竹是节日的一种娱乐活动，可以给人们带来欢愉和吉利。除夕前后，人们都挂起象征团圆意义的红灯笼，来营造一种喜庆的氛围。春节更是民众娱乐狂欢的节日。元日以后，各种丰富多彩的娱乐活动竞相开展：耍狮子、舞龙灯、扭秧歌、踩高跷、杂耍诸戏等，为新春佳节增添了浓郁的喜庆气氛。元宵节是春节之后的第一个重要节日，在这一天有出门赏月、燃灯放焰、喜猜灯谜、共吃元宵等传统习俗，还有耍龙灯、耍狮子、踩高跷、划旱船、扭秧歌、打太平鼓等传统民俗表演。端午节有赛龙舟、挂艾草与菖蒲、吃粽子、戴香包、饮雄黄酒等活动。中秋节赏月和吃月饼，是中国各地过中秋节的必备习俗。中秋之夜，仰望明月，闻着桂香，喝桂花酒，阖家欢乐，成为节日一种美的享受。重阳节多有出游赏秋、登高远眺、观赏菊花、遍插茱萸、吃重阳糕、饮菊花酒等活动。这些活动，也是富有审美因素的。

（三）艺术美资源

大自然的美、社会生活（包括节庆假日）的美，都是重要的美育资源。但美育资源中，最重要的是艺术的美。艺术教育是实施美育的主要手段。这是因为，优秀的文学作品所描写的大自然，是杰出诗人、艺术家用自己的眼睛看到的大自然，优秀文学作品所描绘的大自然，已经包含了艺术家的智慧和敏锐的感受力。对此，钱谷融说道：“无论是

---

① 宗白华. 宗白华全集：第1卷［M］. 合肥：安徽教育出版社，1994：193.

诗也好，画也好，音乐也好，雕塑也好，在它们成为艺术品之前，首先必都是艺术家心中的意象。造成这意象的便是艺术家的知识和智慧，便是艺术家的心灵的美。经过了艺术家的一番陶铸经营，才把它外化为有形的、具象的美。那就是人们所爱好的艺术品。同样的一座山，同样的一条水，为什么在谢灵运、王维、李白的笔下，就显得那样的神奇，那样的美好呢？……在他们的作品出世之前，我们有过同样的感觉吗？我们领会过如此神妙的美吗？没有。为什么？那还不是因为他们有博大的心灵、深湛的智慧，能够窥透万物的底蕴，发现造化的神奇。”①

审美教育中，艺术作品的欣赏具有特殊的意义。可以说，美育的实施，首先就是接受古今中外优秀的艺术作品。通过欣赏艺术作品而培养欣赏美的能力，获得一种审美的眼光，以此眼光看待大自然和生活，这是审美教育的关键，也是美育的实施途径。

艺术作品培养了人感受大自然之美的能力。对此，文艺理论家王元骧曾这样说：“我的家乡濒临东海，那里青山起伏，绿水蜿蜒，算得上是一个秀丽的地方。我平时贪玩，家乡的山山水水几乎都留下我的踪迹……我可以说完全是在大自然的怀抱里长大的。但除了嫦娥、吴刚、牛郎织女的故事引起我的一些遐想之外，我几乎感受不到什么自然美。我看到的不过是山、是水、是树木、是大海、是月亮、是星空……是朱自清的《绿》《荷塘月色》，冰心的《往事》《寄小读者》，闻一多的《秋色》《忆菊》，徐志摩的《我所知道的康桥》《再别康桥》，使我们睁大了眼睛、开启了心灵，渐渐感受到了夜色的温柔、月色的神秘、晨曦的烂漫、夕照的辉煌、山川的灵秀、大海的壮丽，还有春光的明媚和秋色的斑斓。这种能力，是通过文学作品的阅读才获得的。”优秀的文学作品给了他一种“发现”的眼光。

作家王蒙也讲过类似的话。他说：“原来我对春天没有那么多的感觉，没有那么多的多愁善感，可是在我看了很多描写春天的书之后，觉得这简直是不得了，这草儿青了，花儿红了，还有流水潺潺，还有燕子飞过来了，哎呀，我就感觉春天真那么好！什么‘微风吹在脸上没了凉意’，这种感觉一下子把我激活了。学习给了我身心，学习给了我头脑，学习给了我感觉，是感受世界的感觉，学习给了我感情，对春天的感情，对风的感情，对皎洁的月儿的感情，对花开花落的感情。”② 王蒙也是“看了很多描写春天的书之后”，对春天的美好有了感觉。

---

① 钱谷融．智慧的迷宫［M］//钱谷融．散淡人生．上海：上海教育出版社，2001：61－62.

② 王蒙．王蒙新世纪讲稿［M］．上海：上海文艺出版社，2005：218.

第二节　艺术教育

一、艺术教育的功能

艺术教育具有多方面的功能。首先是培养人的感性能力。感性能力，即是与形象、形式打交道的能力，包括感知能力、形象记忆能力、联想与想象能力。这些都是人的重要的能力。

（一）培养人的感知能力

艺术教育首先是一种形象的、形式的教育。以美术为例，常人对于颜色的区分仅仅局限于赤橙黄绿青蓝紫，以及这几种颜色屈指可数的几种不同程度的变化颜色。然而，作为美术的基本素养之一，却需要敏锐地察觉到几十种甚至上百种颜色的变化与微小差异。根据心理学的研究我们知道，人类在任何一项技能中习得的品质和习惯都会内在地成为作为"人"的品质和习惯。美术学习中对于颜色的敏感性也必然会内化为一种敏感性的品质。再如音乐，常人只知道七个基本音级和五个变化音级，然而，通过音乐艺术的学习，可以逐步培养出学习者对于泛音列、微分音的辨识力，从而内化为"人"对于事物的敏感度。文学也是如此。阅读文学作品，无疑会提高人对语言的丰富含义的感受。

（二）培养人的形象记忆能力

艺术教育也培养人的形象记忆能力。人的形象记忆能力也是一种非常重要的能力。人只有把感知得到的形象记忆到自己的内心，才能建构起自己的心理世界。形象记忆对想象力也有重要的作用。乌申斯基说："我们不能想象出某种在我们的回忆中完全未曾有过的东西。"他还引述洛克的话："人在他的小小的理解王国里的控制力是跟他在昭昭万物的大千世界里的控制力一样的，在这里人只能用大自然所给予他的材料来制造东西，但他既不能消灭，也不能创造任何一个原子。"并说道："埃及人的想象能幻想出并且能用花岗岩来表现在自然界并不存在的一个狮身人首像，但这个幻想动物的每一个特点都是取自自然界的。人的想像不过是把这些特点联合起来罢了。”[①] 就是说，想象是依赖于记忆形象的。没有丰富的记忆形象，也就很难有丰富的想象力。

形象记忆是感知得来的，但它又是感知的基础。柏格森讲：“不存在没有充满记忆的知觉。借助于我们当前感觉的瞬间资料，我们又从自己以往的经验中选出上千个细节，并把它们混合起来。在大多数情况下，这些记忆取代了我们的实际知觉，我们只把为数不多的暗示保留在实际知觉中，而仅仅把它们用作能使我们回忆起先前形象的‘符号’。知觉的方便性和迅速性就是以这样的代价换取的。”[②] “记忆再度创造出了当前知觉；或者我们宁可说，记忆向当前知觉反射它自己的形象或是其他同类‘记忆—形象’，因而给当前知觉加倍。如果保留下来的（或者说被回想起来的）形象没有包括当前被知觉形象的全部细节，那它就会求助于记忆的更深层、更遥远的区域，直到其他已知细节将自己投射到那些尚未被知觉到的细节上。记忆加强知觉，丰富知觉，这种运作将会无休止地进行下去，而知觉因此变得更加宽广，将越来越多的补充性回忆吸收到自身当中。”[③] 这就是说，感知与记忆密不可分。没有记忆也就没有知觉。乌申斯基说道：“一个不特别同马打交道的人，虽然他久久观看一匹马，但以后他会认不出它来；而那贩子虽然只是仓促地看一看马，但以后他能在成千上万匹马中把它认出来。”[④] 这是因为，马贩子看过数不清的马匹，他的心中保留了很多的记忆痕迹，因此，马贩子善于一下子找出每一匹新马的特征来。

（三）培养人的想象力

艺术教育培养人的创造力。构成有效思考的另一个因素是想象力。想象力是根据具体的思想和形象进行思考的能力。它能细致地体察我们人类的希望、恐惧、优点和缺点，并能在最具体、最完整的意义上唤起整全的人格。在实际事务中，想象力提供了一种打破习惯和常规、帮助人们看到平淡无奇的事物之外的世界或构想出新方案的能力。它不只属于艺术家，它也是发明者和革新者的动力。

诗有触类旁通的道理，所谓言在此而意在彼，言有尽而意无穷，从有限可见无限。诗的引人入胜处也就在此。作诗和读诗都需要既见出此人此物此事，又见出此人此物此

① 乌申斯基．人是教育的对象：上卷［M］．北京：人民教育出版社，2007：351.

② 柏格森．材料与记忆［M］．北京：华夏出版社，1999：22.

③ 柏格森．材料与记忆［M］．北京：华夏出版社，1999：86.

④ 乌申斯基．人是教育的对象：上卷［M］．北京：人民教育出版社，2007：278.

事以外的广大天地。

“想象的特点就在于能在表面极不相似的事物之中发现类似，把在自然中原来是分开的东西结合起来。”这就是创造新事物的过程。诗人教会我们用他们的眼睛来看世界，来认识到有限中的无限，因而从自我的窄狭天地中解放出来，发现这世界永远是新鲜的，这生活是值得生活的。想象力就是“触类旁通”的能力。这就是说，美育、艺术教育与智育有着非常密切的关系。而且，诗是人的“解放”。

思维总是企图界定某种事物，划定某种事物的界限，但这种界限是不能绝对划定的。我们应该承认思维的局限性，但也正是思维逻辑走到尽头之际，想象却为我们展开一个全新的视域。想象教人超出概率性和同一性的界限，而让我们飞翔到尚未实际存在过的可能性。但尚未存在过的可能性并非不可能，想象的优点也正在于承认过去以为实际上不可能的东西也是可能的。想象扩大和开拓了思维所把握的可能性的范围，达到思维所达不到的可能。思维的极限正是想象的起点。想象是超逻辑的——超理性、超思维的。逻辑思维以及科学规律可以为想象提供一个起点和基础，让人们由此而想象未来。思维以把握事物间的相同性（同一性、普遍性）为己任；想象以把握不同事物间即在场的显现的事物与不在场的隐蔽的事物间的相通性为目标。对后者的追求并不排斥对前者的追求，只是后者超越了前者。我们说想象是超理性、超思维、超逻辑的，就是这个意思。

人的感性能力非常重要，但近现代社会的发展，却是重视理性而轻视感性能力的。19 世纪以来，科学分化，知识膨胀，社会生活科层化，使人的统一性遭到破坏，甚至出现了马尔库塞说的那样，人变成了“单面人”“机械人”。这是世界性问题，中国的情形似乎更加严重。在高等教育领域里的表现，就是学科专业划分越来越细，而且壁垒森严，学生在成为专门人才的道路上，失掉的东西实在是太多了。特别是人文素质（对人的关怀和理解、对完美个性的追求、集体意识、想象和审美能力）的失落，已经成为工业文明时代人的一种严重缺陷。① 所谓的“人性的分裂”就是指人的感性与理性的分裂。其结果是人的感性能力的极度匮乏，就是人变成了“单面人”（马尔库塞语）。这是西方社会长期片面地追求理性的发展，同时片面地压抑感性发展的结果。正如罗格·弗莱所说：“由于在实际生活中我们的各种需要是如此迫切，致使我们的视觉在观看时变得高度专门化了。这时，我们的眼睛注意的仅仅是那些与我们的活动目的有关的东西，这种‘节

① 董健，马俊山．戏剧艺术十五讲［M］．北京：北京大学出版社，2012：358.

省’性实在是令人惊叹的。但是这样一来，它实际看到的东西就很少了，甚至少到仅够用来识认出或辨别出眼前的人或物；事物一旦被辨认出来，便被我们的理智迅速地归并到某某类别中，对它的观看也就随之停止了。现实生活中的这种普通观看方式与其说是观看事物本身，倒不如说是识别贴在事物上面的‘标签’，似乎周围的每一种事物上面都贴着一张标签，一旦从标签上看到它是属于哪一类的，便不再关心其本身的样子。可以说，任何一种多少有用的事物，都被我们戴上了这样一顶隐身帽。”①

（四）培养人的同情心

艺术培养人的同情心。艺术让人能够接受他人的精神经验。苏联美学家卡冈这样说："艺术作为社会现象，其存在的意义在于，它使个别人积累起来的精神经验变为社会的财富，即从一人传给另一人，从一代传给另一代。艺术的产生是为了尽善尽美地组织人们的交往，艺术在人类历史的全部时期内，始终被人们用来实现这一首要的目的。""对于个人来说，艺术的价值在于，它使个人参与另一个人的精神活动，能够以特殊的灵敏和充满诗意的热忱理解世界。换言之，艺术使人能够获得莎士比亚、伦勃朗以及贝多芬的天才所创造的东西，从而变得更加聪明，更加慧敏，精神上更加丰富。"② 艺术更能够让个体了解自己的内心世界。"艺术家还有更重要的能力：它能获得并传播另一类信息，即它能揭示发生在人的心理和个人的精神世界深处的极为复杂的过程。多亏艺术，人类才得以深刻而细致地理解人的心理，人的感情，思想和意志的相互联系。""艺术就像一面魔镜，每一个人从中不仅可以看到臆想出来的另一个人，还能在这个虚构的人的身上看到真正的自我，看出自己身上的许多非常深刻和重要的东西。"③

在此基础上，艺术让人获得了感受、体察他人内心世界的能力。能够对他人的情感、他人的喜悦与悲伤感同身受，也就是说，艺术让人具有深广的同情心。在艺术家、文学家那里，我们可感受到人可以有着怎样的情怀。他们不仅仅是关心别人，关心自己的同胞，甚至关心、顾惜一切生命。如被梁启超称为"情圣"的唐代大诗人杜甫就是如此，他不仅在风雨交加的夜晚，于自家"床头屋漏无干处，雨脚如麻未断绝"时想着天下的

---

① 齐一，马奇，等. 美学专题选讲汇编［M］. 北京：中央广播电视大学出版社，1983：144－145.

② 卡冈. 卡冈美学教程［M］. 凌继尧，洪天富，李实，译. 北京：北京大学出版社，1990：250.

③ 卡冈. 卡冈美学教程［M］. 凌继尧，洪天富，李实，译. 北京：北京大学出版社，1990：254－255.

不幸之人，同时也关爱一切生命。正如研究者所言："在杜甫的心目中，天地间的万物都与人一样，应该沐浴在仁爱的氛围之中。"他顾惜幼小的松树："尚念四小松，蔓草易拘缠。"照顾着水中的游鱼和飞翔的燕子："盘飧老夫食，分减及溪鱼。""帘户每宜通乳燕，儿童莫信打慈鸦。"有时，诗人、艺术家甚至对无生命之物也表现出这种顾惜之情。如现代诗人艾青曾应邀参加一次剪彩活动，他剪断了一条漂亮的红绸带，事后竟也产生愧疚之感并深深自责。当他的一个朋友去看望他时，诗人喃喃自语："多好的红绸子，我把它剪断了。"从此，他再也不参加剪彩活动。

文学艺术的教育在培养人的同情心方面有重要和特殊的意义。不仅仅因为文学艺术作品展示了文学家、艺术家的情怀，也因为文学艺术培养着、丰富着人的想象力，而同情心的发展有赖于人的丰富、活跃和逼真的想象能力。卢梭就已经指出同情心与想象力的关系："任何人都只有在他的想象力已经开始活跃，能使他忘掉自己，他才能成为一个有感情的人。"① 而同情心又是良心的基础。叔本华就讲："对一切生物的无限同情是道德行为最结实的和最可靠的保证。"② 费尔巴哈也说"良心与同情心有最密切的关系……良心不是别的，而只是同情心"③，并更进一步论述道：良心的发生依赖于个体对自己伤害过的（实际上的和想象中的）人所受痛苦的感觉。他说："我的良心……即被放在受损害的你的地位上的我……是在我自身中的他我。""这是他人的形象，这个形象制止我对他做坏事，或如果我已经对他做了坏事，它就会苦痛我和迫害我。"④ 这里所说的"他人的形象"，自然只是自己所想象的他人，这也就是说，个体的想象力越是丰富、生动，心中的他人形象就越是鲜明，而同情心也就越是强烈。正因如此，雪莱说，"想象是道德上的善的伟大工具"⑤，"道德的最大秘密在于爱，或者是一种出于我们的本性的、我们自己对存在于思想、行动或人物之中的美好事物的认同，而不是我们自身。一个非常好的人，必须是具有丰富而广泛的想象力的人。"⑥

二、艺术作品欣赏的层次

任何一种艺术作品，就其结构说，都有三个层次，即材料层、技巧层、意蕴层。艺

① 周辅成. 西方伦理学名著选辑：下卷［M］. 北京：商务印书馆，1987：125.
② 周辅成. 西方伦理学名著选辑：下卷［M］. 北京：商务印书馆，1987：481.
③④ 周辅成. 西方伦理学名著选辑：下卷［M］. 北京：商务印书馆，1987：484.
⑤ 杜威. 艺术即经验［M］. 高建平，译. 北京：商务印书馆，2005：385.
⑥ 杜威. 艺术即经验［M］. 高建平，译. 北京：商务印书馆，2005：387.

术作品的欣赏，需要“沿波讨源”，由外入里，逐层深入，从欣赏艺术品的材料入手，进而欣赏其技巧美、意蕴美。

（一）材料层及材料美的欣赏

海德格尔说：“即使享誉甚高的审美体验也摆脱不了艺术作品的物因素。在建筑物中有石质的东西，在木刻中有木质的东西，在绘画中有色彩的东西，在语言作品中有话音，在音乐作品中有声响。在艺术作品中，物因素是如此稳固，以至我们毋宁反过来说：建筑物存在于石头里，木刻存在于木头里，油画在色彩里存在，语言作品在话音里存在，音乐作品在音响里存在。”这就是说，各类艺术作品都有材料作为载体。在这里，“材料”一词的含义是宽泛的。有一些艺术门类如建筑艺术，材料是物质材料，如大理石、木材、竹、玻璃、钢材，这是建筑的材料。雕塑艺术所使用的也是物质材料、如金属、玉石、玛瑙等。

艺术作品的这些材料本身是具有美感的。如大理石即有着天然之美，有天然的花纹，各种各样，变化万千且不可复制，又有天然光泽、天然的质感，显得温润而高雅。木材是与人最为亲近的材料，是一种温暖而又亲切的建筑材质。中国古代建筑中，木是最重要的建筑材料。建筑活动被称为大兴土木。木材构成了房屋的支柱，也存在于建筑的各种要素如门、窗之中。木本身多有纹理，而且可以进一步做艺术的加工，如“雕梁画栋”。现代建筑中，用到木元素，会有种远离尘嚣的感觉。竹也是一种重要的建筑材料，中国文化中竹子有特殊的意义，作为建筑材料，竹带有一股诗画意境，它所营造的空间有一种古朴风雅的韵味。工艺美术作品，固然有着巧妙而精心的设计，但其材料如水晶、玛瑙、琥珀、珊瑚，本身也是美的。服装艺术的美也包括衣料的美，如丝绸本身就很美。它光亮、轻柔，有人说它柔如水，软若云，亮比光，绚烂似彩虹。其中有些精品更是美不胜收。唐代诗人白居易《缭绫》对一种叫作“缭绫”的丝绸做了这样的叙述和描写：“缭绫缭绫何所似？不似罗绡与纨绮。应似天台山上明月前，四十五尺瀑布泉。中有文章又奇绝，地铺白烟花簇雪。”假如雅典娜的神殿帕特农不是大理石筑成，王冠不是黄金制造，那么，它将像星星没有火光一样，是平淡无奇的东西。也就是说，材料的美必定影响作品的整体美感。也是有美感的。有一些艺术品的材料具有物质性，但不单纯是物质的。如声乐艺术的“材料”是歌唱者的声音，而舞蹈艺术的“材料”是舞者自己的身体。这些“材料”也是美的。因此歌唱家需要不间断地“练声”，舞者需要从小开始训练体型，这种训练，正是为了让自身的“材料”更美。

文学作品的材料，就是语言文字。语言文字本身即有美感。这是在民族文化发展过程中形成的。对此，朱光潜这样说："每个字在一国语文中都有很长久的历史，在历史过程中，它和许多事物情境发生联想，和那一国的人民生活状态打成一片，它有一种特殊的情感氛围。各国各地的事物情境和人民生活状况不同，同指一事物的字所引起的联想和所打动的情趣也就不同。……中文中的'风'、'月'、'江'、'湖'、'梅'、'菊'、'燕'、'碑'、'笛'、'僧'、'隐逸'、'礼'、'阴阳'之类字对于我们所引起的联想和情调也绝不是西方人所能完全了解的。这可以叫作'联想的意义'，它带有特殊的情感的氛围，甚深广而微妙，在字典中无从找出，对文学却极要紧。"① 艺术作品的第二层是形式层。在具体的艺术作品中，材料不是孤立存在的，而是组合成一定的形式。形式是材料的形式化。形式化也就是超越材料而成为一个完整的艺术世界。文学作品也是这样。翻译家王以铸谈到诗歌翻译时这样说："五律这种格式是同汉语的特点充分结合在一起的。八句，每句五个字，是固定的；平仄、韵脚、对仗的变化都有规定。中国古文本来特别简练，五律这种格律诗尤其具有这种特点，就是说，要在十分有限的体积里装下极大的容量。然而，尽管要求如此严格，这种诗体到了名家手里，就可以用寥寥 40 个字写出极为精彩的作品。所以刘禹锡把五律比作 40 个仙（一作"贤"）人，不能有一个屠沽之流混杂其中，可谓一个字有一个字用场，换掉一个字就会使整首诗面目全非。"② 又说："构成诗的原料是文字。诗是表现得最集中、最精炼的文字。诗之所以为诗的东西正是通过它的文字。打个比方说，诗人就好像是他所使用的文字的魔术师。平平常常的词，经他连缀起来，就不仅能表达自己的思想，更重要的还有他的感情、抱负、印象、风格、气度等。它们在表达上的准确和细致的程度，是同诗人运用文字的造诣成正比的。每一个诗人都有他自己的写法，因而也就有千千万万种色彩、香味和味道。这就犹如构成千百万种有机化合物的不过是那么一些元素，但它们既能合成芬芳美味之物，又能变为恶臭有毒的东西；最美妙的音乐和不堪入耳的淫秽之音同样是由十几个音阶构成的，问题只在于构成的方式不同而已。"③ 这两段话，一方面讲诗歌所用的文字，本身就有一定的意味，每个字眼是应该仔细斟酌的——五律的 40 个字是"40 个仙人，不能有一个屠沽之流混杂其中"；另一方面也是说，这些字眼组合起来可以有"千千万万种色彩、香味

---

① 朱光潜．谈翻译［M］//朱光潜．朱光潜全集：第 4 卷．合肥：安徽教育出版社，1987：291.

② 王以铸．论诗之不可译［M］//罗新璋，陈应年．翻译论集：修订本．北京：商务印书馆，2009：978.

③ 王以铸．论诗之不可译［M］//罗新璋，陈应年．翻译论集：修订本．北京：商务印书馆，2009：975.

和味道”。也就是说，单独的字眼可能是有一定美感的，但形式化之后，即形成一首诗之后，有了完整的形式，就更具有美感。

（二）技巧层及技巧美的欣赏

艺术作品的创作构成，就是材料形式化的过程。这一过程是需要艺术技巧的，艺术形式要依靠技巧来创造。关于技巧的重要性，诗人梁宗岱说：“我不相信在艺术上有一种离开任何工具而存在的抽象的表现。一个艺术家，无论他是诗人，画家，音乐家，雕刻家或建筑家，如果他要运思或构思，决不能赤手空拳胡思乱想，而必须凭籍他的特殊的工具：文字，颜色，声音或木石，——不独凭藉，还要尽量利用每种工具的特长和竭力迁就它的限制。所以在某一意义上，文字之于诗，声音之于乐，色彩线条之于画，土木石之于雕刻和建筑，不独是传达情意的工具，同时也是作品底本质。同一个题材，在各个不同的诗人，画家，音乐家的手里固然得到不同的表现；就是对于同一个艺术家（如果他是多才多艺的话）他所表现于诗，画或音乐的亦将各异：基本灵感也许没有出入，侧重点却必定有极大的差别，因为一切艺术都只能利用一己的偏长去暗示灵感底全部。”[①] 俞平伯更说：“春花秋月，是诗吗？不是！悲欢离合，是诗吗？不是！诗中所有诚不出那些范围，但是仅仅有那些破铜烂铁决不能成为一件宝器。它们只是诗料……我们看了眉月，这么一沉吟，回溯旧踪，那么一颦蹙，是诗吗？不是！见宿树的寒鸦，有寂寞之思，听打窗的夜雨，有凄清之感，是诗吗？不是！这种意境不失为诗魂，但缥缈的游丝，单靠它们却织不成一件‘云裳’的。它们只是诗意……实在的事例，实在的感触都必须经过文学的手腕运用了之后，方成为艺术品。文学的技工何等重要。”又说：“回忆从前的踪迹，真是重重叠叠，有如辛稼轩所谓‘旧恨春江流不尽，新恨云山千叠’似的；但等到写入文章，却就不能包罗万象了，必有取舍。……选择乃文学技工之一；有了它，实感留在文学作品里的，真真寥寥可数。”“又如写一桩琐碎或笨重的事，不能无减省或修削之处；若原原本本，一字不易，就成了一本流水账簿，不成为文章。奏了几刀之后，文章是漂亮多了，可是原来的样子已若存若亡了。剪裁又是重要的技工。”[②]

文学需要技巧，其他一切艺术也都是这样。“中国画家在画面上创造的形式世界要依

---

① 梁宗岱．试论直觉与表现［M］//李振声．梁宗岱批评文集．珠海：珠海出版社，1998：258.

② 俞平伯．文学的游离与其独在［M］//彬彬．俞平伯散文．呼伦贝尔：内蒙古文化出版社，2006：40－41.

靠他的笔墨的技巧。一个京剧演员在舞台上创造的形式世界要依靠他唱、念、做、打的技巧。有时这种技巧可以突出出来，成为一种技巧美。观众可以孤立地欣赏这种技巧美。中国京剧表演的一些特技，就是如此。”①

（三）意蕴层及意蕴美的欣赏

艺术作品的第三个层次是意蕴层。什么是文艺作品的意蕴？朱光潜在翻译黑格尔论艺术的经典巨著《美学》时解释说，“意蕴”的原文是 desBedeutende，意思是“有所指”或“含有用意”的东西。黑格尔非常强调意蕴在作品构成中的地位。他认为，文艺作品由两种因素构成：外在因素和内在因素。外在因素即直接呈现给我们的东西——我们通常所说的题材，在叙事性作品里表现为人物、情节、环境，在抒情性作品里表现为意象和意境等；内在的因素即意蕴。意蕴总是比直接显现的形象更为深远的一种东西。艺术作品应该具有意蕴……它不只是用了某种线条、曲线、面、齿纹、石头浮雕、颜色、音调、文字乃至于其他媒介，就算尽了它的能事，而是要显现出一种内在的生气、情感、灵魂、风骨和精神，这就是我们所说的艺术作品的意蕴。汉语的“言之有物”的“物”，就是隐藏于语言背后的深意，就是“意蕴”。

艺术作品的意蕴，是不能离开作品的形象世界的。关于这一点，叶朗在《美学原理》中这样说：“艺术作品的意蕴与理论著作的内容不同。理论著作的内容必须用逻辑判断和命题的形式来表述，艺术作品的‘意蕴’却很不容易用逻辑判断和命题来表述。理论著作的内容是逻辑认识的对象，艺术作品的‘意蕴’则是美感（审美感兴、审美体验）的对象。换句话说，艺术作品的‘意蕴’只能在直接观赏作品的时候感受和领悟，而很难用逻辑判断和命题把它说出来。陶渊明诗：‘此中有真意，欲辨已忘言’，也是说，艺术作品的意蕴很难用逻辑的语言把它‘说’出来。如果一定要‘说’，那么你实际上就把‘意蕴’转变为逻辑判断和命题，作品的‘意蕴’总会有一部分的改变和丧失。”② 叶朗指出：艺术的“意蕴”带有多义性，带有某种程度的宽泛性和无限性。在不同的欣赏者那里，再生成的意蕴可以是不同的。这是很对的。艺术作品的意蕴，不是完全不能说，只是，说出来的，实际上是“逻辑判断和命题”，而不是意蕴本身了。

这就是说，欣赏文学作品，需要深切地感受作品的美，而不能急切地找作品的“主

① 叶朗. 美学原理［M］. 北京：北京大学出版社，2009：259.

② 叶朗. 美学原理［M］. 北京：北京大学出版社，2009：261－262.

题思想”。对此，钱谷融这样说，对真正优秀的文学作品，“你不能离开它的形象抽出干巴巴的几条筋来，说这就是这篇作品的思想。当爱克曼问歌德：‘你在《塔索》里，究竟要表现什么思想呢?’歌德回答：‘思想？我怎么知道。我所看见的只是塔索的生活。’他也拒绝回答《浮士德》的思想是什么的问题，因为他无法回答。有人问托尔斯泰：你的《战争与和平》究竟写的什么？他说：我要说的都写在里面了，我要回答写的是什么，我就只能重写一遍给你看。假使一部作品能归纳为简单的几句话而又不失去它的精彩，作家何必用这么大的劲，花这么大的气力呢？当然，这样说也不是拒绝对作品进行分析，分析是可以的，但文学作品是一种艺术品，一种创造，它是美的；它对现实的反映是一种艺术的、美的反映，分析就应该能使读者看到作品的美，领略到作品的美”。长篇的文学作品是这样，短篇也是如此。王蒙有一篇小小说《羊拐》，写的大致内容是：“我在新疆时，三五岁的小女儿留在北京外婆家，那时候小孩都兴玩羊拐，我回去探亲时，听见女儿直叹息：‘唉，我就没有羊拐。’我就暗地里许下愿，一定要给女儿带羊拐回来。等我搜集了多半口袋羊拐又回北京探亲，可谁知女儿很不屑：‘早过了羊拐了，我不玩羊拐了，玩皮筋了。’”这篇小小说被选入某地的教材，课本上有一个练习，要求学生选择作品的主题：一是“可怜天下父母心”；二是“父母心疼孩子，孩子不知道心疼父母”；三是“一切事物都不断变化，人应该与时俱进”。教材说：正确答案是最后一个。对这个练习的标准答案，王蒙就不太同意。他说：“我自己觉得小说的可爱之处在于有很多层意思可以回味：既有想得到时没得到，得到了不珍惜的意思，也有小小的时间差带给人的各种遗憾，还有可怜天下父母心等等。”王蒙说：“看到小说的意味被肢解，感到挺难受。”[①] 这就是说，艺术作品的意蕴，常常是很丰富的，多样的，有时是不太确定的。这也正是艺术的魅力所在。欣赏艺术品，需要注意，不能把艺术品的意蕴简单化。

思考与探究

1. 为什么说艺术教育是实施美育的主要手段?

2. “艺术让人获得了感受、体察他人内心世界的能力。艺术能够对他人的情感、他人的喜悦与悲伤感同身受。”你同意这一看法吗?

---

① 王太星，姜淑芹. 王蒙质疑语文教育［N］. 齐鲁晚报，2003－09－28.

3. 有人问托尔斯泰：你的《战争与和平》究竟写的什么？他说：我要说的都写在里面了，我要回答写的是什么，我就只能重写一遍给你看。对此，你有怎样的看法？

阅读参考书目

1. 张世英. 进入澄明之境［M］. 北京：商务印书馆，1999.

2. 曾繁仁. 美育十五讲［M］. 北京：北京大学出版社，2012.

3. 王柯平，杨平，李中泽，等. 美育的游戏［M］. 南京：南京出版社，2007.

4. 彭吉象. 艺术学概论［M］. 3 版. 北京：北京大学出版社，2006.

5. 卡冈. 卡冈美学教程［M］. 凌继尧，洪天富，李实，译. 北京：北京大学出版社，1990.

下编 艺术审美欣赏

艺术属于人类创造的特殊精神文化。作为一种精神文化的美，艺术是所有领域中美的典型形态。艺术最集中体现了美的本质和人类审美活动的特征，它是人积极参与、主动创造的文化现象，是人对美的追求不断提升的必然产物，是人的本质完满实现的体现。作为一种典型的审美形态，艺术不仅集中体现了人类对美的价值追求，也内含着人类对真与善的价值追求。通过艺术欣赏，我们不仅可以更好地感受美、体验美，认识人类审美创造的伟大，同时可以通过艺术美的形象感受和体验自然而然地获得真的启示和善的教育，实现真善美有机统一的教育。所以，艺术是美育最重要的手段，艺术欣赏是美育最重要的方式。

第四章　建筑艺术欣赏

第一节　建筑艺术的性质特征

一、什么是建筑艺术

建筑算不算艺术？美学界一直有争论。别林斯基认为，建筑还“不是名副其实的艺术，而只是对于艺术的追求，走向艺术的第一步而已……是仅仅暗示思想的艺术形式”①。车尔尼雪夫斯基也说：“我们无论怎样也不能认为建筑物是艺术品。建筑是人类实际活动的一种，实际活动并不是完全没有要求美的形式意图，在这一点上说，建筑所不同于制造家具的手艺的，并不在于本质性的差异，而在于那产品的量的大小。”② 当代人们的意见仍然存在着分歧。其实，我们讲的建筑艺术只是指建筑中的一部分。建筑从一开始出现就服从于实用目的，这种单纯的符合实用目的性的建筑还不是艺术，只有当

① 别林斯基．别林斯基选集：第3卷［M］．满涛，译．上海：上海译文出版社，1980：1.

② 车尔尼雪夫斯基．艺术与现实的审美关系［M］．周扬，译．北京：人民文学出版社，1957：61.

建筑“把单纯的符合目的性提高到美”① 的时候，建筑艺术才诞生。

建筑物可以粗略被划分为以下三种类型。

一是以实用功能性为主导的，不以情感功能性为主导的建筑物。如一般住宅、工厂、课室、实验室等。

二是以情感功能性为主导的，以表现气氛、气势、情调、情趣为主要特征的建筑物。如宗教建筑、殿堂、纪念碑、金字塔、祭坛、陵园等。

三是处于上述两种类型之间的状态的，如剧院、展览馆、宾馆等。

建筑艺术指的主要是第二、三种。这样，我们就可以给建筑艺术下定义：建筑艺术是一种采用自然物质和装饰材料，按照物理规律，通过一定的结构方式和色彩调配等审美规律的处理，形成一定的空间形象，表现某种情感氛围和观念的美的建筑实体。建筑艺术是一种“巨大的工艺”。由于它在三维空间中展开形象表现情感和观念，所以建筑艺术是一种三维空间的可视性静止表现艺术（其空间包括内、外部空间，纪念碑特殊）。建筑艺术具有不可移动性。人们也把建筑艺术称作“凝固的音乐”“抽象的雕刻”“石头写成的历史”。

建筑艺术常常融入其他艺术，例如雕塑、绘画（主要是壁画）、园艺、工艺美术以至音乐都能融合到建筑艺术中去。比如，欧洲古典建筑中的雕刻、壁画就是当时建筑艺术重要的组成部分；中国的古代建筑也往往附加华表、石狮、灯炉、屏障、碑碣和壁画、匾联、碑刻、雕塑等艺术。这说明建筑具有一定的艺术综合性。

二、建筑艺术的审美特征

（一）审美性与实用性相统一，审美功能以实用功能为基础

这是建筑艺术区别于其他艺术的显著特征。一般的建筑，其实用性占主导地位，审美功能完全服从于实用功能；而被称作建筑艺术的建筑物，虽然以表现情感、气势、情趣等为主导，但一般并不排除实用功能，或原来的实用功能并没有消失，审美功能始终和实用功能相依存、相统一，审美功能仍然建立在实用功能的基础上。正如黑格尔在谈

---

① 黑格尔. 美学：第3卷上册［M］. 朱光潜，译. 北京：商务印书馆，1979：61.

到希腊建筑时所指出的，希腊建筑艺术的特征在于既有彻底的符合目的性而又有艺术的完美。所谓符合目的性就是实用功利性。如宗教建筑，就是用以祭祀的地方，是出于对神顶礼膜拜的宗教目的而建造的，它的美是以这种宗教目的为基础的。殿堂如我国北京的故宫，它既是一种美的形态，又是封建王朝用以议事、皇族居住的地方。

所以，从总体上说，建筑艺术的审美功能依附于、服从于实用功能。西方宗教建筑的色彩装饰，从表面看，人们不知道它有什么实用意义，其实，它首先是出于宗教崇拜的功利目的，“窗扇是嵌着半透明的彩画玻璃，玻璃上画的有时是宗教故事，有时只是涂上各种色彩，用意是使从外面射进来的光线变得暗淡些，让里面的烛光显得更明亮些。因为教堂里照明的不应该是外在自然界的光而应该是另一种光”①。显然，这种彩画玻璃的美和宗教目的不可分割，并且是按照宗教目的来设计的。

当然，建筑的美也具有相对的独立性，所谓“形式服从功能”的说法是绝对化的。某些装饰就不受实用功能支配，而仅仅为了追求审美效果，如窗户四周的花纹装饰、柱子的凹型线条装饰等。建筑的审美功能，还往往借助于其他艺术门类如雕塑、绘画（主要是壁画）、园艺、工艺美术以至音乐等的融入而得到加强。比如，欧洲古典建筑中的雕刻、壁画就是当时建筑艺术重要的组成部分，正是融入了这些其他艺术，建筑才更具有审美意味。再比如，中国的古代建筑，单独的建筑也常用壁画、匾联、碑刻、雕塑来强化审美氛围；建筑群还往往布设其他艺术如华表、石狮、灯炉、屏障、碑碣等，这些附加艺术除了其他文化象征意义外，也使建筑群更富有审美色彩。而必须指出的是，这些其他附加艺术绝大部分与建筑的实用功能无关。

（二）建筑艺术表现情感和观念是概括的、抽象的、象征的，具有模糊性和不确定性

建筑艺术是一种表现艺术，而不是再现艺术，它不再现客观世界中实际存在的什么事物。亚里士多德曾认为艺术的本质是模仿自然。然而，建筑艺术并非自然的模仿品。模仿说至少对于建筑、音乐来说是无能为力的。

建筑艺术是表现艺术，它表现某种特定情感和观念。但是，这种表现却是抽象、概括、模糊和不确定的。英国吉尔·伯特和库恩在《美学史》中说：“建筑中观念的表现

---

① 黑格尔．美学：第3卷上册［M］．朱光潜，译．北京：商务印书馆，1979：93.

是含糊的。”[①] 这一特点显然和建筑艺术“语言”——所采用的物质材料的局限性相关。建筑艺术的媒介难以直接表现人的情感和观念。因此，建筑艺术的情感、观念都是通过象征来表现的，象征性也就成为建筑艺术的重要特征之一。就拿宗教建筑来说，其“超凡入圣”等观念和强烈的宗教情感就是通过建筑的结构、色彩、采光或特殊构件、雕塑等来象征的。如哥特式建筑，柱子向上耸立伸展，在上部形成尖拱形，呈现出自由向上升腾的形态，就像植物茎向上生长开放出花朵，又好像节日的焰火，在夜空中繁花似锦，外部特点是高、尖、动势，轻灵的垂直线贯穿全身，塔越往上越细，顶上有锋利的小尖顶，直刺苍穹。它实际表现和象征了一种“超凡入圣”的忘我的宗教精神，仿佛要把人们引向天国的神秘的幸福中去。这种观念是象征的。北京天坛，是天子祭天处，其总体布局是南方北圆，象征天圆地方；祈年殿殿檐有三重，深蓝色，象征天；殿内 28 根柱，当中 4 根叫“龙井柱”，象征一年四季，中层 12 根，象征 12 个月，外展 12 根，象征 12 个时辰。

中西建筑艺术由于文化背景不同，象征意蕴不同，其风格也大异。一般来说，西方建筑艺术受其根深蒂固的宗教文化影响，追求巍峨、奇特、高耸，把人引向神秘世界，寄希望于彼岸，追求灵魂不死，造成刺激，引起恐惧，令人目眩神迷。中国建筑艺术受崇尚自然、追求天人合一、天人感应的观念和实践理性精神熏陶，喜平面展开，把联想引向现实世界，重视可居可游，陶染生活情趣，于有限中追求无限，让人感到人间也是极乐世界。

（三）建筑艺术的美是一种整体造型的美

构成建筑艺术的美的因素是多方面的，如结构、色彩、线条、装饰以及材料的美等。但这一切都必须有机统一，构成整体。建筑美就是一种整体造型的美。如别林斯基所说：“建筑物之所以使我们叹赏折服，是因为它的各部分匀调一致，构成一个优美的整体，或者因为它具有巍峨的外形……”[②]

建筑物本身的空间整体造型首先鲜明地显示了它的美的风格。古希腊的帕特农神庙，巴黎的凯旋门，中国的故宫、长城，其形体直接显示了雄伟、刚强、粗犷、稳重等特点，

---

① 朱狄．当代西方美学［M］．北京：人民出版社，1984：404．

② 别林斯基．别林斯基选集：第 3 卷［M］．满涛，译．上海：上海译文出版社，1980：1．

给人壮美的感受。北京的民族文化宫、西安的小雁塔等则显示了优美的风格。当然，建筑艺术常常是壮美与优美相融合，壮美主体体现在结构、块面、量块的安排上，优美主要体现在线条、装饰的处理上。

建筑艺术结构形式的美也由于施工方式、建筑材料的差异，具有不同时代的美。现代以预制构件和混凝土进行机械施工，采用悬索、薄壳、网架、充气等新结构，从而创造了种种新的建筑美。高层框架结构和大跨度空间结构，使现代建筑更具气势的美。但另一方面，这种技术和材料又使现代建筑形成一种以平板、立方体为主的结构形式，不像古代建筑有那种富于变化、精雕细刻和富于个人风格的美。

建筑艺术空间整体造型的美又不局限于建筑物自身形体，实际上，这个“整体”还包括建筑物与周围环境的审美组合。中国传统文化强调天人合一、人与自然和谐统一的观念（“水光山色与人亲”的观念），一直体现在建筑整体美的设计上。古诗云：“窗含西岭千秋雪，门泊东吴万里船”，“画栋朝飞南浦云，珠帘暮卷西山雨”，“隔窗云雾生衣上，卷幔山泉入镜中”……表明中国建筑艺术追求的是内外空间统一、人与自然合一的整体美，如颐和园一个匾额所云：“山色湖光共一楼。”20 世纪 30 年代，西方有人提出设计“瀑布上的房子”，现代建筑家们把外部空间看作“没有屋顶的建筑”，表明西方也越来越重视这种整体美。丹麦建筑师尤恩·伍重设计的悉尼歌剧院，位于悉尼港的班尼朗岛上，屋顶像鼓满风的白帆，与整个环境、海面构成一个更大的整体美。

第二节　建筑艺术作品欣赏

一、建筑艺术欣赏要领

建筑艺术的欣赏要领是由其特点决定的。

首先，如前所说，建筑艺术的美是一种整体造型的美，是空间延续性和环境特定性相统一的艺术，它占据着一定长、宽、高的位置，由内部空间和外部空间所构成，我们不可能一眼看到全体，只能看到它的一部分。比如，从外部看，只能看到外墙和屋顶及与之相关的外部环境空间；在内部看，也只能看到它的上下和四周几个面。要想把握建筑物内外全部的面所构成的整体，欣赏主体就要移动立足点，在各个位置上从远而近、从外而内、从上而下、从前而后，才能获得完整的感觉。如果是一个建筑群体，那就更需不断地变换观赏位置。只有在位置和视点的不断变换中，在空间的不断延续和转换中，才能获得对对象整体的审美感受。这个过程也是一个时间流程。

其次，建筑艺术往往具有象征性，它的观念或情感是通过象征来表现的，因此，领悟其象征意蕴是欣赏建筑艺术的一个重要方面。如前所说的西方哥特式宗教建筑高耸的建筑形体象征“超凡入圣”和对天堂终极幸福理想的追求；中国古代的皇宫建筑如故宫，其开阔的建筑平面和主次落差分明的建筑物象征的是“天子威仪”和森严的等级制度。再如，巴黎明星广场上的凯旋门，其建造的初衷，是象征拿破仑一世的军威、强权和对外的征服与功绩。位于纽约航空港的TWA公司的候机大楼，建成了一座展翅欲飞的大鸟形象，象征航空事业对蓝天的征服。感悟建筑艺术的象征意蕴，才能在审美活动中获得某种文化熏陶。

最后，在欣赏建筑艺术的过程中，应该通过感受建筑艺术的形式美，把握建筑艺术的形象，感悟出它的内在意蕴，从中获得审美愉悦。建筑艺术的形象由建筑物的体积布局、比例关系、结构形式、空间安排等构成。建筑的外在装饰常有圆柱、柱头、飞檐、雕塑、图案和壁画等，这些装饰因素是建筑形象的有机组成部分，它们使建筑形象锦上添花，增加艺术感染力。因此，欣赏建筑艺术不仅要对建筑艺术的局部构成进行审美、观照，而且还应该把局部的艺术构成纳入整个建筑艺术及从环境中加以观照，从整体的审美知觉中感悟建筑艺术的美，同时通过对建筑的空间组合、色彩、质感、体形、尺度、比例等建筑艺术语言的把握，感悟其崇高、壮美或优美的艺术风格。

建筑艺术的外在造型具有一定的节奏感，在观赏这座建筑时，要善于在一定时间过程中感受建筑节奏的流动变化及其所形成的旋律，从中体会特定的情绪氛围，从而获得类似感受音乐美的情感愉悦。感受建筑艺术的音乐美，要善于以动态的视觉对建筑造型显现的空间序列进行审美观照，在运用动态观照中，从高低俯仰的不同视角、远近大小的不同视域、开合收放的空间、分隔联系的视觉中去观照建筑的空间序列，感受其空间序列的节奏感和音乐感。

二、经典建筑艺术作品欣赏

作品 1　故宫

图 4－1　北京故宫全景

故宫是中国古代庙宇殿堂建筑的杰作。

故宫旧称“紫禁城”，位于北京中轴线的中心，建于明代，是明清两个朝代 24 位皇帝的皇宫，占地面积 72 万平方米，建筑面积约 15 万平方米，被誉为世界五大宫（北京故宫、法国凡尔赛宫、英国白金汉宫、美国白宫、俄罗斯克里姆林宫）之一。

故宫是世界现存最大、最完整的木质结构古建筑群。故宫全部建筑由“前朝”与“内廷”两部分组成；四周有城墙围绕，再由筒子河环抱；城四角有角楼；城墙四面各有一门，正南是午门，为故宫的正门。故宫共有殿宇宫室 9 999 间半，被称为“殿宇之海”，整个建筑金碧辉煌，庄严绚丽，气魄宏伟，极为壮观。

建筑是凝固的音乐。欣赏故宫宛如欣赏美的音乐：从中华门到天安门一段的建筑群，仿佛音乐的序曲；进入天安门，是楼群乐曲的开端；过了午门，在中轴线上坐落着壮丽堂皇的太和殿、中和殿、保和殿三大殿，仿佛是乐曲的高潮；经过两侧的内廷三宫，最后进入御花园，仿佛是乐曲的尾声。整个建筑高低起伏，远近错落，有张有弛，给人强烈的节奏感。

图4-2 太和殿

故宫以突出帝王至高无上的绝对权威、金字塔式的封建等级制度为设计思想。整座建筑以中轴线为主，形成左右对称的建筑布局。中轴线不仅贯穿在紫禁城内，而且南达永定门，北到鼓楼、钟楼，贯穿了整个城市，气魄宏伟，规划严整，极为壮观，表现了一种庄严、肃穆、唯帝王独尊的威严气势，这也就是宫殿建筑的思想内涵。故宫与西方神庙不同，它是帝王用于居住和议事的处所，身处人间，在平地展开，规模壮阔，体现的是“天子以四海为家，非壮无以重威”的观念，是平面展开的壮美。

故宫集中体现了中国宫殿建筑的以下艺术特色。

第一，布局上对称组群，主次分明。故宫严格按《周礼·考工记》中“前朝后市，左祖右社”的帝都营建原则建造。故宫前部宫殿，建筑造型宏伟壮丽，庭院明朗开阔，象征封建政权至高无上，太和殿坐落在紫禁城对角线的中心，以显示皇帝震慑天下的威严。三大殿、后三宫、御花园沿着中轴线排列，并向两旁展开，左右对称。整个故宫，通过建筑形体变化、高低起伏的手法，组合成一个整体。

第二，整体风格上刚柔相济，秩序井然。三大殿气势宏伟，凸显阳刚之气，而东西六宫自成一格，相对排列，秩序井然，庭院深邃，再配以宫灯对联，舒适豪华，安静柔和；内廷之后是宫后苑，后苑有苍松翠柏，玲珑假山，楼、阁、亭、榭掩映其间，幽美而恬静，尽显阴柔之美。

第三，空间结构精巧，灵活多变，富于节奏感。整座故宫，在空间结构和布局上，从中华门进入天安门，过了午门，在中轴线上坐落着壮丽堂皇的太和殿、中和殿、保和殿三大殿，经过两侧的内廷三宫，最后进入御花园，整个建筑空间结构巧妙，形成连续不断的空间序列，高低起伏、远近错落、有张有弛、形体灵活而有序的变化，给人强烈的节奏感。

第四，色彩绚丽缤纷，装饰多样。主要殿座以黄色为主，绿色用于皇子居住区的建筑，其他蓝、紫、黑、翠以及孔雀绿、宝石蓝等五彩缤纷的琉璃，多用在花园或琉璃壁上。装饰多样，如太和殿屋顶当中正脊的两端各有琉璃吻兽，稳重有力地吞住大脊。吻兽造型优美，是构件又是装饰物。一部分瓦件塑造出龙凤、狮子、海马等立体动物形象，象征吉祥和威严。

图 4－3　殿宇屋脊及屋脊上的动物雕塑

图 4－4　汉白玉石雕栏杆

故宫是中国古代建筑艺术的精华，是中国悠久灿烂的文化传统的标志，是中国古代建筑匠师高超智慧和卓越才能的伟大结晶。欣赏故宫建筑艺术，时而有一种震撼心灵的崇高感，时而又有一种适情顺性的优美感。

作品 2　陈氏书院

图 4－5　陈氏书院正面外观

陈氏书院（陈家祠）是广东规模最大、装饰华丽、保存完好的传统岭南祠堂式建筑，被盛赞为中国南方建筑艺术的典范。

陈氏书院筹建于清光绪十四年（1888 年），光绪二十年（1894 年）落成，占地面积 1 5000 平方米，主体建筑面积为 6 400 平方米，由大小共 19 座单体建筑组成，建筑中心是高达 20 余米的中进主殿“聚贤堂”。

陈氏书院整个建筑根据中国古代建筑形式美的原则，把众多大小不同的建筑物巧妙地组合布局在平面方形的建筑空间里，前后左右，严谨对称，虚实相间，极富层次。长廊、青云巷使整个建筑四通八达，形成各自独立而又相互联系的整体。同时，书院的庭院采用园林营造方式，使书院洋溢着一种自然气息，也显得更为优雅清新。

走进书院，漫步于古朴幽雅的庭院，穿越笔直秀美的连廊，那庄严瑰丽的造型、生动流畅的线条、错落严谨的结构、典雅美妙的组合和富有浓郁岭南地方特色的装饰艺术，给人以无限的遐思和美的享受。郭沫若曾写诗赞道：“天工人可代，人工天不如，果然造世界，胜读十年书。”

陈家祠的建筑以装饰精巧、堂皇富丽而著称于世。祠堂内外的顶檐、厅堂、院落、廊庑之间，遍布木雕、石雕、砖雕、陶塑、灰塑、铁铸工艺等各种各样的装饰：既有大型的制作，也有玲珑的小作品；内容丰富多彩，题材广泛；造型生动，色彩丰富；技艺精湛，精雕细琢；装饰风格或粗犷豪放，或精致纤巧，各具特色，相得益彰。

陈氏书院内部的木雕处处可见，几乎所有的构件均以色泽深沉、雕工精美的木雕为装饰。除梁架与大门及聚贤堂的屏风外，后座的 11 座双层透雕神龛，体型高大。这些木雕用料庞大优质，雕工精细考究，内容包罗万象，图案繁缛富丽，其中 16 扇以历史故事为题材的双面镂雕屏门挡，被誉为“民间艺人运用木头和钢刀雕就的历史故事长廊”。

陈氏书院的石雕主要采用花岗岩石材，多为建筑承重及易受风雨侵蚀部位构件之用。陈氏书院石雕纹饰繁复，造型秀丽，融合了圆雕、浮雕、镂雕、阴刻等技法。经艺人精心锤打雕刻，厚重的石雕承重物件变得轻巧典雅，更显示出南方石雕精巧秀气的风格特点。

砖雕是一种色彩朴实而又高雅的墙体装饰艺术。陈氏书院的砖雕主要用于装饰门楣、墀头和檐墙等。例如祠前壁间六幅画卷式的大型砖雕就很有代表性，每幅砖雕长达 4 米，立体、多层次的画面里有神话传说的神人形象，有山水园林、花果禽兽、钟鼎彝铭等。陈氏书院保存完好的墀头砖雕最能体现出广东“挂线砖雕”的风格特点。其平面多以各种线条处理，线条密集苍劲、纤细均匀，垂直如线，雕工精湛，故有“挂线砖雕”之称。

陈氏书院以陶塑、灰塑为主的脊饰极富于岭南特色。书院厅堂的11条琉璃瓦脊及院廊廊顶是陶塑、灰塑工艺最集中的地方。陶塑用陶泥造型经上釉和高温烧制后，再搬上屋顶安装而成；灰塑以石灰为主要材料，拌上稻草或草纸，经反复锤炼，在施工现场塑造，待干后再涂上矿物颜料而成。脊饰造型夸张有趣，色彩大红大绿，内容多以传统粤剧戏曲场面为主，同时汇集地方风物，琳琅满目，美不胜收；两侧配以吉祥图案，构图对称和谐，色彩高贵典雅。

图4－6　陈氏书院内部连廊和厅堂屋顶上的琉璃瓦脊及陶塑、灰塑

图4－7　陈氏书院厅堂屋顶上的琉璃瓦脊和顶檐及陶塑、灰塑

以铁铸作为庭院装饰在清代建筑中是极少见的，而陈氏书院却罕见地采用了铁铸艺术。书院连廊的铁柱和月台十六块铁铸双面通花栏板，是我国古代庭院建筑装饰艺术之杰作。双面通花铁铸栏板镶嵌在花岗岩石镂雕栏杆中，利用铁、石鲜明的色彩对比和铁铸通透立体的造型，石、铁巧妙结合，产生出画卷般的艺术效果，使月台显得更加典雅大方。

陈氏书院的彩绘艺术主要体现在大门门神和东西厢房的壁画上。两尊彩绘门神各高4米，艺人运用工笔重彩技法，用艳丽而和谐的色彩突出表现了守门大将威武镇邪的神采。东、西厢房各有一幅壁画，以文人雅士为题材，恰好与厢房作为温书攻读场所的使用功能相协调。

此外，各种象征吉祥如意的图案纹饰融汇了岭南各地能工巧匠的心血和智慧，形象地表现了民间传统文化意识和价值取向。

作品 3 国家大剧院

图 4－8 灯光下的国家大剧院主体结构与水池

国家大剧院位于北京市中心天安门广场西侧，是亚洲最大的剧院综合体。

国家大剧院由国家大剧院主体建筑及南北两侧的水下长廊、地下停车场、人工湖、绿地组成，总占地面积 11.89 万平方米，总建筑面积约 16.5 万平方米，其中主体建筑面积 10.5 万平方米。主体建筑外部围护钢结构壳体呈半椭球形，其平面投影东西方向长轴长度为 212.20 米，南北方向短轴长度为 143.64 米，建筑物高度为 46.285 米。椭球形屋面主要采用钛金属板饰面，中部为渐开式玻璃幕墙。椭球壳体外环绕人工湖，湖面面积达 35 500 平方米，各种通道和入口都设在水面下。主体建筑内部由 2 416 个座席的歌剧院、2 017 个座席的音乐厅、1 040 个座席的戏剧院、公共大厅及配套用房组成。

图 4－9 歌剧院

天安门广场是一个充满神圣感的地方，以长安街为界，南部广场空间周边坐落着一组象征新权威的高大的建筑——国家博物馆（即原来的中国历史博物馆和中国革命博物馆）、人民大会堂、人民英雄纪念碑，以及后来的毛主席纪念堂。在这样的环境中建大剧院，设计者保罗·安德鲁当年不得不面临两种选择：一是继续延伸这样一种既定的空间规则，在建筑形态上用垂直、厚重、高大等建筑词语来给人以尊严感、神圣感；二是独辟蹊径，在现有的广场形态之外以全新的审美观念创造一种全新建筑空间。安德鲁选择的是后者，这一选择恰恰使国家大剧院成为广场建筑群中最具有特色的一个部分：在天安门广场周围厚重、方正、庄严的建筑群中，在体现着国家意志神圣感与崇高感的氛围中，明亮、轻盈、圆润的国家大剧院，材料上的明亮和造型上的圆弧，反差性极强地把国家大剧院植入一片坚实的大理石和厚重的水泥建筑的棱角分明的硬性空间中，这无疑是一个美丽的例外。这样一个"鸭蛋"静静躺在广场一角，以其亲切舒缓的造型与亲水空间，使人们从压抑感与渺小感中，油然而生一种生命本能的归属感。置身于国家大剧院的面前，与它相对而立，一种强烈的视觉印象在平静水面的衬托下切入脑海，银白色通体明亮的圆弧和环绕圆弧下方的通透的大玻璃窗，这是在钢结构支撑下由18 000多块钛金属板拼合出的神奇外观。这里面透露着一种通过建筑外观来重构人的审美感觉的另类意味。这正是国家大剧院特别的审美效果。

在安德鲁那里，大剧院外观的色泽似乎没有被特别提及，但是形状是他重点讨论过的一个问题，因为建筑形状不仅具有审美功能，而且还决定了建筑物本身的实际效用。安德鲁是这样评价的：

> 复杂的生命，以越小的刻度来测量就越显得大，蛋的简单形状所包含的也是这个道理。大剧院形状的纯净、精密和准确也是如此。随着生命的展开，希望比想象中的要多。生命有其设定的功能，也有其可塑性。随时间和环境的变化去适应新的功能。一旦你被连贯的生命曲线抓住而融于它们的弧和扭曲中，曲线就会显得无穷无尽，令人目眩。生命初生之时，唯一要做的一件事，就是要打破保护它最初成长的壳，然后自由成长，走向世界。

安德鲁非常重视曲线的生命感。圆弧所构造的曲线，其魅力就在于一种无穷无尽的生成感，这是源于对生命展开的感悟。一个圆弧，一个带给人以丰富想象的形状，一个卵子或一个子宫，一个孕育生命的摇篮……与其说这是一种建筑观念，不如说是一种哲学意识。①

作品4　胡夫金字塔

金字塔是埃及最古老、最雄伟、最有代表性的建筑。其中位于埃及首都开罗西南约10公里处的吉萨高地的胡夫金字塔，是埃及境内已发现的100多座金字塔中规模最大、最古老、最雄伟的金字塔。胡夫金字塔大约建于公元前2 600年，是由10万人用了30年时间才完成的人类建筑史上的一件不朽之作。胡夫金字塔塔高136.5米，塔身用230万

---

① 戴阿宝．国家大剧院：改写北京中心城区的政治空间［J］．文化研究，2016（1）：3－17.

块石料堆砌而成，大小不等的石料每块重达 1.5～160 吨，塔的总重量约为 684 万吨。金字塔是典型的用石头写成的历史。

图 4－10　胡夫金字塔（左）、（胡夫儿子）哈夫拉金字塔（中）、（胡夫孙子）门卡乌拉金字塔（右）

欣赏金字塔，首先要注意它的整体形象和结构。金字塔底面是正方形，四个斜面接近正三角形，是一种方底尖顶的石砌建筑物，整体形象为正四棱锥体，形状像“金”字，是等腰三角形结构，显得非常稳定。值得注意的是，它的底面周长与高的比例是美学的“黄金分割”比例。

金字塔的形体巍峨雄伟，给人一种崇高美的感受。

在古埃及时期，金字塔是埋葬国王（法老）、王后或王室其他成员的陵墓。它采用那么巨大的建筑形体，无疑是借以表现、象征国王（法老）至高无上的权威和统治地位。金字塔也是古埃及人想象中通向天堂的台阶，是一种升天愿望的象征形象。

胡夫死后不久，在胡夫金字塔不远的地方，又建起了一座金字塔，这是胡夫的儿子哈夫拉的金字塔。哈夫拉金字塔附近另一座金字塔则是胡夫孙子门卡乌拉的金字塔。

哈夫拉金字塔比胡夫金字塔低 3 米，但由于它的地面稍高，因此看起来似乎比胡夫金字塔还要高一些。哈夫拉金字塔附近建有一个雕着由哈夫拉的头部配以狮子身体的大雕像，即狮身人面像。整个狮身人面像是在一块巨大的天然岩石上凿成的，高 18 米，长 73 米，至今已有 4 500 多年的历史。狮身人面像同样给人一种神秘感。狮子是一种神圣的动物，在古希腊，狮子常被用作权力的象征；在国王金字塔旁建狮身人面像，意在彰显国王和王朝的权力地位，它是国王（法老）至高无上的权威和统治地位的象征。在面对这座狮身人面像时，我们或许可以联想到黑格尔在他的《美学》中的一段话："……躺着的是兽类的躯体，在兽躯那里挣扎出来的是人的上身……人的精神想从这兽性的压抑的强大和力量中冲出……"于是，我们想到，人与动物的关系：一方面，人来自动物，人总是不断地实现由动物向人的转变，实现人性对动物性的超越，这是人类走向文明的不可逆转的历史趋势；但是，另一方面，人来自动物这一事实又决定了人永远摆脱不了动物性，只能是摆脱得多些或少些，社会的文明发展就是不断地摆脱人的动物性的过程……

图 4－11　哈夫拉金字塔附近的狮身人面像

作品 5　帕特农神庙

作为古代庙宇殿堂的代表，帕特农神庙是西方古代最著名的建筑艺术作品之一。神庙是为歌颂雅典战胜波斯侵略者的胜利而建，从公元前 447 年开始兴建，历经 15 年完成，1687 年毁于战争，今仅存残迹。

帕特农神庙坐落在希腊首都雅典卫城的古城堡中心最高点上，是一座巍峨的长方形建筑物，背西朝东，耸立于 3 层台阶上，玉阶巨柱，画栋镂檐，遍饰浮雕，蔚为壮观。虽历经两千多年的沧桑之变，如今庙顶已坍塌，浮雕剥蚀严重，但从巍然屹立的柱廊中，还可以看出神庙当年的丰姿。

帕特农神庙是供奉雅典娜女神的最大神殿，帕特农原意为贞女，是雅典娜的别名。神庙基座占地面积达 2.3 万平方英尺（约 2 137 平方米），东西宽 31 米，南北长 70 米；东西

图 4－12　帕特农神庙

两立面（全庙的门面）墙顶部距离地面19米，高与宽的比例为19：31，接近"黄金分割"的比例，整座神庙建筑比例协调，和谐自然。庙内神庙有两个主殿：祭殿和女神殿。

帕特农神庙四周由大理石柱支撑，石柱主要采用多立克式，东西两面是8根柱子，南北两侧则是17根柱子，每根柱子高10.5米。多立克式石柱的主要特点是粗壮，样式简单，没有柱础，高是粗的7～8倍，给人雄壮美的感受。帕特农神庙也采用爱奥尼式石柱，如进神庙山门，外面是多立克式石柱，里面用爱奥尼式石柱；山门南翼西侧的雅典娜胜利神庙都采用了爱奥尼式石柱。爱奥尼式石柱的特点是纤细，上方有涡旋花饰，下方有柱础，高是粗的8～9倍，给人优美的感受。两种柱式的结合，使神庙显得雄伟而又优美。

图 4－13　帕特农神庙的多立克式石柱

图 4－14　帕特农神庙的爱奥尼式石柱

古希腊神庙建筑往往融进了雕塑艺术，雕塑艺术成为古希腊神庙建筑艺术的一个亮点和特色。如帕特农神庙四周多立克式石柱之间用大理石砌成的殿墙上，就雕刻着表现雅典人民庆祝雅典娜节盛况全过程的浮雕：从神庙西南角开始，雕刻着雅典公民把他们精心编织的一件新袍献给雅典娜，公民们跨鞍上马，然后在长长的南墙和北墙上形成一个壮观的游行队伍，骑马的青年公民在队伍中十分突出；在南北两墙东端转角处，游行队伍开始走向神庙入口，公民们由欢呼雀跃转变为庄重肃静，迈着轻缓步伐的少年们正在走向卫城中心；到了神庙的大门便是浮雕的终点，坐在椅子上观看游行的是与雅典人同庆佳节的诸位天神。这些浮雕精巧生动，栩栩如生，特别是雅典青年骑马游行的大段浮雕，无论是昂首前奔的骏马还是执缰坐鞍的青年，都刻画得生机盎然，人的体态动作及飘扬的衣襟、马的运动姿态都处理得恰到好处，饱含着一种气韵生动、端庄典雅之美。可贵的是，数以百计的人和马的形象没有雷同的，他们在向前行进中的跳跃、飞奔、备鞍等各种动作姿态和形神气质等都各具个性特点；而从容缓步的少女则凸显出坚实健美的体形、文静贤淑的风度和雍容华贵的古典风韵，表现了一种“伟大的单纯和静穆的壮伟”的美，与男性青年高昂前奔的动态美互相映照。①

从祭殿到女神殿，东边的人字墙上有一组浮雕，镌刻着智慧女神雅典娜从万神之王宙斯头里诞生的生动图案；西边的人字墙上雕绘着雅典娜与海神波塞冬争当雅典守护神的场面。传说雅典娜和海神波塞冬的争夺难分难舍，宙斯决定：谁能给人类一件有用的东西，城就归谁。波塞冬用他的三叉戟敲了一下这个城的岩石，一匹战马破石而出，这是战争的象征；雅典娜则用她的长矛敲了一下岩石，岩石上长出一株油橄榄树，这被人们认为是和平的象征。由此看来，帕特农神庙既是智慧的象征，也是和平的象征，我们从中可以体会到古希腊人对智慧、和平的理想追求。

帕特农神庙的设计代表了古希腊建筑艺术的最高水平。从外貌看，它气宇非凡，伟岸庄严，光彩照人，细部加工精细无比。雕塑艺术的融入，使建筑更具有丰满的人文内蕴。

帕特农神庙的建筑艺术不愧为“人类文化的最高表征”“世界美术的王冠”，是公认的西方古代建筑最伟大的典范之作。

作品 6 悉尼歌剧院

图 4－15 白天的悉尼歌剧院

图 4－16 歌剧院音乐厅

① 叶先进．地理美育：建筑赏析与模型制作［M］．南京：南京师范大学出版社，2016：28－29．

悉尼歌剧院建于澳大利亚悉尼市的海湾上，是20世纪世界最具创意、最具特色的建筑之一，是世界著名表演艺术中心，也是悉尼市的标志性建筑。该剧院设计者为丹麦设计师约恩·乌松；剧院从1959年开始至1973年历时14年建成。

悉尼歌剧院是一个设计新颖的表现主义建筑，其屋顶由一系列被称为“壳”的大型预制混凝土构件（每一个构件都取自拥有相同半径的半球体）构成。建筑物占地18 000平方米，长183米，宽120米，由588个沉降于海平面以下25米的混凝土墩支撑。建筑物内部建有巨大的歌剧厅、音乐厅、餐厅、排演厅、展览厅等。

悉尼歌剧院追求造型美，无论从陆地、海洋，还是从天空的角度看上去都有强烈的美感。那些濒临水面的巨大的白色壳片群，远看像是一支迎风扬帆的船队，近看又像是一组巨大的贝壳雕塑，也像一朵巨大的白荷花，在蓝天、碧海、绿树的衬映下，婀娜多姿，轻盈皎洁。同时，悉尼歌剧院造型的奇妙之处，不仅在于建筑物的四面富于艺术感染力，还在于它精心设计得十分漂亮的第五个“立面”，可从空中或周围的高层建筑上俯视欣赏。

悉尼歌剧院是现代建筑美的一个典型。它独树一帜的设计让我们感受到创意与实用之间迸发出的耀眼火花。它既是实用品，又是美的艺术；既有壮美的因素，又有优美的特点；既是静止的，又给人一种动态感。欣赏悉尼歌剧院的美，可以引发多种联想与想象，产生无穷韵味。

三、建筑艺术作品推荐

图4-17　北京银河大厦俯视图

作品1　北京银河大厦

北京银河大厦位于北京东二环朝阳门桥西南角，总建筑面积33万多平方米，包含166 000平方米的写字楼及86 000平方米的商业区域。建筑群设计借鉴了中国民居院落的设计思想，创造了一个独立的空间世界，不但营造了流动的、有机统一的内部空间，同时也与外部环境形成了引人注目的地标性建筑景观。

作品 2 珠海大剧院

图 4 - 18 珠海大剧院夜景

珠海大剧院位于珠海海滨，总建筑面积 59 000 平方米，包括 1 550 座大剧院、550 座多功能小剧院等，大小剧场呈日月双贝壳造型，“大贝壳”最高高度 90 米。

珠海大剧院的“贝壳”形体，构成了它的整体形象。它是国内首个海上歌剧院，也是继悉尼歌剧院之后的另一个海上歌剧院。“珠生于贝，贝生于海”的设计理念，与珠海城市品位互相映照，蕴含着本地的风土人情；在一望无际的蓝色海面上与郁郁葱葱的野狸岛交相辉映，彰显了一种独特的艺术风格和魅力。剧院的内部构成与装饰，如舞台工艺、音乐、舞台机械、舞台灯光、控制系统等，处处散发着一种大海的气息、现代的气息。

作品 3 安徽钢琴屋

图 4 - 19 安徽钢琴屋

这是一座外形模拟“钢琴”的“钢琴屋”，它坐落在安徽淮南新城区，建筑主体为黑色钢琴造型，楼梯则设计成透明钢琴造型。这架“钢琴”占地 1 100 平方米，最高处高达 16 米，均由透明的玻璃和钢结构组成。“钢琴”旁边矗立着一把透明小提琴。白天，黑色镜面的琴身和透明小提琴呈现出优雅迷人的画面；晚上，小提琴和钢琴的边框被灯光勾勒出的线条更显迷人。

作品4　湖州喜来登温泉度假酒店

图4－20　晚上的湖州喜来登温泉度假酒店

湖州喜来登温泉度假酒店，因外形如拱月，被称为月亮酒店；它又因像一个倒U状的马蹄坐落于浙江湖州南太湖之滨，被称为“太湖明珠”。酒店设计从中国古典建筑中汲取灵感，融入湖州水墨文化气息，力求以现代的手法表现水文化。酒店倒映在太湖中，泛起圈圈涟漪，就像是一轮明月倒映在湖水中，分外雅致；晚上开启LED灯，灯光倒映湖面，别有风情。

作品5　美丽之冠七星酒店

美丽之冠七星酒店屹立于海南三亚，临山面水，位置优越，环境独特，是海南的地标性建筑。项目总体建筑规模为60万平方米，是集超豪华酒店、商业、会展、娱乐、休闲、文化、博彩等为一体的超大型世界级酒店建筑群。酒店设计利用三亚独有的自然条件，以九棵美丽之树为设计创意的建筑群融入其中，彰显原生态、环保、人性智能化的发展理念。大树造型建筑形态标新立异，给人以美的艺术享受。

图4－21　美丽之冠七星酒店

作品6　苏州博物馆新馆

图4－22　苏州博物馆新馆外观俯视图

苏州博物馆新馆由华人建筑师贝聿铭设计，占地面积约10 700平方米，建筑面积19 000余平方米，总建筑面积达26 500多平方米，是一座集现代化馆舍建筑、古建筑与创新山水园林三位一体的综合性博物馆。新馆采用仿苏州园林式的中国古典设计，青砖白瓦，色彩分明，线条错落，简洁秀丽。

作品7　意大利米兰大教堂

图4－23　米兰大教堂外部

米兰大教堂（Milan Cathedral），意大利著名的天主教堂，位于意大利米兰市，是世界五大教堂之一，规模居世界第二。

米兰大教堂是文艺复兴时期一座有代表性的哥特式风格教堂（但因其历经几个世纪才完成，所以也包含了新古典式、巴洛克式风格）。教堂的特点在于它的外形。教堂有135个尖塔，像浓密的塔林刺向天空，显得华丽热闹。每个塔尖上都有神像，教堂的外部总共有2 000多个雕像，连内部雕像总共有6 000多个，是世界上雕像最多的哥特式教堂，极其繁复精美。教堂有一个高达107米的尖塔，塔顶上有金色的圣母玛利亚雕像，显得华丽辉煌。教堂的装饰及设计也相当细腻，极富艺术色彩。

作品8　都市阳伞

图4－24　都市阳伞主体建筑

坐落于西班牙塞维利亚的这座建筑物，西班牙人称其为都市阳伞。都市阳伞是世界上最大的木雕建筑，形似蘑菇云，充满浪漫主义色彩。都市阳伞一共有四层，长150米，宽70米，高26米，底下是一个博物馆，用来展出罗马和摩尔遗址的文物；一楼是中央市场；二楼和三楼是全景露台的餐厅。都市阳伞是世界上最让人迷醉的文化艺术之城，其风采令人惊艳，魅力无穷。

作品9 “小黄瓜”

图4－25 晚上“小黄瓜”的整体外观

“小黄瓜”是伦敦的地标建筑，因外形像“小黄瓜”而得此名。它被认为是21世纪伦敦街头最伟大的建筑之一、现代建筑的典范。“小黄瓜”的建筑设计师诺曼·福斯特（Norman Foster）因此获斯特林建筑奖。该建筑物高180米，共40层，总面积约46 451.5平方米；曲线形结构，螺旋形外表，通体除了顶部有唯一一块弧形玻璃外，全部采用平面玻璃。每到夜色降临、灯火通明之时，大厦顶部的9盏飞机警示灯就会发出醒目的红光，极为壮观。

作品 10　迪拜哈利法塔

图 4－26　哈利法塔外观

哈利法塔原名迪拜塔，是现代伊斯兰教建筑风格的代表，塔高 828 米，楼层总数 162 层，设计师是美国的阿德里安·史密斯（Adrian Smith）。阿德里安由当地的沙漠之花蜘蛛兰的花瓣与花茎的结构引发出灵感，设计了哈利法塔的支翼与中心核心筒之间的组织原则，整座塔楼的混凝土结构在平面上被塑造成 Y 形，大厦的三个支翼由花瓣演化而成，由三个建筑部分逐渐连贯成一体，以螺旋的模式，从沙漠上升，最后转化成尖塔。

作品11 流水别墅

图4-27 瀑布上悬起的楼板

由建筑设计师赖特设计的流水别墅，坐落于美国宾夕法尼亚州匹兹堡市附近的山林之中的溪流和小瀑布之上。瀑布上悬起的楼板锚固定在后面的自然山石中。主层是一个完整的大房间，通过空间处理而形成相互流通的各种从属空间。正面在窗台与天棚之间，是一金属窗框的大玻璃。巨大的露台扭转回旋，恰似瀑布水流曲折迂回地自每一平展的岩石突然下落一般；地坪、小桥、便道、车道、阳台及棚架，在各自的延伸中造成一个诡异的空间秩序，犹如一个梦境。

思考与探究

1. 建筑艺术的美体现在哪里？

2. 建筑艺术是如何体现情感和理念的？举例说明。

3. 比较中国的故宫与古希腊的帕特农神庙，说说中西殿堂建筑有什么不同的审美特征？

4. 现代建筑与古代建筑的主要区别是什么？

阅读参考书目

1. 维特鲁威. 建筑十书 [M]. 北京：北京大学出版社，2012.

2. 刘晓惠，卢颂江. 外国古代建筑名作百例 [M]. 南京：江苏美术出版社，1987.

3. 梁思成. 图像中国建筑史 [M]. 北京：生活·读书·新知三联书店，2011.

4. 王发堂. 建筑审美学：建筑艺术鉴赏原理之研究 [M]. 南京：东南大学出版社，2009.

5. 刘彦才，刘舸. 建筑美学构图原理 [M]. 北京：中国建筑工业出版社，2011.

6. 许祖华. 建筑美学原理及应用 [M]. 南宁：广西科学技术出版社，1997.

7. 英国DK公司. 伟大的旅程：一生必看的103个建筑 [M]. 翟娜娜，译. 北京：北京美术摄影出版社，2013.

8. 斯科特. 人文主义建筑艺术：一项关于审美趣味演变历史的研究 [M]. 吴家琦，译. 南京：东南大学出版社，2015.

第五章　园林艺术欣赏

第一节　园林艺术的性质特征

一、什么是园林艺术

有人认为，园林艺术是建筑艺术的一种。严格来说，园林艺术不是一种单纯的建筑，而是一种由自然美、建筑美、雕塑美、绘画美、书法美、工艺美等有机统一的综合艺术，是自然景观和人文景观、天然的自然与人为的自然有机统一的美。园林艺术与建筑艺术最大的区别是它以自然景观（包括天然的自然景观与人为的自然景观）为主体。当然，由于园林和建筑往往互相融合、互相包容，园林也是人工建筑而成，所以把园林艺术视为一种建筑艺术也是可以的。世界有三大园林体系，即欧洲园林、阿拉伯园林、中国园林。中国园林在世界上的地位很高，有“世界园林之母”的美誉。

园林艺术是充满诗情画意的三维空间造型艺术，所以被称为“无声的诗，立体的画”。梁思成称中国园林就是一幅幅立体的中国山水画。

黑格尔曾把园林艺术看作一种“不完备的艺术”①，园林在他的艺术分类中成了“编外”艺术。他之所以持这种观点，主要与他强调艺术除了自身目的之外不能有明显的实用意图的艺术观念有关。他认为，当一座本是供人闲游的园林失去了“本来的自然”而把庙宇、教寺、木棚和隐士的茅庐之类“外来的货色杂凑在一起的时候”②，就不是完备的艺术了。黑格尔的说法过于绝对化，完全排除园林的实用性是片面的。园林作为一种艺术固然主要是自然景观的再现，但也可以包含、容纳人文景观。如上所说，园林艺术是一种自然景观和人文景观、天然的自然与人为的自然有机统一的综合艺术，和建筑艺术一样，不能完全排除实用性功能，正如中国传统园林艺术所强调的“可游可居”的统一。

中国是有着悠久园林艺术历史的国度，大约在东晋太元初，以慧远在庐山营造东林寺（江南佛教中心）起，标志着中国园林艺术的成熟。明清是园林艺术迅速发展的时期，江南尤为发达，如扬州就有园林三四十处，苏州达170多处（历代共500多处）。北京的颐和园和江南的苏州园林、杭州园林、扬州园林、南京园林、无锡园林等，是这一时期皇家园林和私家园林的代表。

园林艺术是对自然山水的典型再现，但不是单纯的再现，是造园艺术家（巧匠能手）对大自然之美产生的内心感受的创造性营构，是造园家内心情感的外投和物化，因而，它是情与景的创造性融合。如苏舜钦《沧浪亭记》所云：“情横于内而性伏，必外寓于物而后遣。”它通过小桥流水、荷塘月色、曲径通幽、水阁楼台、花草树木，表现某种诗情画意、生活理想，是再现和表现的有机统一。园林艺术在中国之所以特别发达，是和中华民族“天人合一”的传统观念和追求人与自然的和谐统一的审美心理密切相关的。

二、园林艺术的审美特征

（一）可行、可望、可游、可居相统一

宋代郭熙论山水画说：“山水有可行者，有可望者，有可游者，有可居者。”我国园林艺术正是以此为美学设计的指导思想，强调园林可行、可望、可游、可居，无论是北方的皇家园林还是江南的私家园林，都既是游赏胜地，又是园林主人的生活场所，即审美与实用相统一，这一点与建筑艺术相同。

---

① 黑格尔．美学：第3卷上册［M］．朱光潜，译．北京：商务印书馆，1979：21.

② 黑格尔．美学：第3卷上册［M］．朱光潜，译．北京：商务印书馆，1979：103－104.

（二）园林艺术表达某种审美情趣或生活理想，强调创造意境

中国园林追求环境与自然界交融合一，追求人为的场所自然化。中国园林除了少数皇家园林，多为封建士大夫所建造，但不管哪种园林，都体现着中国“天人合一”的哲学思想，寻求人与自然的和谐统一的审美情趣或生活理想。古典园林往往是园林的主人或园林艺术家寄情山水、放浪形骸的所在。所以，园林里的一山一水、一花一草，都体现着园林主人和营造者的某种情感、某种人生情怀。如沧浪亭石柱对联所云：“清风明月本无价，近水远山皆有情。”由于深受中国传统文化中道家、禅宗自然观、人生观的熏陶，中国许多园林特别表现了对老庄、禅的虚无缥缈境界和超脱现实人生的静谧境界的追求。这可以从其追求迷离恍惚的神韵，使人探之茫茫、索之渺渺和幽静景致的创造中看出。但这种情趣和生活理想，毕竟是通过那些不能直接表现情感观念的山石、池水、树木、花卉、亭台、楼阁象征表现出来的，因而含蓄而朦胧，给人含蓄美的感受。

（三）静态美与动态美有机统一

园林艺术本身是静态空间艺术，但对它的欣赏活动却是在“游”的过程中实现的，因而它又是一种以静为动的时空艺术。

园林艺术好比一幅展开的画卷，景物布局是考虑人们游览的动态过程来设计的，因而布局上是静与动的结合，整个园林建筑是在时间过程、空间排列的一系列变化和连续中流动的。如风景设计强调流动的层次，常有近景、中景、远景的布局，游人漫步其中，水随山转，亭台迷失，随步移动，忽隐忽现；时而丘壑当道，时而别有洞天，时而一水横陈，时而山回路转，步移景换，时过境迁，令人产生“山重水复疑无路，柳暗花明又一村”的感觉。如游苏州网师园的“月到风来亭”，从北面走廊走去，经过假山花坛、旁僻水涧、濯缨水阁、云岗、曲廊、小山丛桂轩、射鸭水阁，游人从一处到另一处，漫步之间，景物流动，意趣变化，造成一种连续不断的运动画面。

第二节　园林艺术作品欣赏

一、园林艺术欣赏要领

欣赏园林艺术最重要的是要感悟某一园林的意境。园林的意境主要通过园内景点有机有序的整体布设来体现，所以欣赏园林艺术首先要按一定的路线在“游”中“赏”。

与建筑艺术相似，园林艺术是在物理空间展开的，并由内外空间、远近空间所构成，欣赏主体必须在空间移动过程中完成对对象的整体欣赏，即在“游”中实现对园林从局部到整体、从外部到内部的“观”与“赏”。但园林艺术更注重依照某种情感脉络对各部分的景物进行有序的安排和设计，这就是园林设计中景语组织的连贯性、秩序性、逻辑性原则，正如文章之有起承转合，手卷之有引首、卷本、拖尾，有其不可颠倒之整体性。

因此，欣赏园林艺术，第一，要按一定的路线在“游”中“赏”，才能把握一座园林的情感逻辑。如拙政园发隐居之志，景区由香洲—澄观楼—别有洞天—柳阴路曲—见山楼—吾竹幽居等诸景语所组成，沿着这个路线游览，既能感到视觉上的有序性，也能体味出拙政园园主思想感情的脉络——表拙者之品、抒失意之情、发隐居之志、悦归田之娱、怡晚年之乐、赞拙者之德。这样才能真正感悟该园林的意境。

第二，要从不同的时空欣赏园林。以时间而言，春夏秋冬、清晨黄昏，凡时间不同，赏园的感受也不同。园林春季的美令人清心，夏季令人快乐，秋季使人感怀，冬季充满诗意。以空间而言，赏园有近赏、远赏、俯赏。近赏，可观石，赏其材质纹理；观水，赏其涟漪清音；观雕塑书画之雅致。远赏，可观山的轮廓层次，观水的辽阔走向，观楼塔亭榭之布局，观园林外景与内景的配合。俯赏时，中国园林一般有山，山上有亭或观望台，可登山俯瞰园林全景，把零散的景点串联起来欣赏，获得对园林整体的审美感受，使欣赏达到高潮。还可以在不同气候条件下欣赏园林，感受不同的旨趣。

第三，欣赏园林要视觉、嗅觉、听觉统一感受。走进一座园林，第一感觉特别重要。虽然一时说不出所以然，但如果能让人感到心旷神怡，感到新鲜，感到不虚此行，就是好园林。但这种感觉不是单一的，必须实现视觉、嗅觉、听觉多种感觉的联合。从视觉上欣赏园林，除了看它是否布局得当，各部分之间是否协调，大小、高低、曲直是否有致，还要看其工艺是否精细。从嗅觉上欣赏园林，要体会空气是否清新，水质有无异味，四季是否有花香，是否沁人肺腑。从听觉上欣赏园林，要体会喧闹与静谧是否恰到好处，水流声、鸟鸣声、乐曲声是否悦耳。

第四，从比较的角度欣赏园林。园林之美，贵在出奇制胜，只有别出心裁，别具一格，富于特色，即做到“园以景胜，景因园异”，才能独领风骚。这是其生命力所在。中国园林，北方以雄阔称誉，南方以柔和著名。扬州园林有南北融合的风格，以雅健闻名。而同样是苏州园林，却各有不同风格。如拙政园水域布置适宜，借景处理恰当，亭阁结构奇巧。留园则以园内建筑布置精巧、奇石众多而知名。留园的美在于精致，景物宜人，小家碧玉型的，像一首不紧不慢、娓娓道来的古筝曲，一山一石，清新雅致，一步一景，移步换景，变化无穷，意境深远。网师园是布局小中见大，壶中有天，门楼雕楼分外讲究，框景构思独具匠心，窗框后是物，物后是墙，俨然是一幅立体的画。此外，环秀山庄的叠山，沧浪亭的园外借水之景，狮子林的石狮，玄观庙三清殿的木构建筑，都是令人难以忘怀的景观。

第五，欣赏园林，对所赏之园应先有总体了解，可以先阅读有关资料，先看看总览图，辨别东南西北，知道园的中心在何处，重点景点是什么，等等。这样，进园以后才不至于茫然。

二、经典园林艺术作品欣赏

作品 1　颐和园

颐和园是中国最具代表性的皇家园林，其特点是规模宏大、豪华富丽。颐和园位于山水清幽、景色秀丽的北京西北郊，原名清漪园，始建于公元 1750 年。1860 年第二次鸦片战争中，清漪园被英法联军烧毁。1886 年，清政府挪用海军军费等款项重修清漪园，并于两年后将其改名为颐和园，作为慈禧太后晚年的颐养之地。1900 年，八国联军侵入北京，颐和园再遭洗劫，1902 年清政府又予以重修。清朝末年，颐和园成为中国最高统治者的主要居住地。

颐和园占地 2.97 平方千米，其中水面约占 3/4。颐和园主要由万寿山、昆明湖两部分组成，园中有点景建筑物百余座、大小院落 20 余处、古建筑 3 000 余间、古树名木

1 600 余株，其中佛香阁、长廊、石舫、苏州街、十七孔桥、谐趣园、大戏台等是代表性建筑。

图 5－1　万寿山佛香阁和昆明湖

颐和园主要景点大致分为以下三个区域：一是以庄重威严的仁寿殿为代表的政治活动区，是清朝末期慈禧与光绪从事内政、外交政治活动的主要场所；二是以乐寿堂、玉澜堂、宜芸馆等庭院为代表的生活区，是慈禧、光绪及后妃居住的地方；三是以长廊沿线、后山、西区组成的广大区域，是供帝后们澄怀散志、休闲娱乐的苑园游览区。

颐和园具有皇家园林特色。园中的古典建筑，不仅将整个园林在空间上分割成 3 个景区，而且发挥了主体建筑的统驭作用，体现了实用性和艺术性并存的建筑之美。园中的山和水，各自独立成景，又相互依托，形成了天然的山水园。欣赏颐和园，要体会以下几个特点。

第一，效法自然的布局。中国的造园艺术，以追求自然精神境界为最终和最高目的，从而达到“虽由人作，宛自天开”的审美旨趣。如颐和园后湖的风景，虽然是人工所造，但是宛如江南水乡一样。园中许多风景、林木，也达到宛如自然景色的效果。广阔的昆明湖北岸，存一座高达 58 米的万寿山，好像一座翠屏峙立在北面。清澈的湖水好像一面镜子，把万寿山映衬得分外秀丽。湖山景色密切结合成为一个整体。颐和园充分运用大自然“活着的色彩”，依靠自然的色彩变化营造地区自然景观。

第二，诗情画意的构思。颐和园是充满诗情画意的园林艺术，前身是清漪园，取“颐养太和”之意。其有如下特点：众多的殿、堂、楼、阁、廊、榭、亭、桥点缀于一片湖光山色之中，建筑精美，各具特色，布局得宜。伫立知春桥，远眺佛香阁、彩画长廊、十七孔桥、园外数十里的西山群峰和玉泉山宝塔，真是山外有山，景外有景，无限深远，加上满园绚丽多彩的山石花木，犹如一幅宏图画卷。后山后湖，小桥流水，苍林修竹，幽深恬静、清新秀丽，另有一番江南景色。步入这座名园，恍如置身于画卷之中，有“人在画中游”之感。

图 5-2　昆明湖中的十七孔桥

第三，因地制宜的布置。颐和园园林布局的第一个特点是以水取胜。广阔的昆明湖水面，是园林布置极好的基础。园的周围共有 6 500 米，全园面积 4 300 多亩（约 3 平方千米），其中陆地面积仅占 1/4，其他都是水面，主要建筑和风景点都面临湖水或俯览湖面。当时取名“清漪园”，也就是清波满园的意思。

第四，以建筑为主的组景。万寿山前山的建筑群是全园的精华，排云殿、佛香阁、智慧海等组成的中轴线两侧配以转轮藏、五方阁、宝云阁，组成了一组依山而建、统帅全园主景的佛教建筑群，并以西山群峰为借景，与园内山湖巧妙地融为一体，使景色层次分明、变化无穷。昆明湖中连接东堤和南湖岛的十七孔桥，如长虹卧波；后湖的苏州河，曲折蜿蜒，沿岸步行街设各类店铺，再现了当年江南水镇街市，别有情趣。

第五，园中有园的手法。在颐和园仁寿殿北面的德和园颐乐殿，是帝后群臣观剧之处。院中有大戏台，分上中下三层，可同时演出。这个戏台建筑宏大，设计周密，是我国现存古戏台中的重要遗物。自德和园往北是景福阁、乐农轩。由此下山往东，因地形布置了一个精美的小园“谐趣园”，它是仿照无锡有名的惠山园建造的，以一个水池为中心，四周环绕布置了涵远堂、湛清轩、知春堂、瞩新楼等建筑，更有小桥、亭榭、游廊曲槛等，自成一个园林格局。到这里似乎进入另一个园中，是一种“园中有园”的布局。

作为中国皇室最后一座御园，颐和园是中国数千年园林艺术的完美结合，它的壮阔、大气、典雅、庄重、隽永、自然、精巧都是其他园林无法比拟的。[①]

---

① 若离. 中国：关于颐和园的造园艺术［EB/OL］.（2017-03-09）. http://jingguan.yuanlin.com/garden/build_garden/2017-3-9/27901.html.

作品2　拙政园

拙政园是苏州园林中最有代表性的一座私家园林，距今已有500多年历史，是江南古典园林的代表作品，与北京颐和园、承德避暑山庄、苏州留园一起被誉为中国四大名园。

拙政园位于古城苏州东北隅（东北街178号），是苏州现存最大的古典园林，占地78亩（约合52 000平方米）。全园以水为中心，山水萦绕，厅榭精美，花木繁茂，充满诗情画意，具有浓郁的江南水乡特色。

拙政园分为东、中、西三部分，东部花园开阔疏朗，中部花园是全园精华所在，西部花园建筑精美，各具特色。

图5-3　拙政园中部花园的“小飞虹”（廊桥）

中部花园面积约18.5亩（合约12 333平方米）。其总体布局以水池为中心，亭台楼榭皆临水而建，有的亭榭则直出水中，具有江南水乡的特色。池水面积占全园面积的五分之三。池广树茂，景色自然，临水布置了形体不一、高低错落的建筑，主次分明。以荷香喻人品的“远香堂”位于水池南岸，为中部拙政园主景区的主体建筑，隔池与东西两山岛相望，池水清澈广阔，遍植荷花，山岛上各建一亭，西为“雪香云蔚亭”，东为“待霜亭”，四季景色因时而异。远香堂之西的“倚玉轩”与其西船舫形的“香洲”遥遥相对，两者与其北面的“荷风四面亭”成三足鼎立之势，都可随势赏荷。倚玉轩之西有一曲水湾深入南部居宅，这里有三间水阁“小沧浪”，它以北面的廊桥“小飞虹”（桥）分隔空间，构成一个幽静的水院。

西部花园面积约12.5亩（合约8 333平方米），其水面迂回，布局紧凑，依山傍水建以亭阁。因被大加改建，所以乾隆后形成的工巧、造作的艺术风格占了上风，但水石部分同中部花园仍较接近，起伏、曲折、凌波而过的水廊、溪涧是苏州园林造园艺术的佳作。西部花园主要建筑为靠近住宅一侧的“三十六鸳鸯馆”，是当时园主人宴请宾客和听曲的场所，厅内陈设考究，晴天由室内透过蓝色玻璃窗观看室外景色犹如一片雪景。“三十六鸳鸯馆”的水池呈曲尺形，其特点为台馆分峙，装饰华丽精美。西部花园另一主要建筑“与谁同坐轩”乃为扇亭，扇面两侧实墙上开着两个扇形空窗，一个对着“倒影楼”，另一个对着“三十六鸳鸯馆”，后面的窗中又正好映入山上的笠亭，而笠亭的顶盖又恰好配成一个完整的扇子。“与谁同坐轩”取自苏东坡的词句“与谁同坐，明月，清风，我”。故一见匾额，就会想起苏东坡，顿感这里可欣赏水中之月，可受清风之爽。西部其他建筑还有留听阁、宜两亭、倒影楼、水廊等。

东部花园约 31 亩（合约 20 667 平方米），原称“归田园居”，因明崇祯四年（1631 年）园东部归侍郎王心一而得名。归园早已荒芜，全部为新建，布局以平冈远山、松林草坪、竹坞曲水为主，配以山池亭榭，仍保持疏朗明快的风格，主要建筑有兰雪堂、芙蓉榭、天泉亭、缀云峰等，均为移建。

拙政园的布局疏密自然，其特点是以水为主，水面广阔，景色平淡天真、疏朗自然。它以池水为中心，楼阁轩榭建在池的周围，其间有漏窗、回廊相连，园内的山石、古木、绿竹、花卉，构成了一幅幽远宁静的画面，代表了明代园林建筑风格。拙政园形成的湖、池、涧等不同的景区，把风景诗、山水画的意境和自然环境的实境再现于园中，富有诗情画意。淼淼池水以闲适、旷远、雅逸和平静氛围见长，曲岸湾头，来去无尽的流水，蜿蜒曲折、深容藏幽而引人入胜；平桥小径为其脉络，长廊逶迤填其虚空，岛屿山石映其左右，使貌若松散的园林建筑各具神韵。整个园林建筑仿佛浮于水面，加上木映花承，在不同境界中产生不同的艺术情趣，如春日繁花丽日，夏日蕉廊，秋日红蓼芦塘，冬日梅影雪月，四时无不宜人，创造出处处有情、面面生诗、含蓄曲折、余味无尽的人间仙境，不愧为江南园林的典型代表。

作品 3　个园

清代有人说过：“杭州以湖山胜、苏州以市肆胜、扬州以园亭胜。”个园是扬州园林中的杰出代表作。

个园位于扬州城东关街，为清嘉庆二十三年（1818 年）两淮盐总黄应泰所筑。黄应泰爱竹，认为竹本固、心虚、体直、节贞，有君子之风，在园内植竹万竿，合袁枚“月映竹成千个字”，取名“个园”。

个园以汇四季假山，表现春、夏、秋、冬四季景色于一园的独特叠石艺术闻名遐迩。个园在住宅的背后，从火巷（屋边小弄）进入，有一老干紫藤，浓荫深郁，人们到此便

图5-4　夏山

有清新悦目的感觉。穿复廊，迎面左右有两个花坛，满植修竹，竹间放置了参差的石笋，宛若破土春笋，用一真一假的处理手法，象征着春日山林。缕缕阳光把稀疏的竹影映射在园门的粉墙上，形成“个”字花纹，烘托着园门正中的“个园”匾额。微风乍起，枝叶摇曳，只见墙上“个”字花纹不断变化，恰如“月映竹成千个字”，一幅春意盎然的画卷。此为春景。进门为宜雨轩，山连廊接，木映花承，登楼可鸟瞰全园，入眼者为夏山。夏山用太湖石叠成，秀木繁荫，夭矫玲珑，发挥湖石形态多变的特点。山涧石缝中，广玉兰盘根错节；窗前级下，雨打芭蕉玉立亭亭。人行其间，只见浓荫泼洒，绿影丛丛。假山正面向阳，湖石多变的石面在夏日的阳光和风雨中变化万千，更是好看，予人夏山多态的感觉。盈盈池中遍植荷花，一眼望去，“映日荷花别样红”，突出了夏的主题意境。

从湖石磴道过七间楼、经楼，便来到东首的黄石假山。如果夏景是以清新柔美的太湖石表现秀雅恬静的意境，那么秋景则以黄石粗犷豪放的直线表现雄伟阔大的气魄。山的主面向西，每当夕阳西下，一抹红霞映照在黄石山上，不但山势显露，并且色彩倍觉醒目。山的本身拔地数丈，俊俏凌云，宛如一幅秋山图，是秋日登高的理想所在。山顶有亭，人在亭中见群峰皆置脚下，北眺绿杨城郭、瘦西湖、平山堂诸景，一一招入园内，是造园家极巧妙的手法，称为“借景”。秋山的风景煞是迷人。

从秋山往南，来到“透风漏月”厅。厅前堆白色雪石（宣石）倚壁而置，为冬山，是冬日赏雪围炉的地方。宣石中含有石英，迎光闪闪，背光露白，无论近看远观，假山上似覆盖一层未消的残雪，散发着逼人的寒气。山畔池旁，冬梅点点，疏影横斜，暗香浮动。墙东列24洞，当阵风吹过，洞口犹如笛箫上的音孔，发出冬日西北风的呼声，更具冬日风情。更为奥妙的是，透过这些透风漏月的洞口，人们恰能看到春景的翠竹、石笋，引隔墙春景入园，有冬去春回、大地回春的联想。

个园的假山以石斗奇，宛如一篇文章，春山是开篇，夏山是展开，秋山是高潮，冬山是尾声，概括了“春山淡冶如笑、夏山苍翠如滴、秋山明净如妆、冬山惨淡如睡”，恰有“春山宜游、夏山宜看、秋山宜登、冬山宜居”的画理。

作品4　东莞可园

东莞可园是广东四大名园之一，与顺德清晖园、佛山梁园、番禺余荫山房合称清代粤中四大名园，也是岭南园林的代表作，前人曾赞其为“可羡人间福地，园夸天上仙宫”。

图5－5　问花小院

可园始建于清朝道光三十年（1850年），迄今已有一百多年的历史。全园占地面积只有3.3亩（合约2 200平方米），不足留园的1/10，但小巧精致；其外缘呈三角形，园内有一楼、六阁、五亭、六台、五池、三桥、十九厅、十五间房，其名多以“可”字命名，如可楼、可轩、可堂、可洲……其建筑是清一色的水磨青砖结构。可园布局的精妙在于因地制宜，高低错落，处处相通，曲折回环，扑朔迷离；基调是空处有景，疏处不虚，小中见大，密而不逼，静中有趣，幽而有芳，蕴含着古典气息。可园面积虽然小，但却巧妙地将住宅、客厅、别墅、庭院、花圃、书斋艺术地融合在一起，浑然天成；其亭台楼阁、山水桥榭、厅堂轩院一应俱全，有主人赏花之处的“问花小院”，有远近闻名的环碧廊，有结构巧妙的“双清室”，有庄严肃穆的可堂等。它们虽是木石、青砖结构，但建筑十分讲究，窗雕、栏杆、美人靠，甚至地板都各具风格，别有韵味。可园空白处有景物点缀，稀疏处不显得空洞，处处凸显了中国古典园林“天人合一”、崇尚自然的意境追求。

可园总体上属于江南园林的审美风格。与留园一样，可园非常强调布局的精妙、小巧雅致、曲折回环，移步换景、扑朔迷离等艺术构思都以优美为特征，有一种沁人心脾的端庄美、含蓄美。不过，苏州园林造园面积较大，更追求人格化的自然山水，建筑在园林中只是起陪衬、点缀作用；而可园是以建筑空间为主和以水磨青砖结构的庭园造园的，宅居和园林融为一体，更突出园主人追求日常生活中的实用观念，园中摆设简约，清新文雅，占水栽花，盆景错落，等等，这正是它的岭南特色。

作品 5　凡尔赛宫

凡尔赛宫位于法国巴黎西南郊外 24 公里处的伊夫林省省会凡尔赛镇，是欧洲最大的王宫、欧洲王室官邸的典范。凡尔赛宫从 1661 年路易十四时期动工扩建，1689 年路易十五时期竣工，至今已有 300 多年历史。全宫占地 111 万平方米，包括城堡、宫廷、花园三大部分。

图 5-6　凡尔赛宫花园

凡尔赛宫宫顶建筑摒弃了巴洛克的圆顶和法国传统有尖顶的建筑风格，采用了平顶形式，显得端正而雄浑。其在保留小城堡的前提下建筑了规模庞大的包括城堡、宫廷、花园在内的王宫。正宫朝东西走向，两端与南宫和北宫相衔接，形成对称，三条放射形大道在观感上使凡尔赛宫宛如整个巴黎乃至整个法国的集中点，体现了当时法国的中央集权和绝对君权观。

凡尔赛宫宫殿为古典主义风格建筑，立面为标准的古典主义三段式处理，即将立面划分为纵、横三段（纵向划分下、中、上，如基座、柱廊和檐口三段；横向为左、中、右，左右对称），建筑左右对称，造型轮廓整齐、庄重雄伟，被称为是理性美的代表。其内部装潢则以巴洛克风格为主，少数厅堂为洛可可风格。

凡尔赛宫的外观给人以宏伟、壮观的感觉，它的内部陈设和装潢更富于艺术魅力。500 多间大殿小厅处处金碧辉煌，豪华非凡；内壁装饰以雕刻、巨幅油画及挂毯为主，配有 17、18 世纪造型超绝、工艺精湛的家具；宫内还陈放着来自世界各地的珍贵艺术品。

1678 年路易十四建造了法国凡尔赛宫最奢华、最辉煌的宫殿——镜厅（Hall of Mirrors），一直以来被誉为法国王室的瑰宝，这里是路易王朝接见各国使节时专用的宫殿，曾被广泛认为是无上权力的象征。镜厅长 76 米，宽 10 米，高 13 米。镜厅墙壁上镶有 17 面巨大的镜子，每面镜子由 483 块镜片组成，反射着金碧辉煌的穹顶壁画。镜子相对 17 扇拱形落地大窗，透过窗户可以将凡尔赛宫后花园的美景尽收眼底。拱形天花板上绘着描绘了中世纪人们生活场面的巨幅油画。

凡尔赛宫花园是法式园林中的代表作，由人工大运河、瑞士湖和大小特里亚农宫组成，其奢华程度可与凡尔赛宫媲美。园林位于凡尔赛宫西侧，占地 67 万平方米，纵轴长 3 千米，园内有 600 多个水池，园内道路、树木、水池、亭台、花圃、喷泉等均呈严整对称的几何图形，有统一的主轴、次轴、对景，布局整齐划一，体现出路易十四对君主政权和秩序的追求。园中道路宽敞，草坪树木修剪齐整，喷泉、雕塑随处可见；两条长 1 千多米、宽几十米的大小运河呈十字交叉状贯穿园林，为皇家花园增添了天然氛围。

作为欧洲古典园林的代表，凡尔赛宫花园充分体现了雄壮、开阔、整齐、严整、华美的审美风格，往往能引起一种优美感和崇高感矛盾而融合统一的特殊美感。

作品 6　泰姬陵

泰姬陵，全称为“泰吉·玛哈尔陵”，位于今印度距新德里 200 多公里外的北方邦的阿格拉城内，亚穆纳河右侧，是印度知名度最高的古迹之一。泰姬陵是莫卧儿王朝第 5 代皇帝沙·贾汗为了纪念其妃蒙泰姬而建造的陵墓，于 1632 年开始动工，历时 20 年左右建成。

图 5－7　泰姬陵陵墓清真寺正面

泰姬陵陵园占地 17 公顷，由正门、殿堂、陵墓主体和左右两座清真寺、钟楼、尖塔、蒙兀儿花园、水池等构成，有极高的艺术价值，是伊斯兰教建筑中的代表作，被誉为“完美建筑”。印度诗翁泰戈尔称之为“永恒面颊上的一滴眼泪”，因为它是一座为爱而生的建筑。据说，沙·贾汗在王妃去世后的第八天，将自己独自关在房间内，并因为太过悲伤而白了头发。泰姬陵不仅表达了沙·贾汗对爱妃的深切纪念，并且因为它没有陵寝的冷寂，反倒寓意了爱情的新生。

泰姬陵陵园平面呈长方形，四周是红沙石墙。进入陵园的大门也用红岩砌建，大约两层楼高，装饰有白色边框和图案，是典型的回教样式。

从正门走进这座爱的城堡，我们首先看到的是陵园的主体建筑泰姬陵墓的外观。泰姬陵建筑呈不规则的八角形，基部为正方形和长方形的组合，上下左右工整对称；主体正面门扉装饰着优美的可兰经文；主体中央顶部是半球形圆顶，高 62 米，周围装饰着四座小圆顶；主体的四方角落各竖立着一座尖塔，每座尖塔高 41 米，造型仿自回教清真寺的唤礼塔，塔与塔之间耸立着镶满 35 种不同类型的半宝石的墓碑。

泰姬陵陵园主体的正前方是一座蒙兀儿式花园，中间是一清澄的长方形水池，并有水道喷泉；水池两边是两排树木，分别是果树和柏树，象征生命和死亡。这是波斯式花园的一个重要特色。

泰姬陵陵园的主体是沙·贾汗和王妃的墓室，墓室内部没有灯光，中央围护着一道精雕细镂的大理石屏风，屏风后面摆放着两座石棺（这两座石棺里面其实都是空的，沙·贾汗和王妃真正的埋葬地点是在地下另一处土窖中），庄严肃穆。

从正门走进陵园到最后到达墓室，在这个欣赏过程中，我们经历了一个惊奇、感叹和无限遐思的心理过程，审美心理也由优美感逐步上升为崇高感，由平静到不平静，最后又复归平静、自由的优美感。

三、园林艺术作品推荐

作品 1　网师园

网师园位于苏州城南十全街，占地仅 5 400 平方米，始建于南宋，旧为宋代藏书家、扬州文人史正志的“万卷堂”故址，原名为“渔隐”，至乾隆年间，光禄寺宋宗元造园，因面临王四巷（即今阔街头巷），便取谐音而定园名为“网师园”。网师乃渔夫、渔翁之意，又与“渔隐”同意，含有隐居江湖的意思。园内主要建筑有丛桂轩、濯缨水阁、看松读画轩、殿春簃等。网师园的亭台楼榭无不临水，全园处处有水可依，各种建筑配合得当，布局精巧，结构紧凑，小中见大，主次分明又富于变化，园内有园，景外有景，精巧幽深。

图5-8 濯缨水阁

作品2 寄畅园

寄畅园始建于明代，位于江苏省无锡市惠山横街。寄畅园名字取王羲之《答许椽》诗“取欢仁智乐，寄畅山水阴”句中的“寄畅”两字名园。寄畅园面积为14.85亩（合约9 900平方米），全园分东、西两部分，东部以水池、水廊为主，池中有方亭；西部以假山树木为主，是中国江南著名的古典园林。寄畅园是中国江南著名的古典园林，是全国十大名园之一。

寄畅园属山麓别墅类型的园林，南北长，东西狭。园景布局以山池为中心，巧于因借，混合自然。假山依惠山东麓山势作余脉状。又构曲涧，引“二泉”伏流注其中，潺潺有声，世称“八音涧”，前临曲池“锦汇漪”。而郁盘亭廊、知鱼槛、七星桥、涵碧亭及清御廊等则绕水而构，与假

图5-9 涵碧亭

山相映成趣。园内大树参天，竹影婆娑，苍凉廓落，古朴清幽。寄畅园巧妙的借景、高超的叠石、精美的理水、洗练的建筑，在江南园林中别具一格。

总体上说，寄畅园的成功之处在于它“自然的山，精美的水，凝练的园，古拙的树，巧妙的景”。

作品3　豫园

图5－10　大假山

豫园位于上海市黄浦区，占地2万多平方米，是著名的江南古典园林。豫园始建于明嘉靖年间，1559—1577年建造完工，至今已有四百多年的历史，是曾任四川布政使的潘允端为孝敬父母而造，取意于“愉悦双亲，颐养天年”，故起名为“豫园”。豫园园内有穗堂、铁狮子、快楼、得月楼、玉玲珑、积玉水廊、听涛阁、涵碧楼、内园静观大厅、古戏台等亭台楼阁以及假山、池塘共40余处古代建筑。豫园内有大型假山，层峦叠嶂，清泉飞瀑，宛若真景，享有“江南假山之冠”美誉。萃秀堂是假山区的主要建筑物，位于假山的东麓，面山而筑。自萃秀堂绕过花廊，入山路，有明代祝枝山所书的“溪山清赏”石刻；到山顶还有一平台，于此四望，全园景物，尽收眼底。

作品4　绮园

图5－11　风荷揽榭

绮园位于浙江省嘉兴市海盐县武原镇花园弄，原为“冯氏花园”，为江南典型私家园林风格。清同治九年（1870年）园主冯缵斋于此建宅三进，次年冯缵斋综合其岳父黄燮清经营的明代故园拙宜园、砚园两废园之精华，在自己住宅“冯三乐堂”后辟地修建园林，建成了现在的绮园，成为浙江园林中的一颗明珠。绮园在造园风格上兼收苏州、扬州、杭州园林三种风格之长，整个园林妙用了“水随山转，山因水活”的叠山理水园论，以树木山池为主，建筑仅略做点缀。园内有潭影九曲、蝶来滴翠、晨曦罨画、海月小隐、古藤盘云、幽谷听琴、风荷揽榭、美人照镜、四剑探水、别有洞天等景点。

作品5　清晖园

清晖园位于广东佛山市顺德区大良镇清晖路，与佛山梁园、番禺余荫山房、东莞可园并称为广东四大名园。清晖园故址原为明末状元黄士俊所建的黄氏花园，现存建筑主要建于清嘉庆年间。清晖园取名“清晖”，意为和煦普照之日光，喻父母之恩德。清晖园全园构筑精巧，布局紧凑；建筑物形式轻巧灵活，雅读朴素，庭园空间主次分明，结构清晰；利用碧水、绿树、古墙、漏窗、石山、小桥、曲廊等与亭台楼阁交互融合。清晖园是集我国古代建筑、园林、雕刻、诗书、灰雕等艺术于一身而具有鲜明岭南特色的名园。清晖园主要景点有石舫船厅、碧溪草堂、澄漪亭、六角亭、惜阴书屋、竹苑、斗洞、狮山、八角池、笔生花馆、归寄庐、小蓬瀛、红蕖书屋、凤来峰、读云轩、沐英涧、留芬阁等。

图5-12　澄漪亭

作品6　古莲花池

古莲花池位于保定市中心，是一座以环水筑榭为显著特点，兼有中国南北园林之美的古典园林，总面积2.4万平方米，池水面积7 900多平方米，盛夏时节荷花满塘，故名莲花池。

古莲花池园景布局严谨，错落有序，幽雅别致。园内琼楼玉阁，典籍文物，珠玑珍玩，以及奇花异卉，仙禽灵兽，画舫楼船，芙蕖香荷，尽托于山山水水之间，交织成画，交织成诗。园中诸景建制小巧玲珑，优雅别致，拙中见巧，朴中有奇，汇集了中国南北古建筑园林风格的精华。莲池实为中国北方古代园林明珠，素有“城市蓬莱”“小西湖”的美誉。主要景点有春午坡、藻泳楼、篇留洞、含沧亭、高芬阁、万卷楼、寒绿轩、宛红亭、鹤柴、绎堂、蕊幢精舍等。

图 5－13　临漪亭、白石桥与莲池

作品 7　波波里花园

图 5－14　波波里花园的雕塑与喷泉

波波里花园是意大利园林的经典杰作、享誉世界的古代罗马园艺花园，被联合国教科文组织列入《世界遗产名录》。波波里花园原是佛罗伦萨最显赫贵族梅第奇家族的私家庭院，1550 年，梅第奇家族后人邀请著名的设计师特利波罗（Tribolo）扩建宫殿并设计花园，包括 320 000 平方米的坡地和小山。花园依山而建，在树林中精心安排了曲折小径、喷泉池水，颇具自然情趣。花园里除了花草树木，还有很多雕像作品，以及曾经统治佛罗伦萨的梅第奇家族遗留下来的宝贵文物，可以称得上是一个露天博物馆。此外，山顶的庭院是俯览全城的最佳地点，可以远眺四周的风景和佛罗伦萨城圣母百花大教堂的红色穹顶。

作品 8　布查特花园

图 5－15　布查物花园的蛙形喷水池

布查特花园位于加拿大不列颠哥伦比亚省的维多利亚市，由商人布查特始建于 1904 年，占地 120 000 平方米，分四个大区。一为新境花园，园中积土成山，有小径及石级可登；旁围曲栏，栏外斜坡，均有名花覆盖；山下有曲径环绕，临人工小湖，有山泉奔流而下。二为意大利式花园，按古罗马宫苑设计，园旁围以剪成球形的常青树墙；内有两水池，星状池旁设花坞，蛙形喷水池中有意大利石雕，整个花园为对称的图案式结构。三为日本式花园，迎面为红色神宫门楼，饶有日本风格。园内遍植加拿大枫树、百合花、日本樱花和松杉，有小桥、流水、茅店等胜景。四为玫瑰园，玫瑰品类繁多，花团锦簇，锦绣天成。布查特花园是一个五彩缤纷的花卉世界。“水舞”喷泉亦为园内胜景。

作品 9　亨廷顿植物园

图 5－16　沙漠花园

坐落于美国洛杉矶的亨廷顿植物园，被称为世界上最令人难忘的花园式博物馆，占地 48.6 万平方米，分为植物园区及艺术文物展出区两大部分。亨廷顿植物园园区内不仅拥有广袤丰富的林木花草样本约 25 000 种，并依园艺学及植物的类别，分为北园、茶花园、莎士比亚园、玫瑰园、棕榉园、日本花园、沙漠花园、丛林园、亚热带园、澳洲花园和草木园等11区，艺术文物展区里设有图书馆、露天剧场、艺术馆等。

作品10　彼得大帝夏宫

图5-17　夏宫花园

被誉为“俄国的凡尔赛宫”的彼得大帝夏宫坐落于圣彼得堡市郊西面的芬兰湾南岸，占地近10平方千米，是历代俄国沙皇的郊外离宫。夏宫建于1714年，1723年竣工，包括18世纪和19世纪宫殿花园的建筑群。宫殿是一座两层建筑，耸立在一座数十米高的小山丘上，面向波罗的海；宫内装饰极其华丽，金碧辉煌，令人目眩。夏宫花园分上、下花园，上花园以园艺为主，布满了修剪齐整的树木、地毯一般的花草和密不透风的丛林迷宫；下花园以喷泉取胜，黄金色的雕塑沐浴在水幕中，玉珠飞溅，光彩夺目。

思考与探究

1. 什么样的园林才能称为园林艺术？请举例说明。
2. 为什么园林艺术体现了动态美与静态美的统一？请举例说明。
3. 比较中国皇家园林与江南私家园林的不同特点。
4. 比较中西园林的不同特点。
5. 结合本章知识，谈谈拙政园有哪些审美特征？

阅读参考书目

1. 计成. 园冶图说［M］. 赵农，注释. 济南：山东画报出版社，2003.
2. 过元炯. 园林艺术［M］. 北京：中国农业出版社，1996.
3. 王晓俊. 园林艺术原理［M］. 北京：中国农业出版社，2011.

4. 周维权. 中国古典园林史［M］. 北京：清华大学出版社，1990.
5. 郦芷若，朱建宁. 西方园林［M］. 郑州：河南科学技术出版社，2001.
6. 彭一刚. 中国古典园林分析［M］. 北京：中国建筑工业出版社，1986.
7. 童寯. 江南园林［M］. 2 版. 北京：中国建筑工业出版社，1984.
8. 陆琦. 岭南造园与审美［M］. 北京：中国建筑工业出版社，2005.

第六章　雕塑艺术欣赏

第一节　雕塑艺术的性质特征

一、什么是雕塑艺术

雕塑是雕与塑的合称。雕即雕刻，在拉丁文中，雕刻（sculpture）指用凿子或其他工具在石头或其他材料上的劳作；塑，古希腊指以石膏、黏土、陶土制作模型的活动。前者是在原材料上“减”去不必要的部分以显露出雕刻家心中意象的活动；后者主要是在原材料基础上添“加”同类材料（添加过程中也有“减”）塑出雕塑家心中意象的活动。不过，雕与塑常常合二为一。总的来说，雕塑是一种通过雕或塑的活动，以实体性物质的存在形式再现事物形象的三维空间静态艺术。

雕塑的表现对象有三个系列：一是神，二是人，三是动物。

古希腊的雕塑主要表现神，而表现神也要借助于人体，所以，雕塑的主要塑造对象是人。黑格尔说过：雕刻以人的形象作为它的造型的基本类型。他也说过，雕刻最适合于表现神，但古希腊雕刻从产生开始，表现的神实际上都是人。人之所以成为雕刻的主要对象，主要是因为古希腊人对人体美的崇拜；同时，艺术家们发现人体是人的内在精神生活的现成表现。由于雕塑以人体为主要对象，因而人们把它看作“人的最早的艺术”；又因为它表现静止的人体姿态，因此被称为“冻结了的形体模拟”，或称为“静止的舞蹈”。

最初的雕塑主要用于歌颂，表现理想的、崇高的正面形象，所以莱辛说，希腊只为美丽的人造像。近代以后出现了反面形象或丑的形象。

雕塑可分为圆雕、浮雕和透雕（也叫镂空雕）三大类。从雕塑的发展历程看，先有圆雕，后有浮雕、透雕。浮雕又可分为高浮雕、半浮雕和浅浮雕。高浮雕如《马赛曲》等，半浮雕如《吹笛少女》《母神》，浅浮雕如《少年》。浮雕是雕塑向绘画发展过渡的产物。透雕如中国传统工艺镂空玉佩。根据所用质材的不同，又可把雕分为金属雕、石雕、木雕、玉雕等；把塑分为石膏塑、黏土塑、陶土塑等。

根据塑造对象的寡众，雕塑又可分为“单独的雕塑”和“群雕塑”两类。前者如西方的《米洛斯的维纳斯》《掷铁饼者》《胜利女神像》《摩西像》《大卫》《思想者》，中国的《乐山大佛》、《杜甫》（叶毓山）、《鲁迅》（熊秉明）、《橘子洲青年毛泽东》（黎明）等；后者如西方的《拉奥孔》《加莱义民》《马赛曲》，中国的《人民英雄纪念碑》浮雕、《艰苦岁月》（潘鹤）、《雨花台烈士群雕》、《歌乐山烈士群雕》等。

二、雕塑艺术的审美特征

首先，雕塑形象具有实体三维空间性。

视觉艺术的形象都具有空间性特点（这里指物理空间）。绘画形象在平面展开，只占有二维空间（尽管绘画可以通过拟真的手段创造虚幻的三维意象）；雕塑形象（包括圆雕和浮雕）却在三维空间展开，是三维空间艺术，它通过实体的形式创造真实的三维意象。雕塑与建筑艺术、园林艺术一样都是三维空间艺术，但建筑艺术、园林艺术是内部空间与外部空间统一的形象；雕塑则是实体的，其形象不包含内部空间。

其次，雕塑形象表现观念和情感单纯概括。

建筑艺术表现的观念、情感较模糊，只是一种象征。而雕塑可以通过人的形体直接寄寓某种观念和情感，表现出较大的明晰性，例如，《米洛斯的维纳斯》就寄寓了爱情的观念。对此，美学史家吉尔伯特和库恩在其著作《美学史》中有准确说明：“雕塑在它所使用的坚固的物质材料的三度空间这点上虽然与建筑相似，但是在观念贮存于石头之中的清晰性和富有精神性方面则有所区别，建筑中观念的表现是含糊的，而一个雕像所传达的观念则是清晰的和毫不含糊的。”① 这一特征是由人体可以较为清晰地表现人的内在精神生活所决定的。

但是，雕塑所表现的观念、情感又是单纯而概括的。我们说维纳斯表现的是爱情，但这不是具体的爱情，没有什么复杂的内容，她表现的也仅仅是爱情，这种爱情是单纯的、高度概括的。黑格尔曾中肯地指出：“雕刻作品所要表现的只是人体形式中常住不变的，带有普遍性的，符合规律的东西”。② 它要排除特殊细节，只是“牢牢把握住精神表现中的一些常住不变的特点，把它们反映在面孔神色和身体姿态上”③。这在大量古代流传下来的作品中可以看得很清楚，那时的雕塑几乎没有瞳孔和目光的精神表现，不表现人的复杂的内心生活，只是概括性地展现他们的性格、品质、气概，如爱、勇敢、凶猛、悲哀、权威等，而不以某一具体的形体姿态或动作细节去展示人物的个性化的内心生活和外部精神风貌的特殊性。正如莱辛所说：“对于雕刻家来说，女爱神维纳斯就只代表‘爱’……”④。别林斯基曾指出：“雕塑的范围比建筑广阔些，它所利用的手段也更丰富些，它已经表现人体的形式的美，人的脸上的思想的浓淡色度；可是，它仅仅抓住脸上的思想的一个瞬间，肉体的一个姿态，并且，雕塑的创作活动范围并不扩展到整个人，而是仅仅局限于人的肉体的外部形式，仅仅描写男人的勇敢、雄伟的力量，女人的美艳和娇媚。”⑤ 这又是由肉体不足以充分展现人的内在精神生活决定的。

最后，雕塑的美主要表现于瞬间的形姿和神韵。

雕塑以人体为主要对象，人的内在精神生活和性格主要是通过语言、形姿和神韵表现出来的，而雕塑是无声的艺术，因此它主要通过对象的形姿和神韵来表现人的内心世界；同时雕塑又是凝固的，它必须抓住对象最富于特征的瞬间形姿和神韵加以表现，故此，雕塑又被视为“凝固的舞蹈”。最成功的雕塑，总是以最富于艺术魅力的形姿和神韵表现了人的性格特征或内在精神，如《命运三女神》的活力与不朽、《米洛斯的维纳斯》的爱与美的精神品质、《掷铁饼者》《射箭的赫拉克勒斯》的气势和力量、《卡拉卡拉像》的冷酷残忍、《大卫》的英武刚毅、《巴尔扎克》的豪放自信等，正是通过它们最富于特征的瞬间形姿和神韵而充分显现出来的。

中国古代也有人体雕塑，最有艺术成就的是佛教雕塑和陶俑，特别是秦始皇兵马俑，

---

① 朱狄．当代西方美学［M］．北京：人民出版社，1984：404.
② 黑格尔．美学：第3卷上册［M］．朱光潜，译．北京：商务印书馆，1979：129.
③ 黑格尔．美学：第3卷上册［M］．朱光潜，译．北京：商务印书馆，1979：130.
④ 莱辛．拉奥孔［M］．朱光潜，译．北京：人民文学出版社，1979：54.
⑤ 别林斯基．别林斯基选集：第3卷［M］．满涛，译．上海：上海译文出版社，1980：1.

都是以人体为对象的雕塑。中国古代的动物雕塑也比较发达。如中国古代的石狮，有蹲立式、蹲坐式、卧式、行跃式、倒爬式等多种造型，造型有大有小，各具形态。汉代石狮，显示了矫健、威武、强壮的神态；南朝石狮，粗壮、凶猛、威武，与汉代相似，总是昂首挺胸，傲视一切，突出了狮子的威猛、雄强的神态；到了唐朝，石狮形姿一般是前肢斜伸，胸部挺起，狮头高昂，双目圆睁，气势凌人。这些富于特征的瞬间形姿和神韵，象征着中华民族的威严与宏伟大气。

要指出的是，19 世纪末 20 世纪初，欧洲的雕塑艺术出现了以抽象派为代表的各种艺术流派，一般通称为现代派。抽象主义雕塑的共同特点是表现主观的情绪，而不是客观的具象。现代派雕塑家们追求新的艺术形式，明显与传统雕塑艺术的表现手法不同。如 20 世纪世界著名的英国雕塑家亨利·摩尔，其作品《王与后》《斜倚像》等，已经完全把人体抽象化。20 世纪 60 年代，形式丰富多彩的抽象雕塑已遍布在欧美许多国家的广场、公园、十字街口等地，今天更是遍及世界各个角落。这表明，雕塑的艺术追求和表现形式已经发生了巨大的变化。

第二节 雕塑艺术作品欣赏

一、雕塑艺术作品赏析要领

欣赏雕塑艺术应从以下五个方面去把握：

第一，体积。雕塑作为三维空间的实体，用体积组织形象，用体积的语言、体积的分量、体积本身的美来感动人，让人感受到体积的美，感受到三维空间的美。同时，雕塑家通过体积和体积变化包括体积各部分的搭配、组合、协调，使作品具有节奏感和韵律感。所以欣赏雕塑首先要有实体的体积意识。

如前所说，雕塑主要以人体为对象。人体雕塑艺术的生命，就在于通过三维空间的人体形象传达出某种寓意化了的情感，赋予作品以真实的生命的感觉，展示形象的动势、情绪与生命力，使欣赏者从冰冷的物质材料中感受到肌肤的温暖。所以，雕塑欣赏的体积意识主要是人的形体意识。如欣赏米开朗琪罗的《挣扎的奴隶》要注意其具有冲击力的三角形体，欣赏罗丹的《巴尔扎克》要注意其坚实、雄伟的形姿，欣赏《橘子洲青年毛泽东》要注意其如同一座隆起的山体的胸像和如同斜突的大地板块的肩膀的形态等。另外，由于雕塑作品的立体性，欣赏者还可以从不同的角度欣赏，从而获得对雕塑作品更全面、更完整的感受效果。

第二，象征。雕塑作为塑造静态空间形象的艺术，只能表现人物动作或事物静态的一个瞬间，形象单纯，不做复杂精细的描绘，不可能充分地叙述、交代、描绘人物的性格、命运，更不能直接表达艺术家要表达的思想感情，其表现的意义、主题或寓意是概括、象征的，是通过形体象征的，所以，欣赏雕塑作品就必须善于感悟形体形象所蕴含的象征意义，这就是欣赏的象征意识。例如，《米洛斯的维纳斯》象征爱与美，埃及的《狮身人面像》象征法老的权力等，如果欣赏者缺乏这种象征意识，就只会停留在对作品的浅层感受上。

第三，动态。雕塑虽然以静态的造型，以一个瞬间不动的形象呈现给观赏者，但是，正如雕塑家罗丹所说，雕塑家往往要表现人体的运动，要表现出“从一个姿态到另一个姿态的转变”。就是说，即使是完全静止的雕塑，也存在着一种内在的运动，一种不但在空间，也在时间上持续和伸展的动态状态。人们在欣赏过程中从雕塑一个瞬间的造型上想象静态向动态的转变，想象人物行为连贯、持续的活动过程，才能从中感受到雕塑作品表现出的活力和精神，使冷冰冰的物质材料塑造出来的雕塑作品成为能够让人产生情感的形象，从而具有更大的艺术魅力。

第四，材料。雕塑艺术品材料的选择非常讲究，雕塑的形式美首先表现在物质材料本身具有的天然形式美的因素上。这些属于物质材料原生态的朴素、天然、简单的形式美，是自然形态的形式美。雕塑使用的物质材料有不同的质感，大理石的细腻润滑，花岗岩的粗糙坚硬，木料的质朴和纹理趣味等，可以和一定的造型和情感表达恰当地结合起来。如罗丹塑造的《欧米哀尔》就是用的青铜作为材料，增添了作品沧桑、悲凉的意味；而他塑造的少女《沉思》及一对青年男女的《吻》采用的是大理石材料，给人一种纯洁、无邪的感觉。所以，雕塑作品用什么材料，与作品表现的对象特点和艺术家要表现的思想感情或主题是不可分割的，欣赏者欣赏一个雕塑作品时一定要了解作品采用的材料。

第五，环境。雕塑作品所处的自然环境、人文环境是我们欣赏雕塑艺术时要特殊注意的重要问题。雕塑作品大多是为某一特定环境制作的，置于室外就要与环境（日影、天光、地景、建筑等）发生关系，例如，“三苏祠”里的《东坡像》安放在青青的草树之中、静静的湖水之畔，山光野色与雕塑主体文人居士的身份及其超脱达观的性格互相映照，非常协调和谐，优美而富于诗意。有的还具有某种特定的意义，《橘子洲青年毛泽东》坐落于橘子洲头，这首先是历史的选择，而这一选择的意义是深远的：湘江哺育了毛泽东，橘子洲培育了毛泽东的革命胸怀，岳麓山铸造了毛泽东的意志，等等。所以，欣赏雕塑作品，欣赏者必须具有环境意识。

二、经典雕塑艺术作品赏析

作品1 《秦始皇兵马俑》

图6-1 军吏俑

兵马俑，即秦始皇兵马俑，亦简称秦兵马俑或秦俑，位于今陕西省西安市临潼区秦始皇陵以东1.5公里处的兵马俑坑内。1974年3月11日，兵马俑被发现；1987年，秦始皇陵及兵马俑坑被联合国教科文组织批准列入《世界遗产名录》，并被誉为“世界第八大奇迹”。

兵马俑是中国古代文明的辉煌体现，是中国古代雕塑艺术的伟大作品。兵马俑的车兵、步兵、骑兵列成各种阵势，整体风格浑厚、健美、明快，具有强烈的艺术感染力。

在众多兵马俑中，有长了胡子的久经沙场的老兵，也有初上战场的青年；有昂然肃立的将军俑，意气风发的骑兵俑，也有驾着马车的车士俑，还有拉弓待发的跪射俑、立射俑等。

这些兵马俑的脸型、发型、体态、装束、神态、手势都不一样。光是发式、手势就多种多样，各不相同，脸部的表情更是神态各异。从他们的装束、表情和手势可以判断出是官还是兵，是步兵还是骑兵。

你看将军俑，身高达1.96米，巍然直立，凝神沉思，表露出一副坚毅威武的神情。那个武士俑，头微微抬起，两眼直视前方，显得意气昂扬。那个身披铠甲，右手执长矛，左手按车的武士，其姿势、动作显示出他是车士俑。

再看看被称为镇馆宝之一的跪射俑，他身穿战袍，外披铠甲，头顶左侧绾一发髻，双手在身体右侧一上一下做持弓弩的姿势，脚蹬方口齐头翘尖履，左腿蹲曲，右膝着地，上体向左微转，表现出一个持弓的操练动作。再看脸部，跪射俑双目向前注视，炯炯有神。值得注意的是，跪射俑铠甲的甲片、衣袖的皱纹和鞋底疏密有致的针脚都被细致地刻画出来，反映出制俑者极其严格的写实精神。与跪射俑共同组成弩兵军阵的立射俑也制作得非常精巧，他头绾圆髻，身着长襦，左足向左前跨出半步，双足呈“丁”字形，左腿微拱，右腿后绷；左臂向左侧半举，右臂横屈胸前，头和身体向左微转，做出拉弓射击的准备姿势，神态自若。

图6－2　跪射俑

图6－3　立射俑

总之，这些已整理出土的1 000多个陶俑、陶马，各具个性，无一雷同，形神兼备，栩栩如生；在艺术手法上构图巧妙，技法灵活，人物刻画细腻明快，既有真实性也富于装饰性。正因为如此，秦兵马俑具有很高的艺术价值，在中国的雕塑史上占有重要的地位，无疑是中国也是世界雕塑艺术宝库中的珍品。

作品2　《马踏飞燕》

图6-4　《马踏飞燕》

《马踏飞燕》又名《马超龙雀》《铜奔马》，为东汉青铜器，1969年出土于甘肃省武威市雷台汉墓——东汉时期镇守张掖的军事长官张某及其妻合葬墓，现藏于甘肃省博物馆。《马踏飞燕》身高34.5厘米，身长45厘米，宽13厘米。

《马踏飞燕》这件雕塑作品创造的是一匹骏马形象。马在中国古代是最具高速度的作战工具。汉朝非常重视发展骑兵，把骑兵视为保持北部地区安定最重要的军事力量，所以汉人对马情有独钟，甚至把骏马看作是国力强盛和英雄业绩的象征。因此，汉朝雕塑和工艺作品中，出现了大量的骏马形象，其中最令人赞叹的就是这件举世闻名的《马踏飞燕》。

《马踏飞燕》艺术形象别具风姿。骏马躯干壮实，四肢修长，矫健俊美；昂首甩尾，引颈嘶鸣，头向左微侧；三足腾空、腿蹄轻捷，向前飞驰，右后足落在一只展翼疾飞的龙雀背上，轻盈疾速动作，让小龙雀吃惊地回过头观望，更衬托出骏马的速度和力量，让人感受到一种运动的美、速度的美、力量的美。

艺术家奇特巧妙的构思，浪漫的手法，抓住闪电般的刹那，将一匹腾空奔驰、骁勇矫健的骏马表现得淋漓尽致，体现出汉代奋发向上、豪迈进取的精神。该作品不仅构思巧妙，而且工艺十分精湛；不仅重在传神，而且造型写实，给人以惊心动魄之感，令人叫绝。

通过雕塑艺术塑造一匹健美的好马形象这并不太难，但要表现出骏马的动感，特别是要表现出骏马飞跃、奔跑的神速，就不那么容易了。然而创造《马踏飞燕》的无名艺术家却独运匠心，大胆夸张，巧妙构思，让马追上并用右后蹄踏上一只凌空飞翔的燕子，这就把骏马飞跃、奔跑的神速充分地、动态地表现出来了。

骏马体型的每一部分都异常完美而匀称，姿态动感强烈，同时也保持着精确的平衡。雕塑的重心稳稳地落在骏马踏鸟的一只足上，这显然体现了艺术家对生活深入观察的经验。艺术家用现实主义与浪漫主义相结合的艺术手法，以丰富的想象力、精巧的构思、娴熟的匠艺，把奔马和飞鸟绝妙地结合在一起，以飞鸟的疾速衬托奔马的神速，造型生动，构思巧妙，将奔马的奔腾不羁之势与平实稳定的力学结构凝为一体，如此非凡的艺术效果，令人惊叹不已。

《马踏飞燕》是汉代艺术家高度智慧、丰富想象力和高超艺术技巧的结晶，是我国古代雕塑艺术的稀世之宝。

作品3 《艰苦岁月》

图6-5 《艰苦岁月》

新中国雕塑史上，在表现革命历史题材方面，产生了很多优秀的作品，我国著名雕塑家潘鹤于1956年创作的《艰苦岁月》就是其中一件非常优秀的作品。

《艰苦岁月》表现的是一位红军老战士和一位小战士，在艰苦岁月里坚持斗争的革命乐观主义精神。老战士吹奏起快乐的笛子，嘴角微溢着笑意，小战士托腮倾听，仿佛被笛音带往他所憧憬的美好的世界、美好的生活。艺术家用富于流动感、质朴的手法，塑造出艰苦环境中红军战士不畏艰苦、信念坚定、开朗豁达、充满革命乐观主义精神的光辉形象，深深地感染着观众，在观者心灵中激起了强烈的共鸣。

《艰苦岁月》遵循了现实主义的创作方法，以写实的手法塑造人物，具有强烈的真实性。现实主义创作方法最重要的特征是：坚持真实地再现生活，真实地反映客观世界的现实本质和历史本质，并真实地表现艺术家主观世界的情感。《艰苦岁月》首先坚持了这一创作原则，真实再现了艰苦战争年代中红军战士的形象，真实地反映了红军战士崇高的革命理想和斗争精神，并自然而然地通过这两个人物形象的塑造表现了雕塑家内心对红军战士和革命事业的深厚情感和对美好生活的共同向往。

《艰苦岁月》又具有浪漫主义特征。作品在现实生活的基础上，对特定的情节进行了理想化的加工，提炼、塑造了理想化的生动的红军战士形象，表现了他们对未来希望的渴望和坚定的革命必胜的信心。作品中战士们面对艰苦的生活，没有被困难压倒，而是苦中作乐，充满了幻想和对美好事物的回忆与憧憬，极具浪漫诗意。

雕塑家潘鹤创作技巧高超，《艰苦岁月》中两位红军战士的形象刻画，栩栩如生：老战士那由于饱经风霜和长期战斗生活，由于常常深思而深深刻在面孔上的皱纹，那一双只有长年繁重的劳动才足以磨炼成的那样粗大的手，那一身破旧的军装，那精瘦却凸显出十分有力的筋骨，都刻画得非常细腻，充分反映了老战士不平凡的生活经历，表现出一个老红军坚强的性格美；少年战士信赖而亲密地倚在老战士的身边，仰首瞩望着远方的姿态，入神地倾听着并进入美好遐思的表情，把一个年轻革命战士对于美好未来充满向往的形象刻画得惟妙惟肖。

从形式结构上看，雕塑家非常重视对比。例如，在构图形式上，采用三角形构图，通过一老一少两人所坐的位置，形成一高一低的鲜明对比；在人物形象上，一老一少形成年龄的对比，沉着老练和天真幼稚的性格的对比；一个吹笛情真意切，一个聆听凝思遐想，形成动态和情绪的对比；还有笛子和步枪摆放位置的对比；等等。对比手法都运用得十分巧妙。

《艰苦岁月》是一件艺术形象生动自然，意境深远，艺术手法自由质朴，具有抒情诗般风格的艺术作品。

作品 4　《米洛斯的维纳斯》

《米洛斯的维纳斯》是几乎家喻户晓的古希腊最著名的维纳斯雕像，1820 年出土于希腊的米洛斯岛，现陈列在法国卢浮宫博物馆。这尊雕像高约 2. 04 米，由两块半透明的白云石拼合雕就而成。维纳斯站在鸡血白纹的云石底座上，上半身裸露，下半身裹着围毯，神情端庄，肌体丰润，窈窕曲立，仪态万方，造型典雅至极，集美之大成。维纳斯

图6-6 《米洛斯的维纳斯》

雕像出土时就已断去双臂，因此也被叫作《断臂女神》或《断臂的维纳斯》。

维纳斯是希腊神话中爱与美的女神。

《米洛斯的维纳斯》的完美程度令人惊叹，直至今天还一直被认为是后世难以企及的雕塑作品。那么，她的魅力在哪里呢？

《米洛斯的维纳斯》塑造了古希腊典型的女性形象：端庄秀丽，体态丰腴，美丽精致的脸，挺直的鼻梁，丰满的前额，稍翘的嘴唇，嘴角上略带微笑，却含而不露，给人以矜持而富有智慧的感觉；润滑的下巴，体现了女性的温柔、美丽和青春的魅力，给人留下庄重典雅、贤淑大方的印象。尤其是她那安详的眼神和轻易觉察不到的肃穆的微笑，散发着一种发人深省的能量，给人以矜持而高雅的感觉；而她那微微扭转的姿态，使半裸的上身与被衣褶遮住的下半身构成了一个和谐而优美的螺旋形上升体态，含蓄而富有变化。我们似乎从维纳斯的表情和身姿可以感受到一种端庄静穆的美。维纳斯的心情非常平静，没有半点矫揉造作和扭捏，一切都自然天成，落落大方，就像一阵清风吹拂着每个注视她的人。她体现了优美的一切特征，是优美的雕塑艺术的典型。正如罗丹说的，她的身体有一种“委婉的运动”“全身稳静优美”“安宁平衡”。

值得注意的是，整座雕像呈现为一个“S”形，而“S”形在古希腊被认为是最美的线型。《米洛斯的维纳斯》一波三折的曲线美和优美的螺旋形上升体态，富有音乐的韵律感，充满了巨大的魅力。而“黄金分割律”的比例使维纳斯的体形显得修长高挑而俊美。这个比数成为后代艺术家创造人体美的准则。

《米洛斯的维纳斯》像一首小夜曲，优美而动听；像一首诗，宛转而耐人寻味。《米洛斯的维纳斯》是永恒的美。

作品 5　《思想者》

图 6-7　《思想者》

《思想者》是法国雕塑家奥古斯特·罗丹于 1880 年创作的石膏模型，现收藏于巴黎罗丹美术馆。它原本被预定放在《地狱之门》的门顶上，后来独立出来，被放大三倍。1917 年，巴黎人在为罗丹举行葬礼时，把《思想者》安置在他灵柩安息处，充分表达对艺术家的崇敬。

这座人体坐像本是罗丹的巨型雕塑《地狱之门》中的一部分，思想者高踞于地狱之门的门顶上，在他的下方，是地狱之门上一组组在罪恶、苦难、绝望中挣扎的人像群雕。他俯身低头，手撑着下巴，仿佛为眼前惊心动魄的惨景所震动，正陷于痛苦的沉思，《思想者》之名正是由此而来。

《思想者》塑造了一个强有力的男子俯身低头支颌的坐姿。这个男子弯着腰，屈着膝，右手托着下颌，默视下面发生的悲剧。他同情、爱惜人类，因而不能对那些犯罪的人下最后的判决，这一极其矛盾苦闷的心情，使他陷入那深刻的沉思中。

首先，面部表情和整体肌体的艺术处理。思想者的前额和眉弓突出，目光深沉，嘴唇咬着拳头，表现出一种极度痛苦的心情。他那强壮的身体抽缩、弯压成一团，肌肉处于紧张状态。

其次，形姿的艺术处理。作品人物形象采用右肘支左膝的人体姿态，较之于常态下的左肘支左膝的动作，有很大的变化，例如产生失衡、扭曲和对比、冲突，使得整个上半身在方向上向左倾斜，由稳定的垂直向下变为不稳定的向左下斜出，构成一条斜线，同时其运动的距离也变长，这样便牵拉右肩下沉，完全破坏了原本整个上身的稳定状态；另外是以手背支撑下巴，并且反常地向着右肩内屈，这样就使得右前臂从肘部向左外倒，又形成一条斜线。至此，整个右臂，从肩、上臂，到肘部，形成一条斜线；从肘部、前臂到腕部，形成第二条斜线；从腕部、手到手指内屈指向的肩部，形成第三条斜线，构成一个三角形，外侧的肱三头肌、尺骨侧前臂肌群拉伸展开，而内侧的肱二头肌、桡骨侧前臂肌群收缩隆起，形成一种完全内收扭曲的动作姿态。同时，由于右肘向左斜出，右肩也被牵引向左，使得骨骼肌肉向背部扩张而在胸部收缩。罗丹正是要用这种不寻常的充满紧张、冲突的肢体和肌体造就的雕塑语言来表现人类面对苦难、死亡时内心沉重痛苦的思索。与站姿相比，将身躯、肢体折叠收缩起来的坐姿，更有重量感、体积感，更富有内在力量。

最后，双脚的艺术处理。雕像的双脚，不是平放在地面上，而是倾斜着“搓”在一个斜面上，这就使得本来可以与地面构成一种稳定的平衡、平平稳稳地支撑身体的小腿和脚的动作，变得不稳定了，有了一种向下的力，向下的失衡的趋向，这个向下“搓”的动作使得足背和胫骨前肌群被拉伸、展开，又使小腿后侧的腓肠肌收缩，而足趾为阻止脚掌在斜面上的下滑，也紧张地弯曲抠抓地面，于是，整个小腿和足部都因此而处于十分紧张的状态。

罗丹通过上述几个方面的艺术处理，更适于表现思想者的痛苦思索的主题，也更加引人深思。罗丹在这件作品中采用了现实主义的精确手法，同时表达了与诗人但丁相一致的人文主义思想，即他们对人类的苦难遭遇寄予了极大的同情和悲痛。

《思想者》堪称罗丹个人艺术和整个雕塑史上的里程碑。《思想者》，在某种程度上就是罗丹艺术的化身。

三、雕塑艺术作品推荐

作品1　《人民英雄纪念碑》浮雕（选）

图6－8　《人民英雄纪念碑》之五四运动

图6－9　《人民英雄纪念碑》之胜利渡长江

屹立于北京天安门广场中心的人民英雄纪念碑，在下层须弥座束腰部四面镶嵌了八幅巨大的汉白玉浮雕，分别以“虎门销烟”“金田起义”“武昌起义”“五四运动”“五卅运动”“南昌起义”“抗日游击战争”“胜利渡长江”为主题，在“胜利渡长江”的浮雕两侧，另有两幅以“支援前线”“欢迎中国人民解放军”为题的装饰性浮雕。浮雕高2米，总长40.68米，镌刻着170多个人物形象，生动而概括地表现出中国人民100多年来，特别是在中国共产党领导下28年来反帝反封建的伟大革命斗争史。

作品2 《歌乐山烈士群雕》

图6－10 《歌乐山烈士群雕》正面

《歌乐山烈士群雕》位于重庆歌乐山烈士陵园红岩魂广场一期台阶与烈士公墓之间，由著名雕塑家叶毓山创作而成。作品雕刻了牺牲在集中营烈士群体的九位代表的形象。群雕采用中国传统石窟艺术的“中心塔柱式”结构，集阁雕、浮雕之长，以连环组合的形式，将烈士们“宁死不屈”“前赴后继”“坐穿牢底”“迎接曙光”等崇高精神风范由九位革命志士向四面展开。烈士群雕之下，是一个封闭式的圆形纪念厅，厅内的四根大柱上用铜牌铭刻着烈士英名录，四周圆弧形墙壁上雕刻着一幅大型壁画《在烈火中洗礼》，向人们展示了一部血与火、光明与黑暗、生与死搏击的壮烈史诗。

作品 3　《黄河母亲》

图 6－11　《黄河母亲》

《黄河母亲》是著名雕塑家何鄂创作的表现中华民族母亲河——黄河的石质雕塑艺术品。该作品位于兰州市黄河南岸的滨河路中段。作品描绘了一位神态娴雅的母亲侧卧黄河岸边，看护着怀抱中游泳的幼儿的情景，他们分别象征了生生不息、不屈不挠的黄河母亲和快乐幸福、茁壮成长的中华儿女。黄河母亲秀发飘拂，神态慈祥，身躯颀长匀称，曲线优美，微微含笑，抬头微曲右臂，仰卧于波涛之上，右侧依偎着一裸身男婴，头微左顾，举首憨笑，显得顽皮可爱。雕塑构图洗练，寓意深刻。雕塑基座上刻有的水波纹和鱼纹图案，源自甘肃古老彩陶的原始图案，反映了甘肃悠远的历史文化。

作品4　《屈原》（石湾陶塑）

图6-12　石湾陶塑《屈原》

截至目前，石湾陶塑（石湾公仔）已有几百年的历史，是极具岭南特色的艺术作品，其陶塑人物创作在近代趋向成熟，在吸取各种艺术精华的基础上，逐渐形成了“胎釉深厚朴实，造型生动传神，取材丰富广泛，技法多姿多彩”的艺术风格。

石湾陶塑《屈原》（中国历史博物馆收藏），被誉为“石湾陶艺史上的奇才”，是我国工艺美术大师刘传的代表作之一。该作品中，屈原右手抚胸，眉头紧皱，眼望下方做思考状，忧国忧民之感油然而生。屈原的造型在保持醇厚浓郁的传统石湾公仔韵味的基础上，吸收了粤剧舞台表演中的动作，使屈原的形象更加传神；同时运用了中国画的白描手法，使作品富有立体国画的效果。

作品5　《大足石刻数珠手观音龛》

图6－13　《大足石刻数珠手观音龛》

《大足石刻数珠手观音龛》是重庆市大足北山佛湾石窟群中的一尊雕像，像高97厘米，享有“北山石刻之冠”的盛名。

《大足石刻数珠手观音龛》作品创作的观音形象，如同现实中的少女，苗条、娟秀。她赤着脚，从容自在地站着，上身稍斜向右方，腰肢袅娜；左手握住右手腕，交叉在腹前；头微低着偏向左方，一双秀眼凝视左前方地上的某一点，像是在等待什么，又似乎陷入某种愉快的回忆或幸福的遐想，显得十分温顺淑雅、平易大方。她那玲珑的唇角，绽露出纯洁无邪、极富感染力的喜悦；一阵温润的春风迎面吹来，她身上的披帛仿佛随风飘动，更增添了动态的美。

《大足石刻数珠手观音龛》的雕刻技巧已然炉火纯青，人体比例正确，动态合乎结构原理，头胸的不同角度处理，增加了雕塑空间的变化，使之显得更加生动活泼，婀娜多姿。

作品6 唐代石狮

图6－14 唐乾陵朱雀门石狮

石狮是中国传统的雕刻艺术。唐代石狮是很有特点的艺术品。这一时期最有代表性的石狮有武则天、唐高宗合葬陵——乾陵陵园四门石狮，武则天之母顺陵陵园四门石狮。

唐朝帝王陵墓四周，多设置石狮，有蹲有站，造型已趋向于写实。唐朝石狮造型庞大、昂首挺胸，傲视四方，气势雄伟，威武强悍，大气磅礴，气壮山河，肌肉被夸张得更加有力，四肢变得更加粗壮，双爪变得更加厚大，同时又造型圆润，装饰线条绚丽华美，将大唐盛世那种雍容华贵、雄迈威猛、不可一世的审美取向充分地展现出来，在审美上也更多地表现了上层社会的审美取向。

作品 7　《拉奥孔》

图 6－15　《拉奥孔》

《拉奥孔》又名《拉奥孔和他的儿子们》，是古希腊时期的一座大理石群雕。其高 184 厘米，是希腊雕塑家阿格桑德罗斯和他的儿子波利多罗斯、阿典诺多罗斯集体创作而成的。现收藏于罗马梵蒂冈博物馆。

该群雕内容取材于荷马史诗《伊利亚特》。拉奥孔是特洛伊城的祭司，当希腊人围攻特洛伊城、施“木马计”攻城时，他违背神意，戳穿希腊人诡计，并告诫特洛伊人，从而触怒了偏爱希腊人的雅典娜，雅典娜派出两条巨蛇将其咬死，使希腊人攻下了特洛伊城。群雕表现的就是拉奥孔父子三人被巨蛇缠绕而用力搏斗挣扎的情景。

作品中，拉奥孔位于中间，神情处于极度的恐惧和痛苦之中。他使尽了全身的力气，想把自己和孩子们从两条巨蛇的缠绕中挣脱出来，他的双手紧紧地抓住了一条蛇，但他的臀部却被咬住了，他表情痛苦，似在吼叫，身体扭曲，肌肉强烈收缩，显得那么徒劳。在拉奥孔左侧，他的长子被巨蛇缠住了左腿右臂，似有逃脱生存的希望，但被眼前的景象惊呆了，正奋力想从蛇的缠绕中挣脱出来。蛇的缠绕和人物的扭动构成一个互相呼应、稳定而多变的三角形构图，突出了人物身体有节奏的变化。雕塑家在表现人物的痛苦时坚守了“美的原则”，用美的处理（例如，只让拉奥孔的嘴巴微微张开，痛苦的表情中蕴含着坚毅、坦荡、不屈）冲淡身体的痛苦，避免了恐怖、不舒服感觉的产生，使整座雕像形成一种平静、肃穆、庄重的风格。

作品 8 《摩西像》

图 6-16 《摩西像》

《摩西像》，高 235 厘米，创作于 1513—1516 年，现存于罗马梵蒂冈圣彼得大教堂，是著名的雕塑家米开朗琪罗的名作之一。

《摩西像》中，摩西头上长有一对象征“神”的犄角，身穿薄薄的无袖上衣；怒目而视，射出火焰似的光，一副疾恶如仇的神态，威严而冷峻；肌肉发达，双臂青筋暴露，仿佛积蓄着无穷的力量；头发很短，胡须如浪花般直垂下来，他正用右手去摸弄胡须。这尊雕像具有震撼人心的力量，其中包含着艺术家对祖国命运的高度关注和对人的尊严的无上崇敬，是作者人文主义思想的结晶之作，也被西方艺术评论家认为是米开朗琪罗最成功的雕像之一。

作品9　《扩张》

图6－17　《扩张》

扩张，可能吗？创作这一雕塑作品的美国女艺术家佩奇·布拉德利（Paige Bradley）在阐释这个作品时写道："从我们出生的那一刻起，世界就好像为我们设定了一个刚好容纳我们的空间：社会保险号码、性别、种族甚至是智商的高低。我觉得人生往往被这些东西所限定，而非由内在的自己所决定。如果我们超越了这些框架，我们是否还能认识自己？如果不被任何所限，我们是否还会存在？"——这是我们理解这个作品的思想内涵及其表现这一思想内涵的艺术手法的出发点。

作品 10 《打结的手枪》

图 6－18 《打结的手枪》

《打结的手枪》是卢森堡于 1988 年赠送给联合国的作品，置于联合国总部大厦入口处。作品为青铜雕塑，坐落在 1 米多高的基座上，外形为一支枪管被弯曲打成结。其寓意是不要武器，反对战争，渴望和平，表达了人们对非暴力的向往，对国际裁军的期望，珍惜和平的愿望。

思考与探究

1. 通过本章内容的学习和课外阅读欣赏，与西方雕塑作品相比较，中国雕塑具有什么特点？

2. 雕塑艺术和建筑艺术有哪些异同？

3. 雕塑艺术的欣赏要掌握哪些要领？请举例说明。

4. 你认为抽象雕塑艺术具有什么审美特点，如何欣赏抽象雕塑艺术作品？举例说明。

阅读参考书目

1. 王子云. 中国雕塑艺术史：上、下 [M]. 北京：人民美术出版社，1988.
2. 盛文林. 雕塑艺术欣赏 [M]. 北京：北京工业大学出版社，2013.
3. 孙江宁. 如何欣赏雕塑 [M]. 北京：中国社会出版社，2006.
4. 罗晓容，谷博. 雕塑艺术解读与欣赏 [M]. 重庆：西南师范大学出版社，2014.
5. 何宝民. 外国雕塑名作欣赏 [M]. 郑州：海燕出版社，2006.
6. 颜海强. 中国雕塑欣赏 [M]. 长春：长春出版社，2011.

第七章 绘画艺术欣赏

有人说，绘画是无声的音乐；也有人说，诗是有字的绘画，绘画是无字的诗。其实，音乐、绘画、诗歌都源自人的内心，只是表达时所借助的媒介不同而已。

第一节 绘画艺术的性质特征

一、什么是绘画艺术

绘画艺术，是视觉艺术形式之一，也是人类传统艺术样式之一。绘画，在艺术的表现方式上有别于电影、动漫，也有别于三维立体的雕塑、建筑。它是以平面的方式展开，局限于仅能够呈现事物发展某一瞬间的画面。但对于视觉艺术而言，绘画却是极为重要的艺术形式。

绘画的工具、材料多种多样，现在的绘画工具、材料更是异常丰富。而早期人类的绘画工具、材料则是以容易获得的为主。

绘画，以其形象性、直观性而具有超越文字语言障碍的功能。例如，马路上的交通标志采用抽象的图像符号，就比采用具体的文字更具共通性。

绘画的功能，可以用于指事，也可以用于认知和识别事物；可以用于保存形象资料，也可以用于宣传和教化；可以用于满足人们对审美的需求，也可以用于人类的历史学研究。

人们在欣赏绘画艺术作品时通常会涉及绘画艺术的形式、内容、功能以及流派等诸多问题，常常会听到诸如画面构图、艺术形象、造型手法、笔触、色彩、情调、意境、意象、境界等词汇。

大家熟悉的绘画艺术通常有水墨画、油画、版画、水彩画、水粉画，还有一些绘画平时不太被人注意，例如民间年画、连环画、漫画，还有现代卡通画和伴随数字技术出现的数码绘画，与建筑或器物结合的壁画、装饰绘画，甚至街边的涂鸦等。其实，民间剪纸、皮影等也都具有绘画的性质，只不过剪纸、皮影都是以刀代画笔的平面图像。

中国水墨画按照表现题材进行分类，一般可分为人物画、山水画、花鸟画。而专业人士则更加在意画的笔墨形式，他们多以笔墨形式，如线描、工笔、写意、水墨、白描、双钩、没骨、青绿、浅绛等将其分为工笔画、写意画等。收藏和悬挂绘画时则更注意作品的尺幅和观看的方式，因而又有了挂轴、中堂、手卷、长卷、镜片、册页、扇面的分别。即使扇面也可再细分出折扇和团扇等。同时，中国画在长期的发展过程中还逐渐形成了将诗、书、画、印融于一个画面的独特艺术样式。

油画因为传自欧洲，所以曾经被称为“西洋画”。欧洲是油画的发祥地，有着悠久的历史和深厚的积淀。油画的前身是蛋彩画，用蛋清做调色剂，故也称油画为“堪培拉”。15 世纪尼德兰画家扬·凡·艾克（Jan Van Eyck）首先改用亚麻仁油作为调色剂。自文艺复兴至西方现代主义艺术兴起之前，西方油画都以追求真实再现的视觉效果为目标，其逼真的写实能力在某种意义上超过了传统的中国水墨画。油画在分类上与中国画有所区别，油画没有“山水画”，取而代之的是“风景画”；花卉没有独立成一个画科，却有静物画；人物画分为“肖像画”“风俗画”和“历史画”，而且成就都很高。中世纪，欧洲宗教题材绘画是西洋绘画的主要内容。从文艺复兴开始到 19 世纪末，西方兴起现代主义艺术之前，西方绘画艺术从描写“神”转向描写“人”，从而使得人文精神在绘画中得以体现出来。

二、绘画艺术的审美特征

谈论绘画艺术的审美特征，自然少不了要谈谈绘画的形象性特征。绘画作品都是以一定的艺术形象呈现。受众正是通过艺术家所塑造的艺术形象来感受艺术家的态度和情感。就艺术作品而言，艺术形象所包含的内容往往超出艺术家所运用的语言本身，因此有“形大于言”的说法。

人们在欣赏艺术作品时，一般会感受到来自作品的情感，这种情感促使欣赏者的情感得以波澜荡漾，得以陶醉，心灵得以净化，得以升华。这就是艺术的情感特征。

绘画艺术，从时间上看，从史前原始时代的洞窟壁画、岩画，到早期人类在陶器上的彩绘，及其后出现的墓室壁画、宗教绘画，以及随后的独幅绘画、卷轴画和纸本绘画以至今天的数码绘画，其时间跨度之长不言而喻。从地域上看，从埃及到爱琴海沿岸的希腊群岛，从西亚的美索不达米亚平原到古代印度；从中国大陆到太平洋彼岸的墨西哥和南美洲，由于地域和民族的关系，美术风格的差异是不言而喻的。简言之，人类在绘画艺术上所表现出来的审美趣味具有明显的时代特征和地域特征。

人类美术遗产之丰富，直接导致了人类在绘画艺术作品上表现出来的审美特征的多样性。这绝非一个章节可以容纳得了。但至少我们有必要了解我们中国自己的绘画和欧美绘画的不同审美特征。

绘画艺术，通常是在平面的载体上用颜料进行绘制，国画是在中国特有的宣纸上进行绘制，而西方油画一般是在布上用颜料进行绘制。由于载体和工具材料的不同，因而在物质呈现方式上也有不同的形式和特点。也就是说，表现手段直接影响到画面所形成的某些美感特点。

其实，每个画种都有自己一套特殊的制作技巧和手法。比如版画，依据所用板材的不同而分为铜版画、石版画、木刻版画、丝网版画等。版画也有自己独有的技巧和特色。其最大的特点就是可复制。在传统媒体时代，可复制对传播起到至关重要的作用。版画是伴随雕版印刷术一起发展起来的一个绘画品种。

每一个艺术家也都有自己的风格，其作品自然也具有自己风格的艺术特点。绘画艺术的审美具有明显的多样性特征。

绘画艺术，中西方走过了不完全一致的发展道路。西方绘画，从摹写对象的形状开始，古代希腊的哲学家们都把绘画看作是模仿。从看得出来画的是什么，到画得很像，甚至很立体、很有空间感，再到画得和照片一样，甚至竭力超越照相机的逼真效果。为了真实再现对象，西方绘画曾经专门研究了人体解剖学、透视学等学科。西方写实绘画发展到“照相写实主义”，具象绘画就已经到达极致了。直到人们不满足于画得和对象一样，而出现了完全没有具体形象的“抽象绘画”。这大概是西方绘画所走过的路。因而，西方绘画大致可以分为“具象”类的绘画和“抽象”类的绘画。具象，是有具体的视觉形象。抽象，则是只有线条、色彩而没有具体的形象。当然，“具象”类绘画包括了写实主义、浪漫主义、印象主义、表现主义、照相写实主义等；“抽象”绘画包括了“冷抽象”和“热抽象”等。西方现代主义绘画流派更是名目繁多，不一而足。

中国绘画，同样从摹写对象开始，也逐渐追求画得更像、更细致、更准确。宋代大概是中国绘画在写实方面发展的顶峰时期，观察细致，状物精微，令人叹为观止。但也就在这个时候，中国绘画没再朝着这个方向走下去，没有朝着客观写实的路子走，部分画家开始表现画家内心精神世界和精神人格，在意识到“论画以形似，见与儿童邻”的同时，朝着“逸笔草草，不求形似，聊以自娱耳”的方向发展。因而，中国画在“写实”之后，出现的是“写意”。“写意”是中国画一个十分重要的美学范畴，是如同“传神”“气韵”“意境”“意象”“境界”“笔墨”一样重要的美学范畴。中国画有许多自己的命题，如“迁想妙得”“计白当黑”“密不透风”“疏可跑马”“形神论”“线条美”“形式美”“意境”等。中国画在分出“画工画”的同时，也分离出了“文人画”。绘画，成为中国古代社会文人的精神载体。他们深知客观自然与绘画作品之间的关系，郑板桥就曾经对“眼前之竹”“心中之竹”与“笔下之竹”逐层进行细致的辨识。

西方绘画追求描绘的真实性，不惜借助人体解剖学、透视学等“科学”以期达到逼真的视觉效果，这是西方传统绘画的突出特点。而中国绘画一直以人为本，画家往往只是借助外界事物，表现画家自己的精神世界，即所谓的“寄托”“移情”等，因而在绘画上体现出与西方截然不同的东方美学神韵。

艺术，不是寻求自然界的客观真理，自然不应该有唯一正确的答案。同时，艺术使人的想象力得以最大限度地展开。艺术对人类的意义也许在于为人类的精神生活和物质生活提供更多的可能性。艺术给人提供自由的想象、任性的表达、尽情的渲染。艺术的这种性质决定了艺术审美不可能也不应该有统一标准。审美活动是个体活动，没有统一的标准。因而，不要如同对待自然科学一样，在艺术中寻找真理和标准答案。用寻找真理和期待标准答案的态度来对待艺术，那样只会让你失望。

艺术，探寻的是艺术表现的无限可能性。正是这种无限可能性的探寻，使人类的精神领域得以不断地拓展，同时，也使得人类的精神生活和物质生活越来越丰富多彩。艺术向前发展的结果不是得出一个统一的结论，而是使美的形态越来越丰富多彩。

第二节 绘画艺术作品欣赏

一、绘画艺术欣赏要领

绘画艺术，无论是原始洞窟壁画还是传统的古典绘画，无论是抽象绘画还是街头涂鸦，无不都是用颜料在平面的载体上进行绘制。不管哪个画种，哪个流派，色彩、线条都是画家构筑形象所离不开的手段。画家通过图像、视觉形象、画面构图、色彩、笔触进行情感传递和态度表达。

绘画艺术的欣赏，在很大程度上也受欣赏者自身的生活阅历、社会经验、人生感悟、情感体验以及个人情感倾向和直觉等因素的影响。这些因素对欣赏艺术作品的影响也许远远超过知识和学历的作用。

绘画艺术，在带给人们愉悦的同时，也带给人们丰富的人文社会科学内涵，为后人深入了解人类发展历史及其社会文化，以及人类自身成长过程中各个不同历史发展阶段的心路历程，提供了可供研究、观赏和玩味的直观的图像。这些图像有时甚至具有历史文献资料的价值和意义。

古老的绘画艺术，作为表达人类理解和把握世界的方式，在人类的童年时代就被广泛运用于表达对世界的认知。无论是古代先民关于“天圆地方”的概念，还是古希腊人借用大理石把具有超自然力的众神都按照自身的样子塑造成“人”的形象，都是早期人类运用图像想象力和形象思维对大自然的直观把握；是人类在特定历史发展阶段，运用视觉方式把握世界的体现。这些古老的绘画艺术都是古代先民以视觉的方式去理解和把握人类赖以生存的自然环境，并以图像的方式表达他们对重要而陌生的客观世界的理解和认识的表现。

可以说，人类自从睁开眼睛，便开始用自己的肉眼去把握周围的生存环境，开始为生存而去努力读懂同类的表情和大自然诡秘的表情。在那个生产力水平极度低下的时代，大自然的喜怒无常可能给人类带来巨大的伤害，甚至可以引致社会人事吉凶祸福的重大变故。故《周易·系辞·上》称“天垂象，见吉凶”，故“圣人象之”。

在先民们眼里，自然界的日月星辰、山川湖泊、风雨雷电水火无不神秘。自然界呈现出来的图像在他们看来是自然意志的昭示。

自然界呈现的图像在人类认知外部世界客观事物过程中是不可或缺的范本。对于一个从未见过太阳的人，离开直观图像几乎无法帮助他获得关于太阳的正确知识。苏轼在《东坡小品·日喻》中记载："生而眇者不识日，问之有目者。或告之曰：'日之状如铜盘。'扣盘而得其声。他日闻钟，以为日也。或告之曰：'日之光如烛。'扪烛而得其形，他日揣籥，以为日也。"人类正是从大自然的直观图像中获得关于大自然的知识。《周易·系辞·下》称伏羲氏"仰则观象于天，俯则观法于地，观鸟兽之文与地之宜，近取诸身，远取诸物，于是始作八卦"。不管是伏羲氏画八卦还是仓颉体类象形创制文字，都离不开大自然的视觉图像。汉字和图画的产生都开始于对自然界所呈现的直观图像的描摹。

无论文学还是绘画，都是对一定的社会生活的反映。恩格斯在谈到法国作家巴尔扎克的时候，称赞他在《人间喜剧》里，给人们提供了一部法国社会，特别是巴黎上流社会的卓越的现实主义的历史。被列宁称赞为"创作了无与伦比的俄国生活的图画"的托尔斯泰，则被称为是"俄国革命的一面镜子"。而当你面对大卫的《马拉之死》时，你会产生一种重回历史现场的感觉。绘画艺术作品，是对一定的社会生活的反映。无论是写实的还是抽象的绘画作品，都总是自觉或不自觉地折射出一个时代社会的生活，体现着一个时代社会或民族的内在精神。比如，从抗日战争时期的绘画艺术作品，包括木刻版画和政治漫画中，可以看到一个处于水深火热之中的苦难深重的中华民族的生存图景。

在摄影机发明之前，摄影机的所有功能都由绘画担负。同时，绘画还以形象的方式保存着我们的历史记忆。西晋书法家陆机说过"宣物莫大于言，存形莫善于画"①，指出图画在保存视觉形象方面为其他形式所无法替代的独特性。图像，作为保存人类历史记忆的特殊方式，在19世纪下半叶被法国学者E. 马莱发现，他首先把图像作为历史科学的附属部分。随后，图像在历史研究中被当作具有文献价值的佐证使用。其实，图像可以跨越时间保存历史记忆的功能，早在4世纪中国的南齐已被画家谢赫表述为："图绘者，莫不明劝戒、著升沉；千载寂寥，披图可鉴。"②

库尔特·塔科尔斯基曾说过："一幅画所说的话何止千言万语"。从一幅早期人类洞窟壁画简率的动物侧面画像，到人类同一发展时期的几乎所有描绘动物的图像都呈现"侧影图式"的现象中，我们不难读取到这样的信息：从侧面接近动物是比较隐蔽和安

---

① 俞剑华. 中国画论类编［M］. 北京：人民美术出版社，1986：13.

② 谢赫，姚最. 古画品录·续品录［M］. 北京：人民美术出版社，1959：1.

全的，这不仅是近距离观察动物的最有利角度，同时也是表现动物突出特征的最佳角度。因此，早期身处地球不同角落的人类几乎不约而同地选取同一角度，给我们留下相同的“侧影图式”的动物图像。

如果我们把西方风景画与中国山水画进行比较，马上就能明白，它们之间不仅是美学观点的差异，而且是文化特质的不同。西方风景画呈现一派风光旖旎、阳光明媚、景色宜人。而中国山水画尽管画家们一再提倡“可行、可望、可游、可居”，然而中国山水图像却在千百年来呈现出一派深暗晦暝、阴沉苍凉、萧疏淡泊的景象。中国山水画显然不是满足于对自然的模仿和简单再现自然景色，而是把山水画当作彼岸性的精神家园的“第二自然”进行再创造。中国山水画是中国封建文人士大夫们一往情深的精神家园，是“归去来兮”精神还乡的“二顷良田”的归隐处，绝不是可以“诗意栖居”的生活环境。

无论是明代画家徐渭的《墨葡萄图》中隐藏着的“笔底明珠无处卖，闲抛闲掷野藤中”的苦闷，还是朱耷所画“残山剩水”的破碎，抑或其“白眼看青天”的仇恨，都表明了绘画不仅仅是一种高超的技艺，在绘画形象底下蕴藏着的还有画家的灵魂、精神和特定的社会历史文化。在弗洛伊德看来，绘画艺术还是一条直接通往人类心灵深处、可以揭开人的潜意识的秘密通道。弗洛伊德自己用心理分析的方法，对达·芬奇的绘画作品进行了心理分析。达利的超现实主义绘画，更被视为梦境的照片。后来的许多画家，如夏加尔、马格里特、米罗等人的作品，也都被看作是人的潜意识的流露和象征。由此看来，绘画艺术不仅是表达人类情感的媒介，还是人类心灵的产物。

古代统治者还借助图像方式作为统治的辅助手段发挥宣传和教育的作用。如通过表现“尧舜之容，桀纣之像，而各有善恶之状，兴废之诫焉”，从而达到“恶以诫世，善以示后”的政治目的。由于人物画的社会功能比山水画、花鸟画更显突出，因而人物画的发展也比山水画、花鸟画要早而且快得多。

宗教也利用视觉图像进行“像教”。除了塑造偶像，西方基督教、天主教借助造型艺术将“天国图像”和“地狱图像”形象逼真地呈现在信众面前。东方佛教的各种变相，如《西方净土变》《维摩诘经变》《降摩变》《东方药师净土变相》《弥勒净土变》《法华经变》《大方便佛报恩经》《金刚经变》《楞伽经变》《涅槃经变》等也都是把佛经文字内容变成可视图像。此外，关于佛的前生的佛传故事也以图像的方式呈现给受众。

绘画固然有宣传教化的作用，甚至有揭露现实的黑暗的作用，但这一切都必须通过审美而得以实现。绘画艺术的主要作用，仍如南朝画家王微所说，可以让人“望秋云神飞扬，临春风思浩荡”①，陶冶性情，让人神畅怀舒，给人带来审美的愉悦。

古希腊毕达哥拉斯学派曾经试图寻找出视觉美感的客观标准，提出“黄金比例”和“黄金分割率”等。但“美”不是一条公式可以囊括的。艺术与科学的不同之处，也许是科学始终在寻找唯一正确的答案，而艺术却始终在探寻更多的可能性。一个能进入美术史的艺术家，不是因为创作了符合现有美的标准的作品，而是因为他的作品拓宽了人类的审美领域。让我们通过对绘画作品的解读和欣赏，感悟绘画作品背后隐藏着的丰富的人文精神和社会历史文化内涵。

二、经典绘画艺术作品欣赏

作品 1　《步辇图》

图 7－1　《步辇图》

《步辇图》为唐代著名画家阎立本所绘，绢本，设色，纵 38.5 厘米，横 129.6 厘米，被称为“中国十大传世名画”之一，现存于北京故宫博物院。唐贞观十四年（640 年），吐蕃王松赞干布仰慕大唐文明，派使者禄东赞到长安通聘。《步辇图》所绘的是禄东赞朝见唐太宗时的场景。

---

① 王微. 叙画［M］//沈子丞. 历代论画名著汇编. 北京：文物出版社，1982：16.

阎立本（约601—673年），唐代雍州万年（今陕西省西安市临潼区）人，隋代画家阎毗之子，阎立德之弟。显庆中任将作大臣，兄殁，代兄做工部尚书，总章元年（668年）为右丞相。擅长书画，作画题材广泛，有道释、车马、山水，尤擅画人物肖像。

阎立本的《步辇图》，是一幅画在绢上的传统中国人物画。画中的唐太宗面目俊朗，神态安详，目光深邃，有一代明君的威仪，在宫女的簇拥下坐在步辇上接见吐蕃使者禄东赞。唐太宗的庄重和禄东赞的恭谨，人物安排刻画都恰到好处。

作品2 《韩熙载夜宴图》

图7－2 《韩熙载夜宴图》

《韩熙载夜宴图》是顾闳中的传世作品。绢本，设色，纵28.7厘米，横335.5厘米，现藏于北京故宫博物院。顾闳中（910—980年），江南人，五代（南唐）后主时任翰林待诏，南唐著名人物画家，曾画过后主李煜的肖像。传世代表作为《韩熙载夜宴图》。见于画史著录的作品还有《明皇击梧桐图》《游山阴图》《雪村图》《荷钱幽浦》等。《韩熙载夜宴图》中的主人韩熙载，是五代（南唐）的中书侍郎，是一位有才华的官员。其出身北方望族，唐朝末年登进士第，通音律，擅长诗文书画，而且有政治才能。但因所处的历史环境，南北分裂，南唐正在走下坡路，北方强大的后周对国势衰弱的南唐造成威胁。也许他意识到后主李煜对在南唐做官的北方士人心存疑虑，更为了免于被委以重任而又难挽南唐颓势，为此，在家里故意养了一帮歌伎，纵情声色，放浪形骸，家中常宾客云集，酣歌达旦。后主李煜确实曾想起用韩熙载为相，但又不甚放心，为了解韩熙载的真实情况，专门派了顾闳中和周文矩两个画家夜至韩府，两个人回来后，分别根据自己的目识心记，绘制了一幅图送给后主李煜。时至今日，只有顾闳中的这一幅《韩熙载夜宴图》得以流传下来。

《韩熙载夜宴图》可以看作是当时文人士大夫颓废、奢靡生活的真实写照。画作以“手卷”的样式向左右展开，韩熙载夜宴生活的时间和空间也随之展开。该画画面由屏风分割成若干个相对独立的单元，韩熙载在每一个单元中有不同的活动主题。画中的韩熙载有时完全置自己的身份地位于不顾，衣着随便，敞胸赤足，甚至亲自上阵打鼓助兴，完全投入在歌姬们的舞乐氛围之中。画面上的人物有大小之分，人物的大小基本上是按照人物的身份地位而定，这也从一个侧面反映了封建社会等级观念对视觉艺术的深刻影响。整个画面富于变化而又和谐统一。“和谐”对于视觉艺术的绘画而言，同样是一个重要的美学范畴。

作品 3 《溪山行旅图》

图 7－3 《溪山行旅图》

《溪山行旅图》是范宽的山水画代表作之一。范宽（950—1032 年），北宋画家。名中立，字仲立，因性情宽和，人称为“范宽”。华原（今陕西铜川耀州区）人。其山水画学李成、荆浩，后来认识到“与其师人，不若师诸造化”，因而移居终南山、太华山，以自然为师。其所画多为北方山水，笔力雄健，与荆浩、关仝、李成并为五代、北宋间北方山水画的主要代表性画家，对后世山水画产生深远影响。他的山水画存世作品还有《雪山楼阁图轴》（波士顿美术馆藏）、《雪山萧寺图》（台北“故宫博物院”藏）等。画面正中矗立着一座巍峨的大山，山头满布灌木杂树，山崖陡立；一条清流从高腰直泻而下挂于山前；山下怪石嶙峋，杂树丛生，林后隐隐有楼观露出，崎岖的山路上，一队商旅行色匆匆，荒无人烟的山水间仿佛有了生气。图中山水以其独具特色的密如雨点的皴法刻画而成，山体浑厚苍劲。右角树荫处落有“范宽”款。

作品 4 《渔庄秋霁图》

图 7－4 《渔庄秋霁图》

《渔庄秋霁图》现藏于上海博物馆，纵 96 厘米，横 47 厘米，为元代画家倪瓒作品。画面所绘的是太湖一角晴秋傍晚的山光水色：湖水浩渺，遥接逶迤山脉；近处小丘上有嘉树五株，参差错落。图上有自题诗跋，言此图为作者 55 岁时（1355 年）作于好友王云浦渔庄，72 岁时重题。裱边有明董其昌的行书题签，又有孙克弘、董其昌和宋旭题识。

作品5　《墨葡萄图》

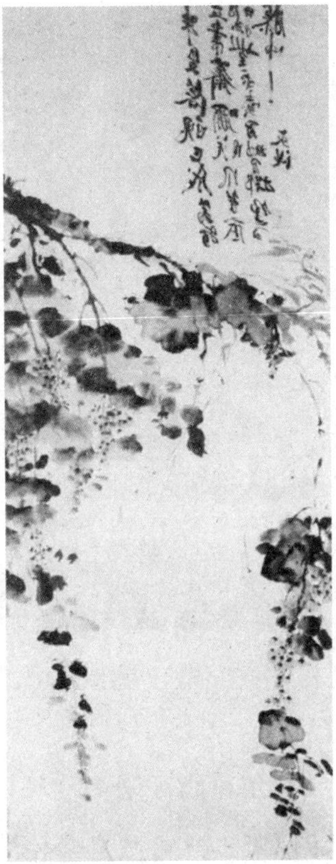

图7－5　《墨葡萄图》

《墨葡萄图》是明代画家徐渭传世的画作之一，纵165.4厘米，横64.5厘米，现收藏于北京故宫博物院。该作品属徐渭的代表性画风，是徐渭大写意花卉的代表作品。画面左出一支葡萄，斜欹画面，水墨淋漓更显枝蔓婆娑，甚至让人感到有微微风动。中国花鸟画，一般是截取植物的一枝半丫，而不太画完整的一株。以少总多，以一当十，是符合艺术表现的要求的。因此，这类花鸟画也被叫作折枝花卉。《墨葡萄图》画上自题："半生落魄已成翁，独立书斋啸晚风；笔底明珠无处卖，闲抛闲掷野藤中。"落款"天池"。"笔底明珠无处卖，闲抛闲掷野藤中"不仅道出了作者此时的处境，也道出了作者此时的心境。艺术不仅是欣赏技艺，而且是借助技艺的情感交流。徐渭，从某种意义上可以看作是"悲愤出诗人"的典型例证。徐渭传世作品还有《山水人物花鸟》册（均藏于故宫博物院）、《牡丹蕉石图》轴，以及晚年所作《墨花》九段卷（现藏于故宫博物院）等。

作品 6 《采石工们》

图 7-6 《采石工们》

《采石工们》是法国画家居斯塔夫·库尔贝（Gustave Courbet，1819—1877 年）的重要代表作，也是他的现实主义代表作，原藏于德国的德累斯顿美术馆，1945 年被烧毁，如今人们看到的只有该画的印刷品了。

《采石工们》创作于 1849 年，库尔贝满怀同情地表现了贫苦工人的艰苦劳动。这是过去很少有画家表现的一个题材。此画记录了画家有一次在路上行走时目睹的情景，他没有当场对景写生，而是邀请两个工人到画室来做模特儿，然后进行创作。此画把无情的现实跟当时的浪漫主义的幻想和学院派新古典主义的理想化形成鲜明对比。画中两个受尽生活折磨的工人的形象具有真实而深刻的社会含义，如画家本人在致友人的一封信中提到此画中所说："在这样悲惨的生活中，这就是他们的一切啊！……看吧，贫困和不幸就是这样无遗留地表现出来了。"库尔贝这种如实地再现法国平民悲惨生活的画面引起了强烈的社会反响。

库尔贝在他的写实主义宣言中确立了以反映生活的真实为创作的最高原则，肯定了平民生活在绘画创作中的重要性和巨大意义。他把自己的创作跟法国人民的革命运动联系在一起。库尔贝的艺术实践和理论是具有历史进步意义的。他对 19 世纪的其他写实主义画家及其后的印象主义画家，都有很大的影响。

作品 7　《磨镰刀》

图 7－7　《磨镰刀》

《磨镰刀》是德国女版画家凯绥·珂勒惠支（Kathe Kollwitz，1867—1945 年）创作于 1905 年的铜版画作品。画面展现了一位正在磨镰刀的劳动妇女的半身像。不难看出，一双粗糙有力、筋脉暴突、粗壮如男性的大手，和一张面目有些狰狞、显然是饱尝生活折磨的沧桑的脸的神情，还有那镰刀与人几乎是刀人合一的紧密关系，镰刀后边的脸已经被挤得有些变了形。这是在磨镰刀还是在喘息，在思考还是在压抑内心的怒火？她那绝望的眼睛充满着憎恶和愤怒，像是一座愤怒的火山在爆发的前夜。画幅不大，力量惊人。来自正面的光线和被拉长了的阴影，给画面增加了阴森的恐惧感。这就是一位为无产者讴歌的社会主义者——凯绥·珂勒惠支的作品。

三、绘画艺术作品推荐

作品1 《蒙娜丽莎》

图7－8 《蒙娜丽莎》

《蒙娜丽莎》是意大利文艺复兴时期画家列奥纳多·达·芬奇（Leonardo da Vinci，1452—1519年）创作的油画，现收藏于法国卢浮宫博物馆。画中的主人公到底是谁说法不一。流传最广的一种说法是，佛罗伦萨银行家弗兰切斯科·戴列·左贡多的妻子丽莎·格列蒂尼是此画中女子的原型。蒙娜丽莎优雅、安详、端庄，在其美丽的脸上所出现的含蓄表情，被后世称为“神秘的微笑”，并因此引起人们对“神秘的微笑”背后含义的种种猜测。今天，达·芬奇的《蒙娜丽莎》已经成为法国卢浮宫博物馆的镇馆之宝。

作品 2 《拾穗者》

图 7-9 《拾穗者》

《拾穗者》是法国巴比松派画家让·弗朗索瓦·米勒（Jean-Francois Millet，1814—1875 年）的代表作，创作于 1857 年。现藏于巴黎的奥赛美术馆。

《拾穗者》描绘了法国一个普通农庄秋收后的景色。画面中有三位农妇正弯腰捡拾收割过后地里留下的麦穗。该画生活气息浓厚，人物形象真实生动。画面呈现一幅金黄色的调子，色调温暖明快。笔法写实，画风朴素，体现了画家米勒对当时法国农村生活的深刻感受，是典型的现实主义艺术风格代表作。

1849 年，米勒为了躲避在巴黎肆虐的瘟疫，携家人迁居到巴黎郊区枫丹白露附近的巴比松村，从此开始了他的农村生活。也因此，农民开始走进米勒的画面。在他之前，画家们一般都是以描绘上层社会的贵族生活为主，没有人直接把画笔对准农民。米勒则不同，他一反过去的传统，直接描绘眼前普通农民的现实生活。米勒这种不加粉饰地描绘现实生活的绘画，被称为绘画中的现实主义。

作品 3 《日出·印象》

图 7-10 《日出·印象》

《日出·印象》是法国印象派画家克劳德·莫奈（Claude Monet，1840—1926 年）于 1872 年在勒阿弗尔港口创作的一幅写生风景油画。画作描绘了刚从沉睡中醒来的勒阿弗尔港口，初升的太阳冉冉升起，晨雾弥漫，水波荡漾，人们开始忙碌起来的港口景象。由于画作一反西方油画传统严谨的造型，画展在开幕的时候被批评家讽刺地说是一群印象主义。这也是印象主义画派名称的由来。

我们从画面上可以看到，画家用极其敏锐的眼光捕捉瞬息万变的大自然光色的超强能力。美妙的光色的变幻与水的运动共同构成一幅迷人的画面，画家轻快跳跃的笔触，随着光色在宽阔的海面上轻快活泼地跳跃着。这与中国传统的写意画似乎有着某种神似。这件作品也是画家莫奈的代表作，是印象派具有里程碑意义的重要作品。

作品 4 《星月夜》

图 7-11 《星月夜》

文森特·梵·高（Vincent Willem van Gogh，1853—1890年），后印象派三位伟大画家之一，在世时并不为世人所重视，去世后却身价倍增。他留下了一批震惊世人的画作，如《向日葵》《播种者》《星月夜》《麦田上的乌鸦》等。他独特的人生经历和非凡的艺术天赋吸引了无数研究者和艺术爱好者的目光，谱写了艺术史上最富于传奇和魅力的一章。

梵·高出生于1853年3月30日荷兰乡村津德尔特的一个新教牧师家庭，早年做过银行职员和商行经纪人，当过矿区传教士，最后投身绘画。他早期受到荷兰传统绘画及法国写实主义画派的影响，画风写实。1886年，他来到巴黎，结识印象派和后印象派画家，并接触到日本浮世绘的作品。他的画开始由早期的沉闷、昏暗而变得简洁、明亮和色彩强烈。1888年，他来到法国南部小镇阿尔。梵·高的疯病时常发作，在神志清醒时他仍然坚持作画，1890年7月，他在精神错乱中开枪自杀，年仅37岁。其穷困潦倒而又充满戏剧性的一生，与其艺术个性和艺术风格的形成关系密切。《星月夜》造型简明有力，色彩强烈单纯，笔法旋转狂放，呈现了艺术家激烈的心理状态和独特的艺术世界，是梵·高的代表作之一。

作品5　《格尔尼卡》

图7－12　《格尔尼卡》

《格尔尼卡》是西班牙立体主义画家巴勃罗·毕加索（Pablo Picasso，1881—1973年）于20世纪30年代创作的一幅巨型油画，长7.76米，高3.49米，现收藏于马德里国家索菲亚王妃美术馆。

1937年初，毕加索接受西班牙共和国的委托，为巴黎世界博览会的西班牙馆创作一幅装饰壁画。毕加索以法西斯纳粹轰炸西班牙北部巴斯克的重镇格尔尼卡、残暴杀害无辜百姓的事件为题材创作了这幅大型装饰壁画。此画运用立体主义、超现实主义表现手法，采用了变形夸张和象征性手法。画面中出现了尖叫的女人、燃烧的房屋、死去的婴孩、惊恐万状四处逃散的人们，气氛混乱而紧张。画家通过单纯的黑、白、灰营造出低沉悲凉的氛围，渲染了画面的悲剧色彩，表现了法西斯战争给人类带来的灾难，从而控诉了法西斯战争惨无人道的暴行。

作品 6 《伏尔加河上的纤夫》

图 7－13 《伏尔加河上的纤夫》

《伏尔加河上的纤夫》是俄国批判现实主义画家伊利亚·叶菲莫维奇·列宾于1870—1873 年间创作的一幅油画，现收藏于圣彼得堡俄罗斯博物馆。该画描绘了在伏尔加河畔奋力拉纤的一群纤夫，以批判现实主义的态度，反映俄国纤夫的苦难生活，同时表达了画家对下层人民群众的深刻同情。

作品 7 《瑞鹤图》

图 7－14 《瑞鹤图》

《瑞鹤图》是北宋宋徽宗赵佶“御制御画并书”的难得珍品，现藏于辽宁省博物馆。卷后有作者用瘦金体留下的一段关于此画创作动机的记叙以及为此画特作的诗文。

《瑞鹤图》技法精妙，造型考究，色彩明丽，构图大胆，追求韵致，体现了北宋时期绘画艺术上很有特点的审美趣味。

作品 8　《自嘲》

图 7－15　《自嘲》

《自嘲》是漫画家廖冰兄创作于 1979 年的自画像。廖冰兄，原名廖东升，广西象州人，1915 年 10 月出生在广州城北的“贫民窟”，毕生从事漫画创作。画中冰兄被禁锢在一只形制巨大的土制陶瓮中，陶瓮裂开分为两半，现出作者扭曲变形了的身躯。由于久缩瓮中，瓮破之时，竟然已与浇铸一般，冰兄的身躯成了陶瓮的铸件，与陶瓮形状一模一样，早已定型，真叫人惊叹。冰兄神情呆滞，两眼发直，缩项屈肢抱成一团，与原始社会的屈肢葬相若。可悲的是，冰兄在瓮破之际，竟似丝毫没有察觉，神经似乎已经麻木，默然发呆，惶惑茫然，瑟瑟缩缩，噤若寒蝉，没有反应。虽然形象滑稽可笑，但却叫人笑不出来，反而叫人唏嘘，令人嗟叹，引发人们的深思，叫人不禁悲从中来。这是由于漫画家长期被禁锢在陶瓮中的结果。这只粗陶瓮，不仅是传统文化的窠臼，更是当时极“左”思想的桎梏。画作表达出了当时整整一代人想表达而没有表达出来的心声。

廖冰兄在《自嘲》上写着“自嘲”“并嘲与我相类者”。

廖冰兄用他的漫画特有的幽默和辛辣，把深深的痛楚一带而过，令人忍俊不禁，却又笑中带泪。漫画尺幅不大，但可以令目睹者心灵为之一震。这就是漫画的力量。

作品 9　《飘逝》

图 7－16　《飘逝》

《飘逝》创作于 1985 年，是华南师范大学美术学院原院长、教授、博士生导师林钰源的一件“意象”绘画作品。画面可以看作是描绘了一个北方初冬的景色，但它不是一个客观存在的景色，而是一个人的心境，是一个了无生气、落寞、孤寂心境的视觉意象。画中一片寸草不存的焦褐土地，中央一个死白的水塘，边上几棵枯叶凋尽的孤木；没有人影，没有虫鸣，没有纹丝的风。该画由一个水塘、一片土地、几棵枯树共同构成了一个秋去冬来的意象，表现光阴的流转、季节的轮换，使人们对充满生机季节的悄然逝去和令人沮丧的季节的来临发出“光阴易逝、生命苦短”的深深感喟。

“意象”，是一种“观念的形式”。画家在动笔作画之前，孤寂、落寞、失落已经在画家心中，使其生成一个北方初冬景色的具体画面。画面的生成过程与一个台风在海上形成的过程极其相似。“意象”明显具有中国传统绘画的东方美学特征。“意象”毋庸置疑是中国美学重要的审美范畴之一。

思考与探究

1. 试论写意、意境、意象、境界之间的联系与区别。
2. 如何从中国画看东方美学的神韵。
3. 论美术的社会功能。

阅读参考书目

1. 王朝闻. 中国美术史［M］. 济南：齐鲁书社，2000.
2. 苏立文. 中国艺术史［M］. 徐坚，译. 上海：上海人民出版社，2014.
3. 潘天寿. 中国绘画史［M］. 上海：上海美术出版社，1983.
4. 贡布里希. 艺术的故事［M］. 范景中，译. 南宁：广西美术出版社，2011.
5. 李泽厚. 美的历程［M］. 北京：文物出版社，1981.

第八章 书法艺术欣赏

第一节 书法艺术的性质特征

一、什么是书法艺术

所谓书法，即用毛笔书写汉字的方法，主要讲究执笔、用笔、点画、结体、章法等方法，是我国特有的一种传统艺术。一般而言，汉字起源的传说有结绳说（见图8－1、图8－2）、八卦说、图画说（见图8－3、图8－4）、仓颉造字说（见图8－5、图8－6）等。

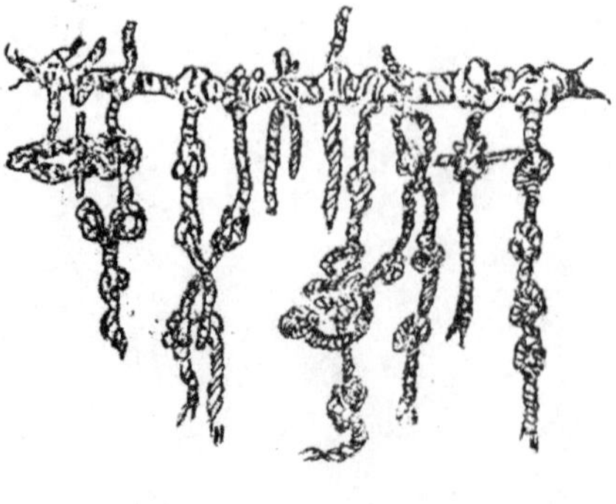

图8－1 结绳记事

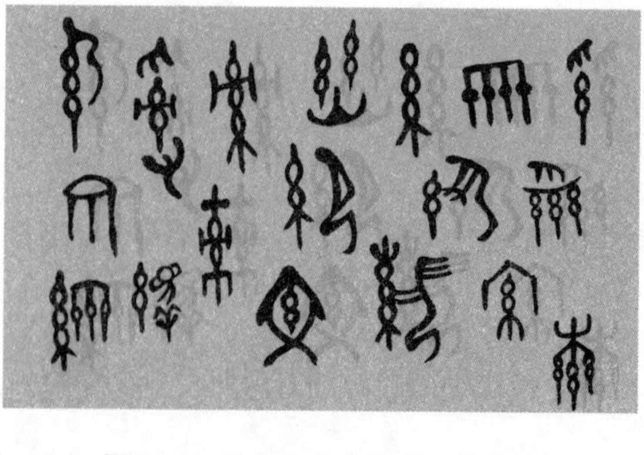

图8－2 结绳在文字中留下的痕迹

图 8－3　刻画符号

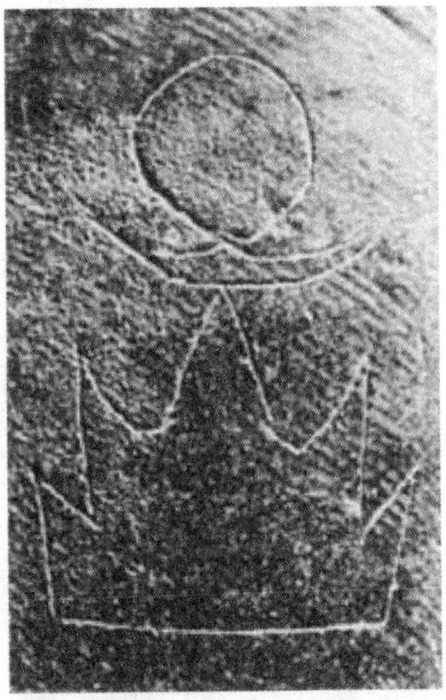

图 8－4　大汶口陶尊刻画符号

图 8－5　仓颉像图

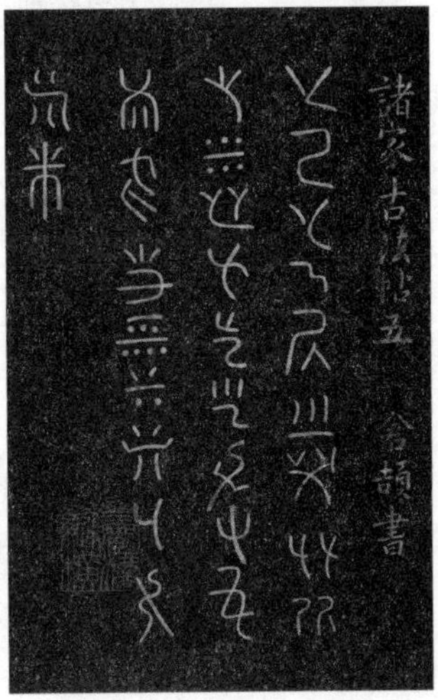

图 8－6　《淳化阁帖》所载“仓颉鸟迹书”

中国的汉字已有几千年的历史，是至今仅存的世界上最古老的文字。它的形体演变的总趋势是由繁到简，其演变的过程大略可以分为古文字和今文字两大阶段。古文字主要包括甲骨文和金文，主要指的是秦以前的文字。

甲骨文（见图 8－7）是龟甲、兽骨文字的简称，全称“龟甲兽骨文字”，也称“龟甲文”“卜辞”“占卜文字”“契文”“殷契”等，是我国目前发现文字中最早的系统文字。

图 8－7　甲骨文

甲骨文中的图画文字很多，凡实物有形可画者大都用图形表示。“象形者，画成其物，随体诘诎，日月是也”。但图画式文字已经和图画有了很大的差别，它是将客观图形经过典型化、抽象化后形成的（见图 8－8）。

图 8－8　十二生肖的甲骨文

甲骨文之后，又出现了新的字体，这种字体多铸在青铜器上，因为青铜在古代又称为“吉金”，故又把它称为金文。这种字体盛行于西周，其产生时代和甲骨文相差无几，但与甲骨文相比，它的成熟度已大大提高。

秦始皇统一中国后，实行“书同文”“车同轨”政策，文字的统一使汉字的笔画和结构得到定型，奠定了中国汉字的“方块形”基础（见图8－9）。如秦丞相李斯书写的《峄山刻石》（见图8－10）就是秦朝时期使用的标准官方文字。古文字阶段的字体除了以上所说的外，还有古文、大篆、秦隶等。

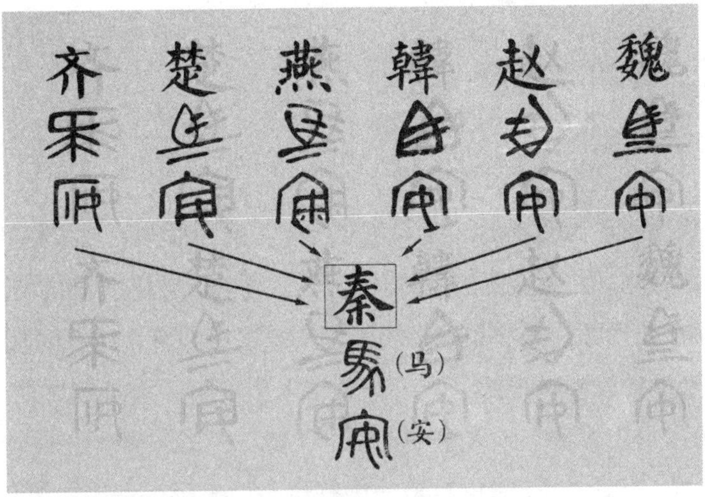

图8－9 战国时期文字“马”“安”的不同写法

图8－10 李斯的《峄山刻石》

文字由篆书演变为隶书而产生的变化，我们称之为隶变。隶变后的汉字形体和原来的古文体系有了明显的差异。它是中国文字发展上的一个重要的转折点，从此之后，汉字进入了今文字阶段。在隶书演变的过程中，逐渐产生了楷书、草书、行书三种不同的字体。

二、书法艺术的审美特征

1. 象形性

汉字的字形是以象形为基础的。我们现在所能看到的最早的较成熟的汉字是甲骨文。其中象形文字比例很高，“画成其物，随体诘诎”是象形文字共同的特点。正如鲁迅先生所言：“他们早就将形象改得简单，远离了写实。篆字圆折，还有图画的余痕，从隶书到现在的楷书，和形象就天差地远。不过那基础未改变，天差地远之后，就成为不象形的象形字。”例如“月”字像一弯明月的形状，“龟”字像一只龟的侧面形状，“马”字就是一匹有马鬣、有四腿的马，“鱼”是一尾有鱼头、鱼身、鱼尾的游鱼，“艹”（草的本字）是两束草，“门”字就是左右两扇门的形状。而“日”字就像一个圆形，中间有一点，很像我们在直视太阳时，所看到的形态。古老的象形字是一种表形的文字。“象物之形”，这种方法具有很大的局限性。且不说抽象的意义无形可象，就是具体的东西，也不是都可以“象形”出来的。用这种方法构造汉字没法满足记录语言的需要，汉字由表形向表意发展，于是指事字和会意字应运而生。

李泽厚先生指出：“汉字是以‘象形’、‘指事’为本源。‘象形’有如绘画，来自对对象概括性极大的模拟写实。然而如同传闻中的结绳记事一样，从一开始，象形字就已包含有超越被模拟对象的符号意义。一个字表现的不只是一个或一种对象，而且也经常是一类事实或过程，也包括主观的意味、要求和期望。……以后，它更以其净化了的线条美——比彩陶纹饰的抽象几何纹还要更为自由和更为多样的线的曲直运动和空间构造，表现出和表达出种种形体姿态、情感意兴和气势力量，终于形成中国特有的线的艺术。”①

2. 方正性

从甲骨文开始，到小篆的修长，汉隶的扁方，楷书的正方，不管汉字的形体发生了

---

① 李泽厚. 美的历程［M］. 北京：文物出版社，1981：65.

如何变化，都基本局限在一个方形框架之内，每一个汉字都显示其方正的平面形，从而表现出了一种整齐划一的美来。汉字在笔画的基础上构成了偏旁、部首等，然后有机地组成汉字。由于笔画的丰富，一笔之内笔画与笔画之间的分割与搭接，使得整个方块内部又充满变幻莫测的参差之美。黄源先生在《书法讲座》一书中认为：中国汉字具有两个特色："一、方块字，不论字符的繁简，都占有相同的近似方块形面积；二、由多个形符组成的复合字，书写时有笔顺的先后次序。各字符在这有限的近似方块形面积内，如何恰当的安排，就发生笔顺先后和各字符间的借让问题。"①

西方文字大多是表音文字，用表音字母拼成，一个词可以是一个字母，也可以由二十多个字母所组成，要么所占面积很小，要么所占面积为像一条长绳，字母的连接是一个字母接着一个字母组成，产生不了复杂的笔顺先后、借让及搭配等问题，所以很难出现像中国式的书法艺术。

3. 表意性

远在5 000年前的新石器时期，中华民族就有了自己的文字，和其他民族一样，已经创立的文字不断向前发展。中国的文字走向了以形符表意，其他民族则向表音文字发展。表意文字的优点，在于能将不同语种的各民族，以及各民族的不同语言统一起来。尽管语种不同，方言多样，只要用汉字写出来，对方立即能理解是怎么回事。由于汉字成熟较早，很快就形成了中华民族的通用文字，称为中国字。中国幅员辽阔，是一个多民族国家，语言相当复杂。然而政令、通信等方面能畅通无阻，中国字的这种表意性，发挥了极大的作用。

汉字能够通过形符和声符同人类与世界建立起直接的联系，人们可以通过理性分析其字的造型直接得出丰富的文化信息，达到"识而见意"。通过汉字的字形，我们可以了解到先民的文化智慧，观察到古代中国人的生活方式、思维习惯、宗教信仰、审美观念、哲学思想等。

---

① 黄源. 书法讲座［M］. 桂林：广西师范大学出版社，2007：3.

第二节　书法艺术作品欣赏

一、书法艺术欣赏要领

白蕉先生曾经说过，学习的标准，就是欣赏的标准。学习书法先从基本的点画开始，然后进入到结体，最后归结为章法布局。对于书法欣赏而言，点画、结体、章法还只是完成了书法欣赏的表面，我们还应该通过这些可视的笔象阶段进入笔意，进而到达笔境，完成书如其人的整体判断，真正的欣赏才得以完成。

1．感知笔象

笔象是进入书法学习与欣赏的基础，是打开笔意之门的钥匙。何谓象，《周易·系辞》有言："子曰：书不尽言，言不尽意。然则圣人之意，其不可见乎？圣人立象以尽意，设卦以尽情伪，系辞焉以尽其言，变而通之以尽利，鼓之舞之以尽神。"宋朝胡瑗的《周易口义》有言："夫言圣人因拟度万物之形容，以象万物之所宜，是故谓之象。"刘熙载在《书概》中说："圣人作《易》，立象以尽意。意，先天，书之本也；象，后天，书之用也。"《周易·系辞》说："在天成象，在地成形，变化见矣。"又说："见乃谓之象，形乃谓之器，制而用之谓之法。"可见，象具有形象的基本含义，也具有动词"像"之含义，"象万物之所宜"。与形而言，象比形高一个层次。象在天，形在地；象隐于内，形显于外；象概括，形具体。象与形而上的"道"相通，形与形而下的"器"相连。在《艺术与视知觉》一书中，美籍德国心理学家、艺术理论家阿恩海姆所说的"形状"与"形式"的关系倒有点类似我们所说的"形"与"象"之关系。他认为："形状，是被眼睛把握到的物体的基本特征之一，它涉及的是除了物体之空间的位置和方向等性质之外的外表形象。换言之，形状不涉及物体处于什么地方，也不涉及对象是侧立还是倒立，而主要涉及物体的边界线。"① "所有的形状都应该是某种内容的形式。"② 所谓笔象，就是书法所展现出来的一切可视的视觉形象的内在形式的综合，是在汉字形象基础上的抽象与概括。在中国的书学理论中，蔡邕第一次把"形"和"象"作为美学范

① 阿恩海姆．艺术与视知觉［M］．腾守尧，朱疆源，译．成都：四川人民出版社，1998：56．
② 阿恩海姆．艺术与视知觉［M］．腾守尧，朱疆源，译．成都：四川人民出版社，1998：115．

畴提出来。“为书之体，须入其形，若坐若行，若飞若动，若往若来，若卧若起，若愁若喜，若虫食木叶，若利剑长戈，若强弓硬矢，若水火、若云雾、若日月、纵横有可象者，方得谓之书矣。”形是外在的形状，而象指的是内在富有生命力的形式。笔象是书法审美的基础，它包含了点画之象、结构之象、章法之象、墨象四个重要概念。它以字形为基础，笔法为核心。任何一个汉字均是由笔画和构架所组成，我们姑且称之为字形。印刷体中的字形是没有生命力的，就如同一个没有生命力的塑料模特一样，骨架已经停匀，个人意味还远远不够，没有美感可言，因为美感产生的条件不仅仅在于字形，还在于笔意的出现。我国著名美学家朱光潜认为美是主客观的统一，认为美既不全在物，也不全在心，而在于心物的关系上。如一株梅花，它本身只是美的条件，还必须加上观赏者的情趣，才成为美。在论证他的主张时，朱光潜提出了“物”（“物甲”）和“物的形象”（“物乙”）的区分。美感的对象是“物的形象”而不是“物”本身。“物的形象”是物在人们既定的主观条件（如意识形态、情趣等）的影响下反映于人的意识的结果。这“物的形象”就其为对象来说，它也可以叫作“物”，不过这个“物”（姑且简称为“物乙”）不同于原来产生形象的那个“物”（姑且简称为“物甲”）。[①] 对于书法的审美而言，汉字的字形就像朱光潜先生所说的物甲，是自然物，是普通而一般的概念而已，它是有缺陷而不生动的。就如同我们所说的桌子，这一概念大家都一样明确，但是具体到某一匠人所做的桌子形象，则可能千变万化，极为生动而具体了。如果说汉字的字形是“物甲”的话，笔象则就是“物乙”，它是在汉字的构架上加上人的主观条件的影响而产生的，换句话说，就是个人通过笔法的训练之后所呈现出来的笔象，才是书法美感产生的基础，才是书法审美观照的对象。这时的笔象既带有书写者的个人实践，也带有观赏者的情趣。对这种情趣的把握就是书法欣赏的第二个层次——笔意。

2. 把握笔意

笔意就是由于书法家的个人实践在笔象中产生的意趣与情调。对于个人而言，具有笔意的书法作品，笔画之间相互呼应，字与字之间管领应接，整幅作品生机盎然。这就是古人所谓的“气韵生动”。这种“气”就是生机，它通过笔法中的轻重快慢形成的一种节律感而体现。它是理解了笔法之后，通过个人对笔法、字法、章法、墨法的个人体验而呈现出来的一种对笔势、笔意的独到选择。沈尹默的《书法论》有言：“笔法是任何一种点画都要运用着它，即所谓‘笔笔中锋’，是必须共守的根本方法；笔势乃是一

① 朱光潜. 朱光潜合集：第5卷［M］. 合肥：安徽教育出版社，1987：43.

种单行规则，是每一种点画各自顺从着各自的特殊姿势的写法。”[①] 法字含有定局的意思，是不可违反的法则。势则处于活局之中，它在一定的法则下，因时地条件不同，就得有所变易。形是静止的，势是活动的，形是由变化往来的势交织而成的。凡实的形都是由虚的势所往来构成的。点画虽千姿百态但不能离开“势”，“意”就是有“意味”，由一定的“势”所呈现出的“有意味的形式”。著名美学家邓以蛰先生提出：“无形自不能成字，无意则不能成书。”[②] 这句话里的形，就是带有了个人情感的笔象，它既将书法与汉字区别开来，又指出了书法艺术的灵魂就在于笔意的营造。

由“象”走向“意”的中介便是“势”。“阴阳既生，形势出矣”。形与势常常是联系在一起的。[③] 康有为在《广艺舟双楫》中说：“古人论书，以势为先。中郎曰‘九势’，卫恒曰‘书势’，羲之曰‘笔势’盖书，形学也。有形便则势，兵家重形势，拳术亦重扑势，义固相同”。[④] 简言之，就是书法之“法”所呈现出的笔法、字法、章法是静止的形态，它是机械的、无趣的。要赋予生命和意趣就必须靠“势”“意”来完成。有势就有生命力、感染力。势分笔势和字势，笔势来自于线条本身的活跃力和线条的矛盾关系，主要靠呼应、起伏、提按来完成。字势是指字体之势，可以分为个体风格与群体风格两种。从个体风格的角度而言，每种字体均有不同的势，如卫恒的《四体书势》。康有为云，“书学与治学，势变略同。周以前为一体势，汉为一体势，魏、晋为一体势，皆千数百年一变；后之必有变也，可以前事验之也”，指的就是字体体势的时代特征与群体风格。[⑤]

正如沈尹默所言：“要离开笔法和笔势去讲究笔意，是不可能的一件事情。从结字整体上看，笔势是在笔法运用纯熟的基础上逐渐衍生出来的；笔意又是在笔势进一步相互联系，活动往来的基础上显现出来的，三者分而不分地具备在一体中，才能称之为书法。”[⑥] 笔象与笔意的结合，使得书法这一概念立刻鲜活起来。但是经典的书法作品，光有这二者还不够，还必须具有一定的风格，最终产生意境，这种境界我们姑且称之为“笔境”。

---

① 沈尹默．书法论丛［M］．上海：上海教育出版社，1979：12.
② 邓以蛰．邓以蛰全集［M］．合肥：安徽教育出版社，1988：167.
③ 蔡邕．九势［M］//历代书法论文选．上海：上海书画出版社，1979：6.
④ 康有为．广艺舟双楫［M］//历代书法论文选．上海：上海书画出版社，1979：845.
⑤ 康有为．广艺舟双楫［M］//历代书法论文选．上海：上海书画出版社，1979：753－754.
⑥ 沈尹默．书法论丛［M］．上海：上海教育出版社，1979：17.

3. 体会笔境

笔境是在笔格的基础上产生的。笔格指的就是书法风格，一般是指作品形式构成的审美效果，是一种风采、品格、格调特色。具体而言，就是指书法家将其所掌握的字体及其运笔、结体的个性等通过书写而显示出的个人特色。它是书法家才识、修养、功力的整合反映。从书法欣赏的角度而言，我们可以把书法的风格简称为“笔格”。书法作品的形式面目是“笔格”表现的集中点，书法家主体的精神修养则是“笔格”的灵魂。书法欣赏活动中的“直观感知”侧重的就是对于“笔格”的“形式”层面上的把握。

书法风格大体可以归结为阴柔和阳刚两大类型。“大抵阳刚者气势浩瀚，阴柔者韵味深美；浩瀚者喷薄而出之，深美者吞吐而出之。”① 概而言之，阳刚之美如雄浑、豪放、峭拔、俊健、刚劲、壮丽、粗率、古朴、老辣等，阴柔之美如含蓄、婉约、飘逸、平和、淡雅、醇和、圆熟、丰润、高远等。

意境理论是我们中国美学的一个根本性的问题，也是中国人追求的人生目标与灵魂，甚至可以说是中华文化生生不息的一条基本血脉。“意境”概念自唐代的王昌龄首次提出后，讨论“意境”的著述比比皆是。到了近代，作为中国意境理论的集大成者和终结者，王国维更是标举“意境”说，由前人的风格论、技巧论、趣味论一变为本质论，从而对“意境”范畴做了全新的发挥。受王国维的影响和启发，朱光潜、宗白华也都标举“意境”说。宗白华说：“以宇宙人生的具体为对象，赏玩它的色相、秩序、节奏、和谐，借以窥见自我的最深心灵的反映；化实景而为虚境，创形象以为象征，使人类最高的心灵具体化、肉身化，这就是‘艺术境界’。”② 书法的境界称为“笔境”，可以分为三个层次。唐朝的孙过庭在《书谱》中曾言：“初学分布，但求平正；既知平正，务追险绝；既能险绝，复归平正。初谓未及，中则过之，后乃通会之际，人书俱老。仲尼云五十知命也七十从心，故以达夷险之情，体权变之道，亦犹谋而后动，动不失宜，时然后言，言必中理矣。”③ 清朝的刘熙载在《书概》中曾言：“学书者始由不工求工，继由工求不工。不工者，工之极也。《庄子·山木篇》曰：‘既雕既琢，复归于朴。’善夫!”④

境界与风格往往是联系在一起的，正如王国维所说“有境界则自成高格”。汉字体势等形式面目首先表现出来的是笔格，笔格上了一定的层次，即书法家具有了一定的审

---

① 曾国藩. 求阙斋日记类钞卷下［M］. 传忠书局，1876：6-7.

② 宗白华. 美学散步［M］. 上海：上海人民出版社，1981：59.

③ 孙过庭. 书谱［M］//历代书法论文选. 上海：上海书画出版社，1979：129.

④ 刘熙载. 书概［M］//历代书法论文选. 上海：上海书画出版社，1979：714.

美修养，并在作品中得到了比较充分的反映后，那么，这样的书法作品便显示出了一定的境界，即具有了“笔境”。换句话说，笔格通过笔法而呈现出的形质而展现，一定的笔格就会显示一定的笔境，笔境反映的是书法家笔格所达到的高度，它表露的不再是客观景象，而是作者自身的内心精神境界。

例如，宋朝的朱长文在《续书断》中赞颜真卿，他说：“其发于笔翰，则刚毅雄特，体严法备。如忠臣义士，正色立朝，临大节不可夺也。扬子云以书为心画，于鲁公信矣。”① 这前面一句是说颜书特有的书写风格，即笔格；后面一句则是讲由其特定风格派生的、显示出来的艺术境界，即笔境。

笔境与笔格既有联系，又有区别。笔格对于作者而言，如果低俗，其笔境也必定浅薄，它们之间是呈正比的，这是联系。其区别则是，笔格可有新旧，可有时代、地域之影响，但笔境没有新旧、地域、时代之别，只有层次上的高低雅俗之分。影响笔境的是作者的审美，是作者的思想。

综上所述，笔象是书法的基础，包含了点画之象、结构之象、章法之象、墨象四个重要概念，它以字形为基础，笔法为核心；笔意则是由笔象之门进入笔境的中介，包含了笔势与笔意两个重要概念，它以笔力为基础，笔势为关键；笔境则是体会书法美妙的最终密码，由笔意与笔格两个概念组成，以笔意为基础，笔格为关键，象意交融的结果就产生了笔境。如果理解了以上观念，书法的审美便得以完成。

二、经典书法艺术作品欣赏

对于书法艺术作品的欣赏，因为个人的喜好及时代的审美趣味而变得复杂，很难达到一个统一的观点，但欣赏作为一种书法技能的重要组成部分之一，它与创作过程同样重要，书法家的创作过程可以让我们懂得如何选择合适的内容及字体以及创作的幅式，书法欣赏则是对书法创作过程的复原、评价与品味。例如，篆书的婉通，隶书的势险，楷书的端庄，行草的流畅等，这些均是从字体的角度谈到的书法的个别之美。如果我们把书法放在中国传统文化的核心这一角度，从更深层次的社会文化环境乃至一个民族的文化哲学角度来认识书法，将会是另一番境界。

我们知道，审美活动不能脱离特定的社会文化环境。因此，不同的社会文化环境会

---

① 朱长文. 续书断 [M] //历代书法论文选. 上海：上海书画出版社，1979：324.

发育出不同的审美文化。不同的审美文化由于社会环境、文化传统、价值取向、最终关切的不同而形成自己的独特的审美形态。我们知道，同一个艺术家创造的一系列意象世界，往往会显示出一种相同的色调、相同的风貌，我们称之为“艺术风格”。审美形态就是在特定的社会文化环境中产生的某一类“大风格”。而审美范畴则是这种“大风格”的概括和结晶。在中国文化史上，艺术风格呈现出极其丰富多彩的状态。司空图的《二十四诗品》列出“雄浑”“冲淡”“纤秾”“疏野”“清奇”等二十四种“风格”。后来的许多画品中也有这种风格的分类。但这些概念多数还不能称为审美范畴，因为它们还称不上是文化大风格。在中国文化史上，受儒、道、释三家影响，也发育了若干在历史上影响比较大的审美意象群，形成了独特的审美形态（大风格），从而结晶成独特的审美范畴。例如，“沉郁”概括了以儒家文化为内涵、以杜甫为代表的审美意象的大风格；“飘逸”概括了以道家文化为内涵、以李白为代表的审美意象的大风格；“空灵”则概括了以禅宗文化为内涵、以王维为代表的审美意象大风格。①

作品1　《祭侄文稿》

《祭侄文稿》是唐代书法家颜真卿于唐乾元元年（758年）创作的行书纸本书法作品，现收藏于中国台湾台北“故宫博物院”。该作品体现了一种沉郁之美。

沉郁的文化内涵就是儒家的“仁”，也就是对人世沧桑的深刻体会和对人生疾苦的深厚同情。从这一角度来看，儒家哲学可以称为情感哲学，而儒家的情感哲学用一个字来形容，那就是“仁”。清代文学评论家陈廷焯在《白雨斋词话》中说：“唐五代词，不可及处正在沉郁。”“宋词不尽沉郁，……然其佳处，亦未有不沉郁者。”唐宋词这些“沉郁顿挫”的作品，其内涵就是“忠爱之忱”，这种带有哀怨郁愤的情感体验，来自于对人和天地万物的同情、关切、爱。又由于这种哀怨郁愤极其深切浓厚，因而这种情感体验能够升华成为温厚和平的淳美意象。沉郁之美，也是一种“淳美”。沉郁的另一个特点就是有一种人生的悲凉感，一种历史的苍茫感。因为作者对人生有丰富的经历和深刻的体验，不仅对当下的遭际有一种深刻的感受，而且由此对整个人世沧桑有一种哲理的感受。

《祭侄文稿》，亦称《祭侄赠赞善大夫季明文》。宋米芾称其“世之颜行第一书也”。明代书法家鲜于枢于题跋中评之为天下行书第二，与晋代王羲之的行书《兰亭序》、宋

---

① 叶朗. 美学原理［M］. 北京：北京大学出版社，2009：321.

代苏轼的行书《黄州寒食帖》并称为“天下三大行书”。

《祭侄文稿》追叙了常山太守颜杲卿父子一门在安禄山叛乱时，挺身而出，坚决抵抗，取义成仁，英烈彪炳之事。颜季明，即颜杲卿第三子，颜真卿堂侄。当年其父揭旗反抗，与颜真卿共同声讨安禄山叛乱时，正是由他往返于常山、平原之间传递消息，使两郡联结。其后常山郡失陷，季明横遭杀戮，正当英年，且归葬时已失身躯，仅存头颅。所以，颜真卿挥笔作文之际，抚今追昔，血泪交迸，悲愤交加，颜真卿此文，正义凛凛，有不忍卒读之感。

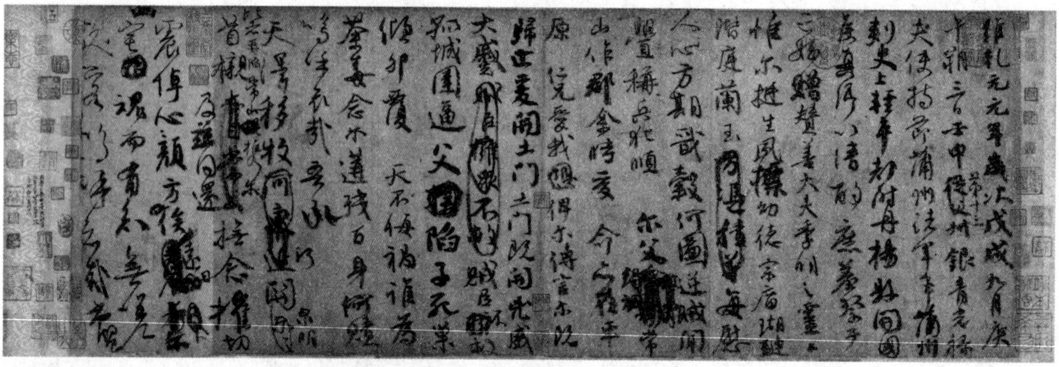

图 8-11　《祭侄文稿》

观乎《祭侄文稿》整篇，线条随情感蜿蜒，空间结构起伏有致，笔触雄浑凝重，顿挫郁勃。通篇淋漓纵横、大气磅礴、雄奇豪宕。正如后人所评，实为鲁公“凝刻心魄、收摄血泪”之作。可以想见当时颜真卿奋笔疾书、情不能自禁之场景。手稿通篇呈现出一种悲壮激越的意境，时而沉重、时而激奋，就像一首无声而大气磅礴的交响曲。

作品 2　《兰亭序》

《兰亭序》是中国晋代书圣王羲之创作的“天下第一行书”，体现了一种飘逸之美。

飘逸的文化内涵是道家的“游”。叶郎先生指出，道家的“游”有两个方面，一是精神的自由超脱。人的精神可以从一切实用利害和逻辑因果关系的束缚中超脱出来。二是指人与大自然的生命融为一体。“道”是宇宙的本体和生命，人达到体道的境界，就是“德”。“游”就是与天和，也就是后来司空图《二十四诗品》中说的“饮之太和”。“游”的这两个内容是互相联系的。人要达到“游”的精神境界，首先必须自由超脱，而这种自由超脱，又必须和“道”融浑为一，即和大自然的生命融为一体。道家的“游”的生命境界，表现为一种特殊的生活形态，就是“逸”。庄子的“以天下为沉浊”

"上与造物者游，而下与外死生，无终始者为友"，就是对"逸"的生活态度的一个说明。魏晋时期，庄学大兴，所以人们都"嗤笑徇务之志，崇盛忘机之谈"，就是要超脱世俗的事务，追求"逸"的人生。这种"逸"的生活态度和精神境界，渗透到审美活动中，就出现了"逸"的艺术。

王羲之的《兰亭序》就属于一种清新自然的飘逸之美。东晋永和九年（353 年）三月三日，王羲之来到兰亭举行"修禊"之典，参加兰亭修禊的共计 42 人，有书法家、文学家，还有社会名流。大家即兴写下了许多诗篇。王羲之为这个诗集写了序文手稿——《兰亭序》。序文可以看出王羲之受老庄思想影响颇深。全文共二十八行、三百二十四字，章法、结构、笔法都很完美。王羲之的行书在当时独树一帜。历代书家都推《兰亭序》为"天下第一行书"。与汉、西晋的其他书法作品相比，《兰亭序》的书法风格最为明显的是用笔的细腻和结构的多变。王羲之以前的墨迹如陆机的《平复帖》、吴皇象的《急就章》虽古拙可爱、平淡冲和，颇见内敛之功，惜无清雅之巧。而存世汉简中虽然有一些笔画跌宕起伏、变化丰富的作品，但它们在结构上又较为散乱而乏丽趣。王羲之综合了两者的优点，形成了技巧丰富和风格华美的特征。

《兰亭序》在用笔上具有两个特征：一是笔画的细腻。《山谷题跋》说："右军笔法，如孟子言性，庄周谈自然，纵说横说，无不如意，非复以常理待之。"如第五行的"映待左右"四字，"映"的右半部分，三个横向笔画切入纸面的角度各不相同，细腻而复杂，横折的开头本来应该是顿笔，但在此处变成了露锋入笔，顿笔移到了折处，下面一横的收笔也是与常人两样，与撇画进行了微妙的连接。"左"字的末尾一横，提按明显，"右"字一横画在起笔部位有一个微小的顿。这样的笔法在此帖中比比皆是，体现出了王羲之对于笔画处理的丰富技巧。二是线形的多变。线形的多变可以"带"为例加以说明。"带"头部四个竖画两直两曲，方向曲度各不相同。从结构来看，虽然整体上看，行轴线比较一致，但是它不甘平正、强调欹侧，不甘对称、强调揖让，不甘均匀、强调对比的特征是一目了然。以"惠风和畅"为例，"惠"字的头部向左倾斜和"心"字重心转向右下角，造成了上下结构之间的一种错位，各部分之间的中轴线由垂直变成了倾斜。而"风"字则利用横画的右上耸起，造成与"惠"字方向恰恰相反的一种效果。"和"字分为左右两部分，左部分长，右部分扁，形成了鲜明的对比。至于"畅"则形成了两个三角形的对立。于是我们在四个字中看到了结构的截然不同，这是王羲之有意为之还是无意如此呢？很难做出肯定的判断。此帖结字妍美、多变，其中共有二十个"之"字，各不相同，由此可以看到王羲之在行书结体上的变化和技巧的丰富。总的说来，整幅作品笔法一致，首尾贯气，行与行之间呈现出一种渐变的相似，非常恰当地反映出了王羲之当时心手双畅的心情，不激不厉，风规自远，偶尔带着一丝淡淡的忧伤，此帖乃为优美的典范，“五合”的结晶。①

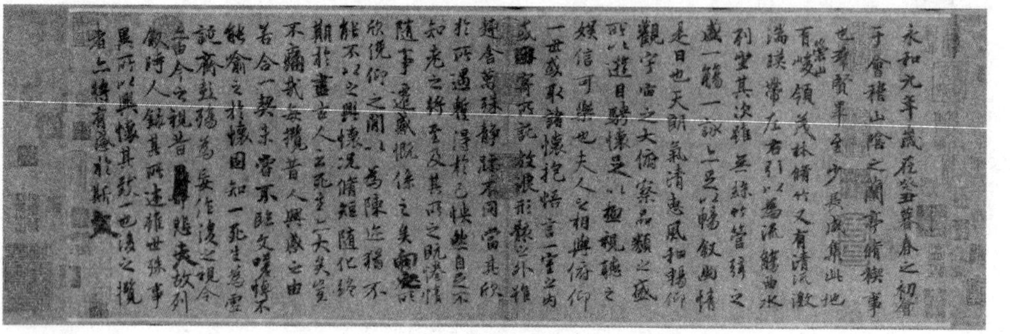

图 8－12　王羲之《兰亭序》

作品 3　《孔子庙堂碑》

《孔子庙堂碑》有数种，以唐朝虞世南所书最为有名，故单称《孔子庙堂碑》多指此碑。

虞世南所书《孔子庙堂碑》体现了一种空灵之美。空灵是禅宗文化“悟”的文化内涵。禅宗讲“悟”或“妙悟”。禅宗的“悟”，并不是领悟一般的知识，而是对于宇宙本体的体验、领悟。《说文解字》有云：“悟，觉也，从心，吾声。”《玉篇》有云：“悟，觉悟也。”佛教传入中国后，“悟”成了一个佛教术语，重新赋予了新的含义。据季羡林先生介绍，佛祖的汉语“佛陀”，在梵文和巴利文中有三个动词与汉文中的“悟”字相当，其中最为重要的一个动词，意思是“醒”“觉”“悟”，另外两个动词的意思是“知道”。佛祖的汉语“佛陀”，在梵文和巴利文中的意思就是：已经觉悟了的“人”“觉者”“悟者”。可见这个“悟”字的重要性。在佛教中，“悟”有两个层次，小乘佛教要悟到的是“无我”或“空”，这悟到的东西都是根本性的东西，是宇宙的本体，也就是中国人讲的“道”。必须悟到这形而上的本体，才叫“悟”或“妙悟”。所以，严格意义上的“悟”或“妙悟”是以形而上的本体为对象的。②“万古长空，一朝风月”。万古长空象

① 吴慧平．书法欣赏新论［M］．长沙：湖南美术出版社，2014：127－128.

② 季羡林．《中国禅宗丛书》代序［M］//黄河涛．禅与中国艺术精神的嬗变．北京：商务印书馆，1994：8.

征着天地的悠悠和万化的静寂，这是本体的静，本体的空。“一朝风月”，则显示出宇宙的生机，大化的流行，这是现实世界的动。

空灵作为一种审美形态，它最大的特点是静。“空灵”是静之美，或者说，是一种“静趣”。

图 8 - 13　《孔子庙堂碑》

虞世南的《孔子庙堂碑》用笔圆融而富有韵味；结构稍长，长而不露，仙风道骨。正如赵宧光在《寒山帚谈》中说：“虞世南用笔第一，正锋善圆，结构善逸”。虞世南楷书结构相对于唐初其他书法家而言，结构感觉较为松散，结构横平竖直。一字之间，笔画之间连接少、故意分离，留下空白，显得空灵、通气，显得特别空阔。这些正好是其在《笔髓论·契妙》中，“心正气和，则契于妙”，“和”即“中”也、“正”也，“冲和之谓道，妙在无为”的思想的体现。比如他常把宝盖的横钩写得稍长为下部留气，包围、半包围结构的字的框型都比较宽，如“宗”“道”“区”等字。对于有些字的撇捺，极为舒展地外拓扩大字内空间，如“金”“秦”等。有些左右结构的字有意拉开距离留下空白，如“孔”“法”等。通过笔画变形、伸缩、调整，使得空白的视觉性大大加强。整体感觉极为空灵、潇洒，富有仙风道骨、潇洒飘逸之美。正如莫云卿所言：“虞书气秀色润，意和笔调，外柔内刚，修媚自喜。”

三、书法艺术作品推荐

作品1 《泰山刻石》

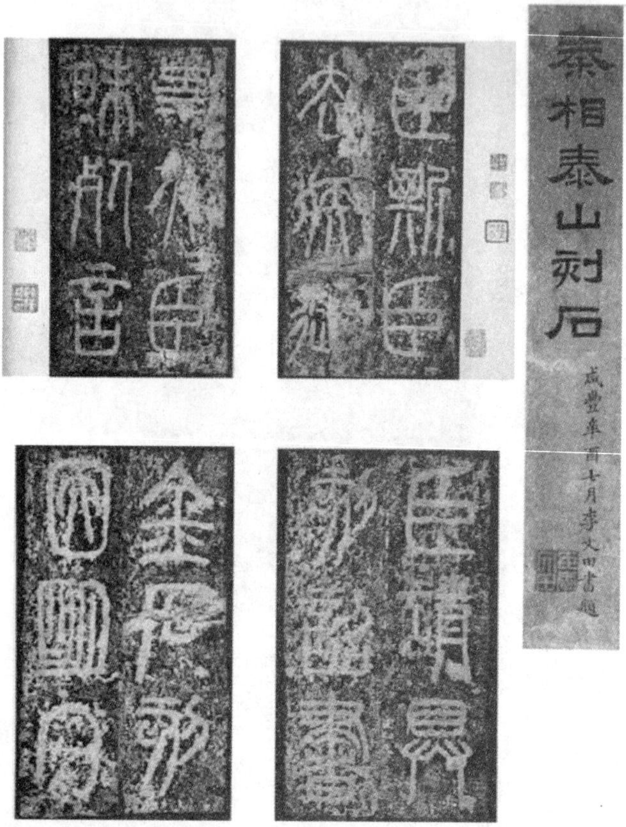

图8－14 《泰山刻石》

《泰山刻石》立于秦始皇二十八年（公元前219年），是泰山最早的刻石。此刻石原分为两部分：前半部是公元前219年秦始皇东巡泰山时所刻，共144字；后半部为秦二世胡亥即位第一年（公元前209年）刻制，共78字。刻石四面广狭不等，刻字22行，每行最多12字，共222字。两刻辞均为李斯所书。现仅存秦二世诏书10个残字，即“斯臣去疾昧死臣请矣臣”，故又称“泰山十字”。线条苍茫厚劲，结体修长，有一种静穆、伟大之感。

作品2　《临石鼓文》

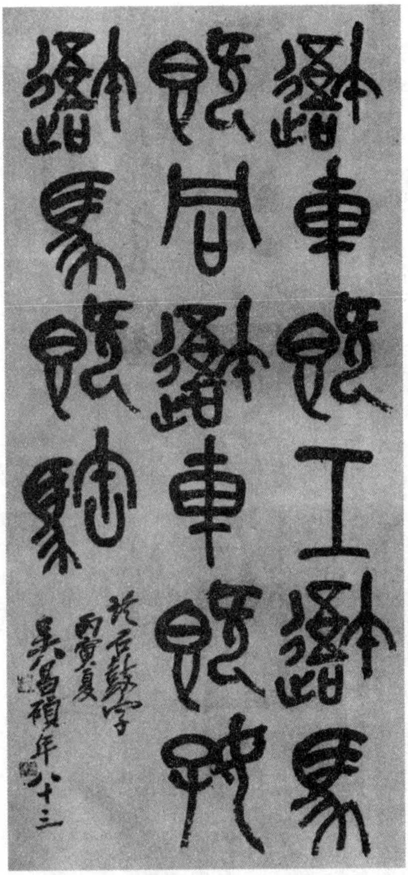

图8－15　《临石鼓文》

《临石鼓文》的创作者吴昌硕是清末著名书画家、篆刻家。原名俊卿，字昌硕，别号苦铁，浙江安吉人。作品诗、书、画、印兼善，能较好地融为一体，对艺术创作主张“出己意”“贵有我”，篆学石鼓文，用笔之法初受邓石如、赵之谦等人影响，以后在临写《石鼓》中融汇变通，把三种钟鼎陶器文字的体势杂糅其间，具有浓厚的自我风格。其艺术风尚对我国近现代画坛影响极大，对日本影响也很大。

作品3 《曹全碑》

图8－16 《曹全碑》

《曹全碑》全称《汉郃阳令曹全碑》，东汉中平二年（185年）十月，由王敞等人镌立，明万历初出土于陕西郃阳（今陕西合阳）莘里村。碑石高253厘米，宽123厘米，隶书，碑阳20行，每行45字，碑阴5列，第一列1行，第二列26行，第三列5行，第四列17行，第五列4行。相传在明代末年，碑石断裂，人们通常所见到的多是断裂后的拓本。1956年该碑被移立陕西西安碑林博物馆。

《曹全碑》是汉代隶书的重要代表作品，在汉隶中此碑独树一帜，娟秀清丽，结体扁平匀称，神采秀美飞动，有“回眸一笑百媚生”之态，实为汉隶中的奇葩。

作品4　《西狭颂》

《西狭颂》，全称为《汉武都太守汉阳阿阳李翕西狭颂》，摩崖刻石，汉代隶书。篆额有“惠安西表”四篆字，故又名《惠安西表》，又称《李翕碑》《李翕颂》，俗称《黄龙碑》。东汉灵帝（刘宏）建宁四年（171年）六月十三日镌刻，现位于甘肃成县天井山鱼窍峡。此石结字高古，庄严雄伟，用笔朴厚，方圆兼备，笔力遒劲。杨守敬评论说：“方整雄伟，首尾无一缺失，尤可宝重。”碑文末刻有书写者“仇靖”二字，开创书家落款之例。

图8－17　《西狭颂》

作品5　《李玄靖碑》

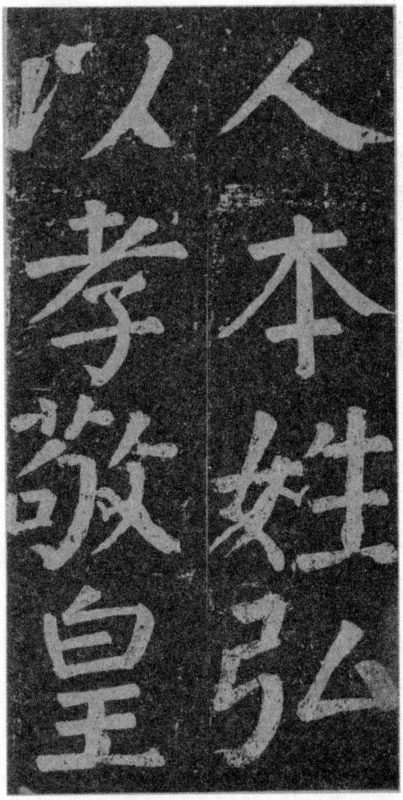

图8－18　《李玄靖碑》

《李玄靖碑》，全称为《有唐茅山玄靖先生广陵李君碑铭并序》。碑原立在江苏句容县茅山玉晨观。据《金石萃编》载：“碑已断裂，约高一丈余，广三尺二寸五分，厚一尺四分。四面刻，前后各十九行，两侧各四行，行皆三十九字，正书。”《李玄靖碑》雄浑壮美，高古苍劲，气势追人，具有篆隶笔意。用笔平正遒婉，圆健浑厚，笔画疏密得当，规整稳定。笔力深沉含蓄，结字开张舒展。正如梁巘《承晋斋积闻录》说的那样：“颜鲁公茅山《李玄靖碑》，古雅清圆，带有篆意，与《元次山碑》相似，乍看去极散极拙，多不匀称，而其实古意可掬，非《画像赞》、《中兴颂》所可及。”

作品 6 《仇公墓碑铭》

图 8－19 《仇公墓碑铭》

赵孟𫖯的书法以楷书和行书最好。《仇公墓碑铭》是其楷书代表作之一，于延祐六年（1319 年）所作，是赵孟𫖯晚年力作。卷高 37.2 厘米，共 139 行，满行六字，并篆题引首“有元故奉议大夫福建闵海道肃政廉访副使仇府君墓碑铭”24 字，其中“建闵海道肃政廉访”八字原已损缺，系后人为之补书。该帖运笔方整有力，遒丽老健，一笔不苟，骨气深稳，法度严谨，飘逸秀逸，与常见赵书的妩媚甜润拉开了很大的差距。

作品 7 《丧乱帖》

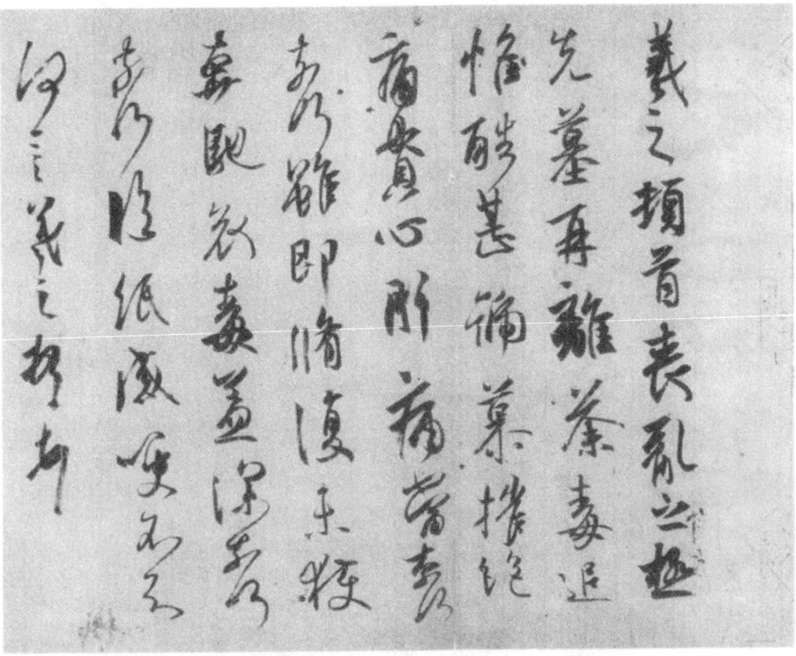

图 8－20 《丧乱帖》

《丧乱帖》是东晋书法家王羲之创作于东晋永和年间的行草书法作品，面目近于《频有哀祸帖》，然转折更为圆活流纵，字侧仄更甚，墨色枯燥相间而出，至纸末行笔更为快疾。可以想见作者当时啜泣难止、极度悲痛之情状。

作品 8 《黄州寒食诗帖》

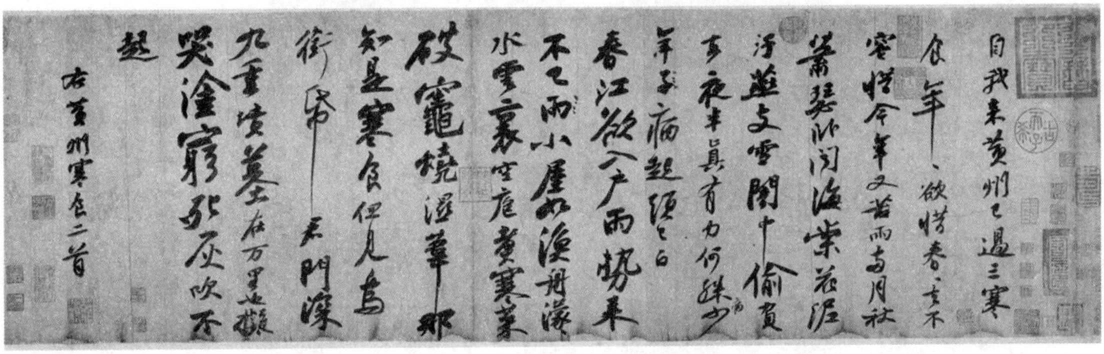

图 8－21 《黄州寒食诗帖》

《黄州寒食诗帖》，纸本，25 行，共 129 字，是苏轼行书中的代表作，为苏轼被贬黄州第三年的寒食节所书。诗写得苍凉多情，表达了苏轼惆怅孤独的心情。通篇书法起伏跌宕、光彩照人、气势奔放，而无荒率之笔。《黄州寒食诗帖》在书法史上影响很大，被称为“天下第三行书”，也是苏轼书法作品中的上乘之作。正如黄庭坚在此诗后所跋：“此书兼颜鲁公，杨少师，李西台笔意，试使东坡复为之，未必及此。”

作品 9 《书谱》

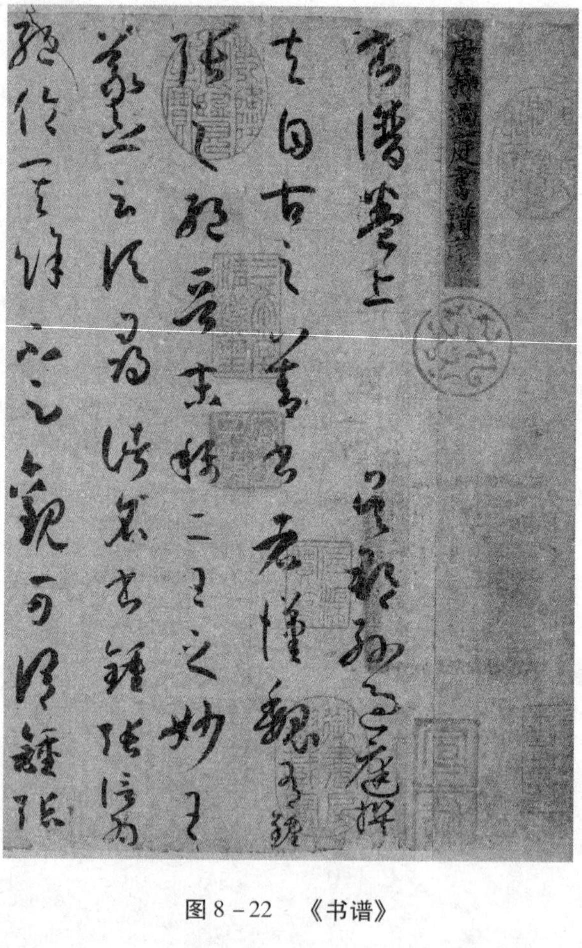

图 8－22 《书谱》

《书谱》是学习草书不可或缺之作。作者孙过庭，名虔礼，陈留（今河南开封）人；一作杭州富阳（今属浙江）人。历右卫胄参军，官至率府录事参军，中年遭人陷害，卒于洛阳。孙过庭书法笔势坚劲，浓润圆熟，直入山阴堂室，有涡猊游龙之势。

作品 10　《肚痛帖》

图 8 – 23　《肚痛帖》

《肚痛帖》为宋嘉祐三年（1058 年）摹刻上石，传唐张旭书。无款，草书 6 行，共 30 字。明王世贞跋云：“张长史《肚痛帖》及《千字文》数行，出鬼入神，倘恍不可测。”此《肚痛帖》仅 30 字，写来洋洋洒洒一气贯之。视觉重心从第一行到第六行，飘忽不定，字走龙蛇，一笔数字，气势如虹，有一种“神虬腾霄汉，夏云出嵩华”之气派。

思考与探究

1. 关于文字的起源有很多种说法，你认为哪一种说法最接近事实？请说明理由。

2. 每个国家都有自己的文字体系，但唯有中国的汉字升华为一门能代表中华民族传统文化的艺术样式，这里面有着怎样的原因，谈谈你的看法。

3. 请用你熟悉的音乐和诗词来诠释书法中的飘逸之美，并和你的同桌交流。

阅读参考书目

1. 金学智，沈海牧. 书法美学引论：“新二十四书品”探析 [M]. 长沙：湖南美术出版社，2009.

2. 吴慧平. 书法欣赏新论［M］. 长沙：湖南美术出版社，2014.

3. 陈振濂. 书法美学［M］. 济南：山东人民出版社，2006.

4. 陈方既. 书法美学原理［M］. 北京：华文出版社，2003.

5. 刘纲纪. 书法美学简论［M］. 武汉：湖北人民出版社，1979.

6. 叶秀山. 书法美学引论［M］. 北京：宝文堂书店，1987.

7. 沃兴华. 论书法的形式构成：书法创作论之四［M］. 上海：上海古籍书店，2019.

8. 邱振中. 书法的形态与阐释［M］. 北京：中国人民大学出版社，2011.

第九章　舞蹈艺术欣赏

按照“美学”的两分法，一是“艺术的哲学”，即探讨各门类艺术本质的学问，具体到“第一节　舞蹈艺术的性质特征”这样一个特定的语境，就是要探讨舞蹈的逻辑定义、审美内涵和多样外延分别是什么；二是“审美的哲学”，即探讨各门类艺术鉴赏的门道，具体到“第二节　舞蹈艺术作品欣赏”这样一个特定的语境，就是要介绍全球专业舞台上的6大舞种及其欣赏要领，与读者一道，去欣赏5部不同国别、不同舞种的经典作品，最后推荐10部风格迥异的中外舞蹈佳作，供同学们独自品味，以期拓宽艺术视野，激活艺术想象，提升审美格调与鉴赏能力。

第一节　舞蹈艺术的性质特征

一、什么是舞蹈艺术

“舞蹈”，顾名思义，是由“手舞”和“足蹈”构成的，由此构成了传统舞蹈中东方舞蹈以“手舞”为主、力度上趋向阴柔、空间上向内搜寻，西方舞蹈以“足蹈”为重、力度上偏重阳刚、空间上向外拓展等分野，其典型的例证莫过于印度古典舞中高度发达、错综复杂、令人眼花缭乱、心醉神迷的手势语言（见图9－1）和欧洲芭蕾舞中严谨规范、科学系统，使人瞠目、叹为观止的腿脚动作（见图9－2）。

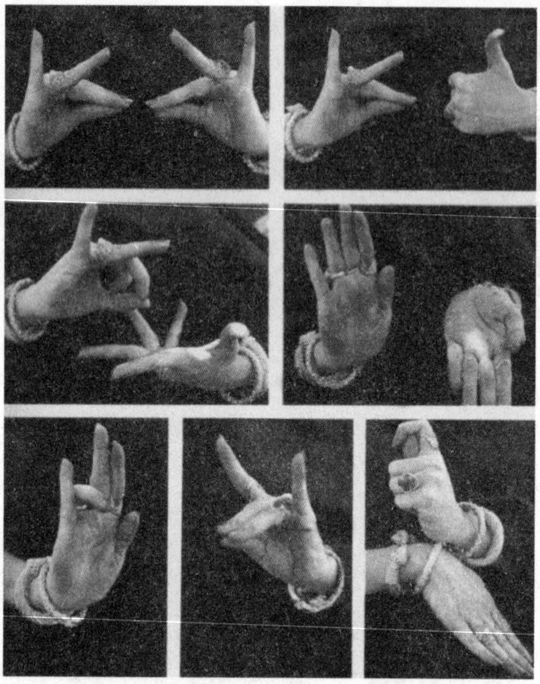

图9－1　印度古典舞中高度发达的手势语言

图9－2　欧洲芭蕾舞中令人瞠目结舌的“六点钟”舞姿

按照逻辑学中“定义＝种差＋属”的模式，我们可以得出“舞蹈是人体动作的艺术”这样一个学理性较强的定义，因为舞蹈与音乐、美术同为“艺术”这个“属”概念下的“种”概念，而它与音乐和美术之间的“种差”则是“人体艺术”。

但是，与杂技、武术、体操、跳水、水上芭蕾、冰上舞蹈等竞技性的“人体艺术”相比，舞蹈更趋向于抒情性、表现性、审美性、非功利性等特征；而与哑剧等模拟性的人体艺术相比，舞蹈则更趋向于抽象性、虚拟性、写意性和象征性等特征。

总体而言，我们通过比较，从这三个范畴中提取出来的这三组逻辑定义，旨在提供条分缕析的研究方法，尽力杜绝以偏概全的泛泛而谈，进而为同学们欣赏舞蹈之美提供基本的概念与标准。

二、舞蹈的审美特征

图9-3　阿拉伯地区健康而性感的肚皮舞

舞蹈首先美在肉体（见图9-3）。这种最自然、最优美，也是最健康、最性感的刺激，正是舞蹈能够超越任何种族、肤色、性别、年龄、阶级、语言、历史时期、地域范围、文化类型、宗教信仰、意识形态、审美趣味而为人们所认可与接受的直接缘由；正是舞蹈能够脱颖而出，成为美国哲学家苏珊·朗格授予“一切艺术之母”桂冠和英国哲学家R. G.科林伍德给予“一切语言之母”定位的潜在原因；正是舞蹈能够攻无不克，以不同的风格和样式博得古今中外男女老少的欢心，赢得下至黎民百姓，上至皇亲国戚宠爱的本质所在；正是舞蹈能够历尽艰辛且百折不挠，屡屡从茹毛饮血的原始本能中奔涌而出，从刀耕火种的体力消耗中拔地而起，从刀光剑影的血雨腥风中傲然耸立，从宗教偏见的无数禁令中死而复生，始终作为人类生命最亲密的载体继往开来，成为增强体质和发泄剩余精力重要手段的生物属性。优秀的专业舞者经过长期、科学、艰苦训练出来的肉体之美，则代表了人类不断美化自身的永恒追求，因此总能成为不同年龄段观众心驰神往的审美对象，并激励人们不惜任何代价，也要学习并掌握此艺术品种。

图9-4　巴厘岛上祈求神灵附体、确保风调雨顺的萨满舞

舞蹈继而美在精神（见图9-4）。这种最形象、最鲜活，也是最空灵、最神奇的属性，正是舞蹈在远古的所有民族中，都曾是人与神隔空对话并获其护佑的直接缘由；正是舞蹈在远古的所有民族中，都曾是加强凝聚力并提高自信心的根本信念；正是舞蹈古往今来均被用于陶冶性情和净化心灵的真实原

因；正是舞者古往今来都愿为其劳筋骨、苦心志的高端享受。而经典舞蹈作品的精神之美，一定是创作者和表演者通过其鲜明的主题、清晰的结构、高超的技艺和感人的形象，传达出人类共有价值观和审美观的硕果，因此经典舞蹈作品能够达到内容与形式、个性与共性的高度统一，成为令人回味无穷的传世之作。

不过，舞蹈的最高境界是肉体美与精神美的完美合一（见图9－5）。唯有如此，它才可能一直与生命同在，与人类共存，经久不息，常跳常新。这扑朔迷离中所蕴藏的原因其实非常简单——灵肉合一，本是大千世界中，我们每个生命体得以存活、发展、劳动、享乐的物质基础和精神前提。以古希腊的英雄墓志铭为例，生者往往会根据逝者生前长于舞蹈的事迹，加上这样一句褒奖——“他曾是一位优秀的舞者”，因为在当时所倡导的“人人皆可成为英雄”这种观念中，英雄应是具有健美体魄、超人力量，集体力、智慧与美于一身的“半人半神”，而舞蹈则是不分高低贵贱，人人皆可参与，并最终将自己修炼成英雄的唯一道路。

图9－5　古希腊瓶画中的乐舞场面

触摸人类舞蹈发展的脉搏，我们能够感受到不同历史时期的不同节律和韵致。纵观舞蹈美学演变的画卷，我们能够目睹到不同舞蹈种类的不同特色和审美。让我们依据“肉体与精神完美合一”这条“审美特征”，来逐一认识六大舞种及其欣赏要领，进而领略中外经典舞蹈各自的魅力。

第二节　舞蹈艺术作品欣赏

一、舞蹈艺术欣赏要领

（一）民间舞

民间舞又称民俗舞、土风舞，本是产生并流传于平民百姓中的群众性舞蹈，早期多以乡村的经济、宗教、社会、政治、风土人情、婚丧嫁娶、年节时令、文化生态为土壤，常以自娱性和仪式性为特征，惯以载歌载舞的形式出现，经过专业化加工和舞台化提高之后，则带有突出的民族风格和鲜明的地方特色，并在技术难度上有显著的提高，由此大大地提高了它的观赏性和艺术性。

民间舞的欣赏要领有 8 条：①突出的民族风格；②鲜明的地方特色；③整齐的舞者阵容；④忘我的表演状态；⑤高难的技术水准；⑥强悍的训练套路；⑦高超的编导手法；⑧多彩的经典节目。

（二）国标舞

国标舞，全称为“国际标准舞”，是英国皇家舞蹈教师学会的教育家们在第二次世界大战结束之后，和平再次成为各国人民生活的主旋律之际，将以往自娱性的交谊舞加工提炼而成的，具有表演性和竞技性的舞蹈。由于国标舞具有竞技性特征，其在 1996 年被国际奥林匹克运动委员会承认为“体育舞蹈”，并于 2010 年成为广州亚运会的比赛项目。

国标舞共有 10 个舞种，并分两大系列——标准舞和拉丁舞进入比赛。其中，标准舞亦称“现代舞”，音译“摩登舞”，包括华尔兹、探戈、狐步、快步和快步华尔兹等 5 项；拉丁舞则包括伦巴、桑巴、恰恰、斗牛和牛仔等 5 项。此外，参赛项目中还有融合了以上舞种元素、带有较多创作成分的表演舞（见图 9－6）。

图 9－6　世界国标舞大师东尼本与盖娜·费尔韦瑟同跳拉丁表演舞

国标舞的欣赏要领亦有 8 条：①超常的肢体能量；②出众的运动耐力；③高难的舞蹈技巧；④过硬的竞技状态；⑤恰当的表演意识；⑥良好的心理素质；⑦深厚的艺术造诣；⑧完美的音乐感觉。

目前，国际公认的大型国标舞考试分别由英国皇家舞蹈教师协会、英国国家舞蹈教师协会、澳大利亚国家舞蹈教师协会主办，考试的等级则包括标准会员、初级会员、会员和院士共四个级别。与此配套的体制是，担任各个赛事的裁判必须通过严格的考试，获得会员以上的资格。当今国际性的大型国标舞赛事在欧美许多国家，以及澳大利亚、新西兰、南非、日本、中国均有举行，其中最具权威性和吸引力的，无疑是每年5月在英国黑池举办的国际比赛。

（三）古典舞

图9－7 印度卡塔克流派古典舞

古典舞是在民间舞的基础上，经过长期加工提炼之后的结果。在许多历史悠久的民族和国家，均有各自不同的古典舞（见图9－7）。

“古典”一词的拉丁文为“Classicus”，意为“经典”。因此，广义的“古典舞”泛指那些文明古国的传统文化中，源远流长，古而有之并传承至今，具有经典意义的舞蹈；狭义的“古典舞”则特指“欧洲古典舞”，即通常音译的“芭蕾舞”，又称“学院派舞蹈”。

古典舞的欣赏要领也可以归纳为8条：①高度发达的民族文化；②独树一帜的美学精神；③国富民雅的支持系统；④强强联手的同道群体（教学—编创—表演—管理—评论，缺一不可）；⑤科学严谨的训练体系；⑥成熟完备的语言体系；⑦数量可观的经典剧目；⑧强悍有力的传播渠道。

（四）芭蕾舞

芭蕾舞，属于欧洲古典学院派的舞蹈体系，起源于15世纪文艺复兴时期的意大利，成型并且兴盛于16—19世纪上半叶国力强盛的法国，鼎盛于19世纪下半叶文化昌明的俄罗斯和丹麦，20世纪初从俄罗斯走向世界各地，先后经历了早期、浪漫、古典、现代和当代五大时期，并逐步形成了意大利、法国、俄罗斯、丹麦、英国和美国六大流派。

芭蕾舞是法语“Ballet”的音译，可根据具体的语境，分别译作芭蕾、芭蕾舞、舞蹈舞剧、舞剧、舞蹈、芭蕾舞团六种形式。芭蕾舞起源于意大利和法国的宫廷舞蹈，并逐步形成了科学的训练体系、统一的语言体系和完整的美学体系。芭蕾舞素有“西方文明的结晶”和“贵族艺术”的称谓，亦有“严肃艺术”“高雅艺术”的雅号，也有“足尖舞”的别称（见图9－8），是迄今为止最具国际性的舞种。

图9－8　开足尖舞先河的意大利芭蕾舞明星玛丽·塔里奥尼

芭蕾舞的欣赏要领有4条：①条件。包括与生俱来的“三长一小一个高”（“三长”，即芭蕾舞者必须拥有长胳膊、长腿、长脖子；“一小”，即芭蕾舞者的脑袋必须小，否则脚尖上重心不稳；“一个高”，即芭蕾舞者的脚背儿必须高，否则脚尖在频繁起落时扣不住地），“二十厘米顶重要”（要求芭蕾舞者，尤其是女舞者的腿部必须比躯干长出20厘米来），“开、绷、直、立爹妈给”（要求舞者的腿脚“外开”，即通过循序渐进的训练，将踝、膝、胯、胸、肩，自下而上、五位一体地向两侧打“开”，并最终使两脚站成一条直线；每个脚部动作都能够把脚背“绷”出来；腿脚在直立或伸展时能够保持伸“直”的线条；“立”则要求他们的脊椎在身体直立时能够同地面保持垂直的状态）。②能力。要求舞者具有较好的运动机能，包括爆发、旋转、平衡、控制、协调、灵活等肌肉能力，以及空间知觉、感觉统合、音乐感知、舞台表演等表现能力。③技术。要求舞者在老师的严加调教下，经过长期、科学和艰苦的训练后，能够“轻、高、快、稳”地完成各种规范动作和高难技术。④流畅。要求舞者能够将动作完成得畅若流水，这是包括音乐和美术在内的所有古典艺术的特征之一。

（五）现代舞

现代舞是英语“Modern Dance”的意译，分别起源于美国和德国，素有“20世纪舞蹈的最高成就”之誉，是迄今为止最具国际性的舞蹈品种之一。它以“现代舞之母”依莎多拉·邓肯“古典芭蕾一点儿也不美”的呐喊为号角，最初彻底否定古典芭蕾的唯美理想、程式语言和形式之上，力求跳出哲理性的“观念”，主张踏着“时代”的脉搏而舞，弘扬别出心裁的“个性”，倡导独辟蹊径的“原创”，最终达到内容与形式的完美合一。1933 年美国舞评家约翰·马丁根据自己的讲演稿整理出版了第一部影响深远的专著《现代舞》。20 世纪 40 年代中期以来，科学的训练体系、多元的语言体系和开放的美学体系逐步形成。在德国，它早期被称作新舞蹈、表现派舞蹈、德国舞蹈和中欧舞蹈，后期则逐渐形成了舞蹈剧场。现代舞极大地冲击并改良了古典芭蕾的观念、意识、方法、技术和美学，并有效地丰富和发展了百老汇歌舞剧的表现手段。

图 9－9　美国现代舞舞蹈家玛莎·葛兰姆在其代表作《致世界的公开信》中翻江倒海的一瞬间

现代舞的欣赏要领也有 4 条：①观念，好的现代舞一定具有深邃的思想；②时代，好的现代舞一定拥有鲜明的时代特征；③个性，此乃所有艺术的存在理由和价值所在，而对现代舞来说，其重要性更是不言自明，但就所有艺术创作的规律而言，个性都只是起点，共性才是终点，因此，好的现代舞必须是这两者的完美合一，而其创作者也都是在这两方面的完美融合上别出心裁者；④原创，国际艺术界目前流行的这句话可以给我们某种启示：在这个世界上，早已没有什么可让我们当代人来百分百地原创了，因此，好的现代舞充其量只能是在前人的观念、意识、方法、技术和美学基础上，以不同的视角和方式做些小小的突破，而不是愚蠢地抛弃传统的标准化舞蹈语言和经典性美学体系，拙劣地套用西方的“行为艺术”“接触即兴”等现代创作方法，或生硬地照搬东方的“太极”“瑜伽”等传统训练方法，来充填无病呻吟的所谓作品，或者用更糟糕的乱喊乱叫、乱蹦乱跳来发泄内心的狂躁和创作的急于求成。

（六）当代舞

当代舞是各国舞台舞蹈在 20 世纪后半叶形成的一种综合性的风格样式，早期仅与现代舞有着密切的渊源，后期则与古典芭蕾，以及民间舞这种古典芭蕾的雏形，形成日益紧密的借鉴关系。

为此，我们可从 4 个层面来欣赏当代舞的内涵：①在时间坐标上，当代舞是从前天的古典，经过昨天的现代，驻足于今天的当代的。②在训练方法上，当代舞将古典芭蕾和现代舞融为一体。③在美学特征上，当代舞以不同的方式和比例，融合了古典芭蕾的四大特征（条件、能力、技术、流畅）和现代舞的四大特征（观念、时代、个性、原创）。④在语言构成上，西方的当代舞主要融合了美国的古典现代舞、后现代舞和欧洲的古典芭蕾这三种语言体系，并在有条件时借鉴中国的太极、印度的瑜伽、日本的合气道等东方传统人体文化的发力和借力方式，去丰富或突破自己原有的舞蹈语言，然后根据每个作品的不同题材、体裁、风格、样式、音乐、美学等具体需要，重新回到生活与自然中去，通过行为艺术、接触即兴、机遇编舞、环境编舞、舞者互动等方式方法，去筛选、提炼出崭新的舞蹈语言，创作出非他莫属的舞蹈作品；而东方的当代舞者们则会在各自的技术背景与审美取向基础上广收博采，从中外各民族的风土人情、文学经典、音乐名曲、审美时尚、文化符号，甚至动作语言中选取自己的切入点和融合度进行创作，由此带来东西合璧、异彩纷呈的舞蹈作品。

图 9-10　1995 年，英国鬼才导演马修·伯恩推出“男鹅版”舞剧《天鹅湖》海报

有鉴于当代舞集众家之长的特点，我们可以综合上述五个舞种的欣赏要领，展开想象，尽情地去欣赏当代舞作品。

二、经典舞蹈艺术作品欣赏

作品 1　《云南映象》

《云南映象》是一部没用故事情节作为结构贯穿始终，却包容了所有故事内涵的民间歌舞集，囊括了天地自然、人文情怀，以及对生命起源的追溯、生命过程的礼赞和生命永恒的期盼。本歌舞集由有“舞神”美誉的著名舞蹈家杨丽萍出任总编导及艺术总监，并领衔主演。杨丽萍从云南各地精挑细选出60多位能歌善舞的村民，同这些为生命而舞的人们一道，用身心合一的激情、天人合一的歌舞，构筑起一座中国民间歌舞文化的丰碑。

图9-11　杨丽萍1986年的成名之作《雀之灵》

《云南映象》的序幕“混沌初开”可谓开门见山的典范：首席舞者击打巨型铜鼓的简单动作，反而给人留下最为强烈的印象。第一场“太阳”中的主角是多达4段的鼓舞——西双版纳州基诺族的太阳鼓、建水县哈尼族的铓鼓、德宏州景颇族的象脚鼓、绿春县牛孔乡彝族的神鼓，而用如此丰富而强烈的鼓舞来表现第一场的主题，可谓形式与内容、历史与当下的完美统一，因为在舞蹈史上，人们通常认为，以击打节奏为主的鼓舞，可谓万舞之先，而鼓舞的种类与传说之多在云南又堪称中国之最。

在第二场“土地”中，最令人回味的是杨丽萍自编自演的独舞《月光》和由她亲自演唱并担任领舞的《女儿国》——前者问世于《雀之灵》之后，但核心部位已从原来的手臂延伸到了整个躯干，并通过婀娜多姿的剪影和张弛有致的舞动传达出朦胧月色的神韵；而后者则是整台演出中让人泪流满面的歌舞，根本原因则得归功于蒋明初撰写歌词、杨丽萍亲自吟诵的歌曲《高原女人》：“太阳歇歇么　歇得呢　月亮歇歇么　歇得呢　女人歇歇么　歇不得　女人歇下来么　火塘会熄掉呢……男人不有个女人陪着么　男人就要生病了　天底下不有个女人在着么　天底下就不会有人了”——作者用那乡土气十足的云南语音、语调、语汇、韵律、节奏和审美，以及让全世界人都明白的各种比喻，完成了这首让所有男人都不得不对女人顶礼膜拜的颂歌。

第三场“家园”中，本来有6个舞段，但杨丽萍在录像时，却让舞台处在黑暗中，仅提供了几分钟的百鸟争鸣，聪明地免去了观众在视、听、动觉的盛宴之后大多会产生的审美疲劳。

第四场“火祭”中，杨丽萍的“手舞”绝活在葫芦笙的吹奏下的《甩发舞》之中，再次派上了用场。只见她在黑暗中，佝偻着身体，用长发将其脸部遮盖成一幅面具的形态，然后将双手放在面部，上下快速揉动，像一团鬼火在静静地燃烧，极度地神秘莫测，然后逐渐加大幅度并提高速度，直到势不可挡，唯有甩动那头瀑布般的黑色秀发，才能继续扩张这种动势，并将整个舞蹈推向新的高潮。

第五场“朝圣”包括了7个舞段。观众在经历了整台演出的冲击，特别是本场中皑皑的雪山、隆隆的法号、嗡嗡的转经、红红的弦子之洗礼后，已经完全被以杨丽萍为首的全体舞者带进了一个理想的天国，更看到了这场“朝圣”之旅的双重性——它既是藏族同胞们虔诚之至的心路历程，也是舞者们执着无比的艺术求索，或许还是我们每个观众人生的必由之路。

尾声是作为杨丽萍文化名片的经典舞段《雀之灵》。对于熟悉杨丽萍的观众来说，敢用这段如此短小的女子独舞《雀之灵》来为如此丰富、庞大、厚重甚至强悍的“歌舞集”压大轴，杨丽萍不愧是个充满自信的冒险家。可喜可贺的是，《雀之灵》不仅在首演17年后依然光彩夺目、灵动袭人，而且稳稳当当地压住了这个大轴，更给了我们一次灵魂出窍的机会。

作品2　《燃烧地板》

国标舞是近年来风靡世界的舞种，而《燃烧地板》（*Burn the Floor*）则是一台由澳大利亚创作的国标舞综艺秀，整台晚会由14个舞段及两次返场构成。这台国标舞综艺秀自1999年在英国首演以来，以风驰电掣般的速度烧红了地球的半边天，所向披靡于数十个欧、美、亚、澳城市，包括三次来华公演，接连创造出票房的奇迹；在赌城拉斯维加斯，它一次巡演就俘虏了25万观众；在伦敦的皇家阿尔伯特音乐厅，它让古典到保守地步的观众心悦诚服于国标舞的动人心魄；在东京，它的入场券提前半年就已售罄；在大阪，它仅用5个小时就售出了45 000张门票……究其原因，1 000万美金的巨额投资可谓结出了硕果。一

图9－12　《燃烧地板》中，国标舞舞者们的激情在燃烧

流的创意、一流的包装、一流的制作、一流的推广之重要自不待言，一流的阵容则是重中之重。

以多种国标舞素材为基础，综合各种舞蹈成分，动用各种最新的创作观念和手法，推出这样一台精彩绝伦的国标舞综艺秀，其创意实际上来得纯属偶然——1997 年 3 月 25 日，素有“流行乐坛常青树”之盛誉的英国巨星埃尔顿·约翰为自己的 50 岁生日举办了一次盛大的宴会。素以标新立异而著称的他，还想给 600 位各界名流嘉宾一个意外的惊喜，于是，便提前策划了一场世界精英大荟萃的国标舞综艺秀，结果是如愿以偿地让每个与会者为之倾倒，由此《燃烧地板》的创意脱颖而出。

为《燃烧地板》担任导演和编舞的安拉斯特是英国皇室勋章的得主。作为英国音乐剧 20 多年来中生代的领军编舞和导演之一，他曾先后为《歌舞升平》《约瑟夫和他的神奇彩衣》《超级明星耶稣·基督》等经典歌舞剧编舞，1999 年主力编舞并导演了这台国标舞综艺秀之后，更证明了他能准确把握欧美乃至全球观众对综艺秀的兴趣。

此外，这台国标舞综艺秀还特邀国标舞世界大赛的五连冠得主希利尔·泰特担任国标舞总监和助理编舞，另外还邀请了拉丁舞顾问、林蒂跳步舞、萨尔萨和弗拉门戈的教练，以确保各种舞蹈的风格纯正，并使对舞蹈兴趣各异的观众得到最大满足。

《燃烧地板》涵盖了国标舞大赛两大类的 10 个舞种，其中的拉丁舞数量则远远大于现代舞，由此频频造成激情火爆的场面。此外，还有摇滚、曼波、萨尔萨、弗拉门戈、林蒂跳步、吉特巴格等各国的民间舞和舞厅舞，以及在西方剧场舞蹈中的主流舞种——芭蕾舞和现代舞融合其中，由此创造了一个古今同辉、雅俗共赏的舞蹈大荟萃。

不过，《燃烧地板》中，最养眼的还是 44 位来自澳大利亚、希腊、丹麦、瑞典、挪威、英国、爱尔兰、意大利、西班牙、俄罗斯、波兰、斯洛文尼亚、日本等 13 个国家的国标舞者，他们都是本国和世界国标舞大赛的冠军得主，年龄在 16 ~ 34 岁，可谓全球范围内的最佳青春阵容。

作品 3 《天鹅湖》

俄罗斯古典芭蕾舞剧《天鹅湖》故事选自《德国民间童话集》，核心人物是公主奥吉塔。剧情始于王子齐格菲尔德的成年日。天鹅湖畔，一群洁白的天鹅在湖面上静静地游弋着。王子张弓搭箭之际，领头的白天鹅却变成了一位亭亭玉立的少女，并向王子诉说了自己的遭遇：她本是邻国的公主，却因宁死不愿嫁给恶魔罗德巴特而被他变成了白天鹅，只有忠贞不渝的爱情才能破除他的咒语，使她永远还原为人形。王子听罢当即对天发誓，一定要以忠贞不渝的爱情将公主救出苦海。

翌日，宫廷举行盛大的舞会，王后责成王子当场订婚，并邀请了多国公主前来参选。不料，王子因过于痴情而误将恶魔之女黑天鹅奥吉丽娅当作了白天鹅奥吉塔，并再次对天发誓表达自己的爱，结果破坏了他对奥吉塔的专一爱情。悔恨交加的他义无反顾地冲向天鹅湖畔，并随着奥吉塔一道跳进湖中，准备以死来表白自己的忠贞不渝。刹那间，山崩地裂，电闪雷鸣，坚贞的爱情终于战胜了恶魔的咒语，并使奥吉塔获得了自由，恢复了女儿身。最后，王子与公主乘着一艘金色的帆船，在旭日东升的湖面上驶向幸福的彼岸。

一个多世纪以来，《天鹅湖》成为芭蕾舞剧史上最负盛名的经典，尤其是发生在“天鹅湖畔”这个标题场景中的第二幕，可谓全剧的微缩景观，《白天鹅双人舞》《四小天鹅舞》《四大天鹅舞》《天鹅大群舞》这些精美的舞段标志着芭蕾舞艺术在19世纪末取得的最高成就，让各国观众陶醉其中，故而常在晚会上演出。

图9－13 《天鹅湖》第二幕中，展示芭蕾舞团整体阵容的《天鹅大群舞》

《天鹅湖》之所以长久不衰，是因为：一在题材上，它继承了浪漫芭蕾舞剧从民间文学经典中寻找内容的传统，而天鹅公主与王子的爱情童话则表现了“爱情至上”“善定胜恶”这些人类共同认定的价值观和审美观；二在审美上，它延续了“轻盈飘逸”的审美理想，而奥吉塔那玉洁冰清的美感则恰好表现出她超凡脱俗的气质；三在动作上，它将足尖舞技术发扬光大，准确地刻画出亭亭玉立的天鹅形象；四在服装上，它将浪漫芭蕾舞剧的过膝女性长裙变成了伞状的短裙，以便更加充分地显露甚至炫耀女性舞者修长的腿脚线条；五在音乐上，柴可夫斯基将早在《仙女》中便已显露出来的交响芭蕾音乐风格提升到了一个崭新的高度，进而使得这部古典芭蕾舞剧在听觉上更加优美动听，甚至感人肺腑。

作品4 《绿桌》

图9-14 《绿桌》中的“死神”，正在将一名战士引上死亡之路

《绿桌》（*The Green Table*）的副标题为“死神之舞”，由序幕、六场加尾声构成，是德国表现派现代舞剧的经典之作。

《绿桌》的主体形象来自欧洲大名鼎鼎的“死神之舞”，以及这种舞蹈的大量照片。死神一直是以骷髅的形象出现的，最早出现在中世纪的欧洲，并以象征性的手法表现了某种“生死轮回”的概念，即“每个人的死亡方式一定会相同于他的生存方式”，换言之，“善有善报，恶有恶报”。

全剧共分八个部分。

序幕：象征着和平的绿色被覆盖在一条长长的谈判桌上，一场决定着人类命运的国际谈判正在进行之中。绿桌的两侧站着、靠着或趴着一群道貌岸然却杀人不眨眼的战争分子，他们身穿清一色的深黑色燕尾服，头戴奇形怪状的假面具，初而温文尔雅，继而嬉笑怒骂，终而摩拳擦掌。随着“砰”的一声枪响，开始了因分赃不均而导致的世界大战……

图9-15 《绿桌》的序幕中，编导家尤斯在象征和平的“绿桌”旁，为饰演列强的演员们做示范

第一场“送别”：战争开始了，妻子送郎上战场，母亲送儿奔前方，适龄男子穿戎装，糊里糊涂去阵亡；但大家无论男女老少，都一个个不由自主地踏上了死神规定好的道路。

第二场“战斗”：战场上没有出现敌人，只有战士们在龙腾虎跃、前赴后继，那排山倒海的英雄气概象征着战斗的激烈异常，而渔利者则神采飞扬地登场，并从死者手上摘下一件贵重物品。

第三场“难民们”：死神缓缓地从地下升起，开始象征性地点名，召唤着所有人走向自己的末日——母亲无可奈何地与他携手，跳起了情调低沉的双人舞，最后则被他抱下场去。

第四场“游击队”：一队战士过场，一位女游击队员将一条白毛巾搭在一个战士的肩上，并使他当即倒在地上。

第五场“妓院”：乌烟瘴气的环境中，妓女们浓妆艳抹，士兵们则如饥似渴；白衣妓女一人独处，在渔利者兼妓院老板的逼迫下勉强与两个战士共舞；正当她与其中的一个战士产生感情时，死神向她张开了双臂。

第六场“战后余殃”：死神拼命挥舞起象征着“死亡”的旗帜，踏起了势不可挡的“死亡”节奏，命令着所有人走向自己的生命尽头，就连那个曾经为非作歹的渔利者也倒在了他的脚下。

尾声：又是“砰”的一声枪响，将观众带回到绿桌的面前。然而，屡遭愚弄的黎民百姓此刻已经觉醒，并且警惕一场新的战争的到来……

总体而言，象征手法的巧妙使用可谓这部现代舞剧的经典所在。比如，“死神”这个言简意赅的象征性符号，被用作了贯穿全剧始终的主体形象：它既在微观的层面上，代表了那些站在象征和平的绿桌旁，杀人不眨眼的战争贩子，以及他们瓜分世界的阴谋勾当和贪得无厌的丑恶嘴脸；也在宏观的层面上，意味着死神对任何人都是毫不留情的。而分别在“序幕”后和“尾声”之前响起的两次枪声，则初而象征着一场世界大战的开始，终而象征着未来世界大战的悄悄逼近。事实上，这部舞剧的确就是创作并演出于两次世界大战之间的。

此外，在这条贯穿全剧始终的象征性线索上，中间的六场也无一不是使用了象征手法的：比如在“战斗”中，渔利者从死者手上摘下的那个东西，到底是戒指，是手镯，还是金表，并不重要，它象征着战争带来的不义之财；在“游击队”中，没有敌人的设计象征着战争给所有参战者带来的厄运；又如在“送别”中，死神通过踏节形成走向

“死亡”的节奏；再如死神在“难民们”中点了所有人的名，在“妓院”中与妓女的双人舞，在“战后余殃”中挥舞的“死亡”旗帜和脚踏的“死亡”节奏，都象征着死神对人类的残酷无情。

作品5 《九死一生·长征》

《九死一生·长征》这部当代舞作品“既表现的是一个战士的长征，也是一个民族意志的长征，以及人类追求永恒精神的长征；既呈现的是一次艰苦卓绝的壮举，也是主人公自身非凡的心路历程，以及创作者对信仰与奉献、时势与英雄、生命与价值的一次‘井喷’式的情感解读”。准确地说，正是这种既诗意横生又精准到位的编舞台本，使得舞者和观众双方能够激情互动，并共同完成了这次精心“编码”与潜心“解码”的“长征”。

舞台上，全体舞者从心到身的全情投入可谓前所未见——无论是艰难跋涉的集体行军，还是前赴后继的冲锋陷阵，无论是小战士首尾呼喊“我还活着”的惊诧自白，还是激情四射的单、双、三人舞和不同规模与性别组合的群舞，无论是“开、绷、直、立”等专业“条件”的当然炫耀，还是“跳、转、翻、控”等“能力与技术”的充分展示，无论是以“紧张”为主调的“收缩—放松”，还是以“九死一生”为主题的“倒地—爬起”……都从“内力”（即郭明达先生汉译的“力效”）到“外形”地整合在了这个“两万五千里长征”的宏大叙事主题之中。

《九死一生·长征》这部现代舞史诗的音乐亦相当强劲且动听，既有波澜壮阔的进行曲，又有娓娓动听的抒情曲。其舞美设计的总体风格也是简约大气的，并具有一目了然且意味深长的符号意义，包括舞台左侧前区吊屏上画着并代表枪林弹雨的多支步枪、同一区域中挂在半空并代表密林深处的透明空间、左侧后区挂着并代表“九死一生”的10根红色橡皮筋、中央区地板上可以一翻即竖起并代表丘陵地带的八块屏障和代表众多伤病员的白色担架、右侧前区代表水草地的浅水池、男战士献给女战士的白玫瑰等。

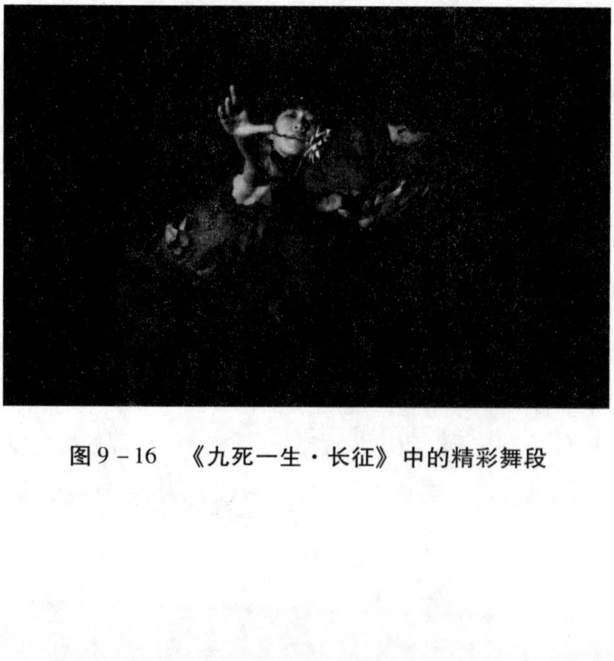

图9-16 《九死一生·长征》中的精彩舞段

不过，全剧中最为撼人心魄的舞段当属尾声：当舞者们扮演的红军战士“冰雕”群像从乐池中缓缓升起时，我们不仅联想到爬雪山时活活冻死的红军将士，更目睹了这个为抗战胜利抛头颅、洒热血的英雄群体——他们初而用双手捂住怦怦的心跳，继而举起右手庄严地宣誓，终而走出了冰天雪地，登上了艺术舞台，向着远方的伟大理想继续“长征”……随后，一位显然代表我们所有当代人的少女穿行于他们中间，努力地辨认着我们的前辈，并静静地思考着我们的未来……

三、舞蹈艺术作品推荐

作品1　《荷花舞》

在中国民间舞作品中，以“抒情”和“立意”出彩的作品首推戴爱莲先生1953年创作的女子群舞《荷花舞》。这个作品取材于陕北民间舞“走花灯”，并通过一群亭亭玉立的荷花仙子，采用戏曲绝活“水上漂”的脚下功夫、畅若流水的舞台构图、恬静自然的旋律和讴歌祖国的唱词，生动地表现出黎民百姓翻身解放后的欢畅心绪，直截了当地抒发出他们对祖国富强与美好生活的真切向往，因而至今还能让我们感动得热泪盈眶，并为中国民间舞素材的丰富多彩和一代宗师在创作上的奇思妙想拍案叫绝。

这个作品不仅在罗马尼亚布加勒斯特举办的“第四届世界青年与学生和平友谊联欢节”首演时获得银奖，而且在1994年的“中华民族二十世纪舞蹈经典”的评比中荣获群舞金像奖。

作品2　《红色娘子军》

芭蕾舞剧《红色娘子军》首演于1964年，灵感来自同名电影，但创作团队根据舞剧的非文字特点进行了全新的再创造。50多年来，该剧在国内外演出2 000多场。1971年，由八一电影制片厂拍摄成舞台艺术片，女主演改由薛菁华扮演，其他主要角色均由原班阵容担任。近年来，该片以DVD的形式得到了更加广泛的传播。

芭蕾舞剧《红色娘子军》不仅大量吸收了中国民间舞素材、戏曲和武术技巧，而且还提取了列队、操练、刺杀、射击、砍杀、投弹等部队操练的动作语汇，进而成功地完成了“洋为中用”的重任。

该剧不仅荣获“二十世纪华人音乐经典”和“中华民族二十世纪舞蹈经典”的双项

称号，而且让西方舞蹈史学家看到了中国妇女的真正解放和中国芭蕾的别具一格，因而先后被收入1972年版的《牛津芭蕾词典》和2000年版的《牛津舞蹈词典》，并以超大篇幅进入美国圣詹姆斯出版社1993年版的两卷本《国际芭蕾辞典》，由此引起了西方文化界与普通观众的强烈兴趣，成为为数不多、真正引起国际专业人士瞩目的中国舞剧经典。

作品3 《义勇军进行曲》

作为中国现代舞的早期代表作，《义勇军进行曲》男子独舞是吴晓邦先生的“抗战三部曲”之一，1937年首演于江苏无锡，并由他自编自演；音乐是后来成为中华人民共和国国歌的同名抗战名曲。该舞蹈于1994年荣获“中华民族二十世纪舞蹈经典”提名。

吴晓邦先生1929—1936年曾三赴日本学习芭蕾和现代舞，获得“为人生而舞”的启示，在抗日战争爆发后，根据《义勇军进行曲》创作了这个独舞，并在前线为抗战将士表演时创造了一连返场四次、至今无人可破的历史纪录，其炽热的爱国主义激情和质朴的现实主义形式，更为这个时期的中国现代舞赋予了鲜明的时代特色，并在抗战将士和广大民众中产生了强烈的反响，也使自己成为“踏着时代脉搏而舞”的中国现代舞先驱。

作品4 《壹桌N椅》

《壹桌N椅》是香港舞蹈家曹诚渊2000年构思和导演，协同李捍忠、马波等内地青年编导，从京剧、粤剧、越剧、沪剧、秦腔、潮剧、黄梅戏等七种戏曲唱腔和二人转曲艺音乐中寻找编舞灵感的大胆尝试，并在风格迥异的动律中，不经意地抒发了当代中国人拥有如此丰厚遗产，且能穿越时空、创造性地将其派上用场的豪迈之情。“思亲”是其中催人泪下的一段：宋辽交战期间，杨四郎（杨延辉）被擒降辽，招为驸马十五载，但思念母亲佘太君心切，在得到夫人铁镜公主的理解并获取辽主萧太后的令箭，出关至宋营探母后，坚持言而有信，当夜即返，不仅再现了古人在儿女情长与家国情怀间寻找平衡的难得义举，更让今人看到了“诚信”的价值连城。

该作品由北京现代舞团首演后，曾一度引起保守观众的质疑，但大多数观众的青睐则使它常演不衰，随后更由香港城市当代舞团上演，由此为中国现代舞与中国传统文化的对接开创出一条崭新的路径。

作品5 《沙湾往事》

作为“广东音乐的舞蹈名片”，广东歌舞剧院推出的舞剧《沙湾往事》自2014年首演于广东省艺术节以来，已在国内外演出百余场，并且荣获第十五届“文华大奖”和第十四届精神文明建设“五个一工程”奖等殊荣。

图 9－17　《沙湾往事》的排练照

剧作家唐栋从大批广东音乐人的生平中，选取了第一主人公何柳年与琴女相爱却不能相拥的悲剧为主线，并用抗战爆发激起的民族矛盾，将舞台上下的人们成功推进了一种同呼吸、共命运的状态。作曲家杜鸣创作的旋律与节奏为全剧提供了并驾齐驱的歌唱性与戏剧性，而编导家周莉亚和韩真则在摈弃了传统哑剧，以舞叙事、以舞宣情等方面，显示出与众不同的天赋与细腻，并在双人舞的编排上，围绕着剧情发展的巨变与人物感情的升华，为优秀青年舞者黎星和李艳超创造出一连串过山车般令人目不暇接、难度系数超出以往的托举动作，不仅将全剧推向了一个又一个的高潮，而且极大地丰富了双人舞的动作语言。

作品 6　《小夜曲》

《小夜曲》是美国现代芭蕾的中期代表作，1934 年由美国芭蕾舞学校学生首演于纽约，1935 年由美国芭蕾舞团的专业舞者首演于纽约，1936 年后的演出则去掉了布景。

《小夜曲》取自柴可夫斯基的《C 大调管弦乐小夜曲》，并按照“小奏鸣曲”“圆舞曲”“俄罗斯主题”和“悲歌”这四个乐章的顺序编导和演出，而那位两次被少年抛弃的少女在结尾时初而倒地，继而被三位少年高举过头，并挺起腰杆，张开双臂，迎着朝阳前行的处理，令人联想起《吉赛尔》或《天鹅湖》中生与死的永恒主题。

该作品成为日后巴兰钦创办的纽约市芭蕾舞团所有作品中最受欢迎的、上演率也最高的作品，中国的中央芭蕾舞团和上海芭蕾舞团乃至世界各国芭蕾舞团均争相购买版权演出。该作品还曾在美国《舞蹈杂志》于 1999 年在世界范围投票选举的“20 世纪十大最具影响力的舞蹈”排行榜中名列第六。

作品 7 《多少悬在半空中》

《多少悬在半空中》是美国当代芭蕾的前期代表作，这部芭蕾作品的登峰造极之处就在于，编导家按照“把腿脚当胳膊挥”的审美原则，将舞者的动觉中心从以往的下肢，刹那间提升到躯干，放射到头部与手臂，并做出超极限的延伸和突破，进而对舞者的身体条件与审美惯性提出巨大挑战，以此凸显当代人“多少悬在半空中”的不安全感。

这部作品取得成功后，先后被英国皇家芭蕾舞团（1992 年）、澳大利亚芭蕾舞团（1996 年）、中国中央芭蕾舞团等复排上演，并作为核心舞段，被收入《令沙皇叫绝》（1988 年）这部福赛斯个人的大型芭蕾作品。

作品 8 《归去来兮》

《归去来兮》法语标题应直译为《小小的死亡》，是捷克当代芭蕾的前期代表作，1991 年由荷兰舞蹈剧院首演于奥地利的萨尔茨堡，随后由各国芭蕾舞团购买版权上演。

在《小小死亡》这个直译的标题中，编导家表现了视死如归的大彻大悟，而六位男子舞者则展示了一场惊心动魄的斗剑场面。只有当女子们加入其中之际，我们才开始从那种近乎弄假成真的剑拔弩张中如梦初醒，重新投入到莫扎特那动人心弦、激发性感的音乐之美中去。

作品 9 《阿帕拉契亚的春天》

《阿帕拉契亚的春天》是美国现代舞史上古典时期的代表作。史家公认，这是现代舞蹈史上一部非凡的舞剧，因为各门类艺术的合作者此刻都正处在自己创作生涯的高峰期。其中，科普兰推出了自己一生中备受听众喜爱的音乐之一，而这部音乐作品日后常在音乐会上单独演奏；野口勇以罕见的简练手法勾勒出了那座骨架式的农舍；罗森塔尔使整部舞剧沐浴在她最为光彩照人的灯光设计之下；格莱姆编导并担纲女主角的舞蹈则让观众感同身受到了不同角色的内心活动——新郎的满怀信心和新娘的忧心忡忡，以及女村委会主任的胸有成竹和牧师的诲人不倦。

总而言之，这部舞剧让观众看到的不仅是一个关于美国拓荒者成家立业的生活故事，更是这个伟大国家的创业历史与光辉未来。

作品 10 《悉达多》

当代芭蕾舞剧《悉达多》是法国大师 A. 普雷热卡日于 2010 年应邀为巴黎歌剧院芭

蕾舞团量身打造的第五部大制作。普雷热卡日应用西方的当代芭蕾形式，表现东方的佛祖故事，无疑是个超级大胆、引人瞩目的尝试。

悉达多是佛祖的名字，公元前560年生于尼泊尔的蓝毗尼，被认为是佛教的创始人，因而激发出形式多样、浩若烟海的文艺作品。普雷热卡日在编创这部舞剧前，曾多次前往印度，8个月的生活积累与深度思考使他选用了极简主义的当代手法，并通过16个芭蕾舞段，高度凝练地讲述了悉达多追求纯粹精神、超越物质欲望的古老故事。

与众不同的是，观众要看懂并欣赏这部极具探索意义的新型芭蕾舞剧，必须首先了解佛祖悉达多的生平往事，包括他与妻子结为百年之好，拒绝父王继承王位的要求，并为普度众生踏上苦行之路，途中受到美女诱惑而误入歧途，最后受到神圣天启迷途知返，虔诚自虐，并最终得道，受到普罗大众爱戴，等等，然后才能进入这部舞剧的特定语境，尽情欣赏其独特的魅力。

思考与探究

1. 舞蹈的魅力是什么？
2. 《云南映象》美在何处？
3. 《天鹅湖》缘何成为所有芭蕾舞剧的同义词？
4. 《九死一生·长征》作为主旋律创作的意义何在？
5. 在全球化日益加速的新世纪中，东西合璧的意义何在？

阅读参考书目

1. 隆荫培，徐尔充，欧建平. 舞蹈知识手册 [M]. 上海：上海音乐出版社，2001.
2. 欧建平. 舞蹈美学 [M]. 北京：东方出版社，1997.
3. 欧建平. 舞蹈鉴赏 [M]. 南京：江苏教育出版社，2009.
4. 欧建平. 西方舞蹈鉴赏 [M]. 北京：光明日报出版社，1996.
5. 冯双白，茅慧. 中国舞蹈史及作品鉴赏 [M]. 北京：高等教育出版社，2010.
6. 欧建平. 外国舞蹈史及作品鉴赏 [M]. 北京：高等教育出版社，2008.
7. 弗里曼. 当代西元舞蹈美学 [M]. 欧建平，译. 北京：光明日报社，1995.
8. 欧建平. 现代舞欣赏法 [M]. 上海：上海音乐出版社，1996.

第十章 音乐艺术欣赏

第一节 音乐艺术的性质特征

一、什么是音乐艺术

音乐是人类文化艺术的一个重要组成部分，是一种以音响、节奏、旋律、调性等为手段，在时间的流动过程中，通过概括性的比拟来展示形象，表现情思的艺术。[①]

诺贝尔奖获得者李政道教授让艺术和科学平起平坐，他认为："科学和艺术是不可分割的。它们的关系是和智慧和情感的二元性密切关联的。艺术和科学事实上是一个硬币的两面。它们源于人类活动最高尚的部分，都追求着事物的深刻性、普遍性、永恒性和富有意义。"[②] 审美教育的确是培养完美人性和精神自由的重要手段。雨果说："打开知识大门的钥匙有三把，一把是字母，一把是数字，一把是音符。"可见音乐艺术在开发人的智力方面有着和字母、和数字同样重要的地位。许多哲学家、科学家都具有相当的音

① 柯汉琳. 美学原理［M］. 广州：广东高等教育出版社，2015：280.

② 李政道. 科学和艺术，一个硬币的两面［J］. 社区，2007（2Z）：7.

乐造诣，爱因斯坦6岁开始学习小提琴，音乐成为他一生的至爱；画家达·芬奇是一名杰出的里拉琴演奏家；漫画家丰子恺是中国现代音乐教育的先行者……可以说，他们在各自研究的领域中的伟大成就与音乐对他们的启发和促进是分不开的。

音乐欣赏的本质是欣赏主体（人）对客体（音乐作品）和作曲家创作的理解，表演家和演奏家对音乐作品的诠释，音响制作水平的评判等。音乐艺术欣赏和其他艺术欣赏还有一个显著不同的地方，欣赏者欣赏到的作品是表演家和指挥家对作曲家作品进行的二次创作。同一首音乐作品，不同的艺术家对作品的理解和演绎效果是不一样的。

古今中外，学校教育无不把音乐教育作为提高受教育者的思想、性情、审美的重要途径，而大学生音乐欣赏是高校通识教育的重要组成部分。作为现代大学生，不一定要求每个人都在音乐方面有专业的造诣，但了解一定的音乐知识，能对美好的音乐进行欣赏，应当是大学生提高审美水平和综合素质的需要。

二、音乐艺术的审美特征

（一）音乐美主要是通过节奏、旋律、调性等的有机结合表现出来的形式

音乐是音响的艺术，是乐音通过时间流动给听者带来的美的享受，这种“流动”由不同的节奏、旋律、调性等要素有机结合而来。

节奏是一种音符组合的规律，一般一首作品都会有代表性的节奏型，这就基本奠定了音乐的律动风格和特点。

旋律是由音符的走向线条形成的，音乐中往往也会反复出现一些特点鲜明的旋律，这就是为什么有些作品会让听者记住一些片段。一方面，是因为这些旋律片段动听、有特点；另一方面，这些旋律会在不同的段落重复两次以上。如贝多芬《命运》的“命运敲门”的主题旋律激昂有力，令人印象深刻。

调性是音乐色彩的主因。常用的调式分为大调、小调、民族调式（中国民乐一般为五声调式、六声调式居多）。一般来说，调式决定音乐的色彩，如大调的音乐明亮开朗、小调的作品具有柔和浪漫暗淡等色彩、民族调式作品的民族风格突出等，敏感的耳朵可以分辨出来这些音乐色彩的区别。

（二）音乐以人的内心生活为直接表现对象

音乐作品用音响的方式，直接表达人的内心生活。贝多芬第九交响曲中的合唱部分

《欢乐颂》，是根据德国诗人席勒的同名长诗创作的，当时席勒受到贵族迫害出逃在外，身无分文，负债累累，过着漂泊不定的生活。正在席勒走投无路的时候，莱比锡4个素不相识的年轻人仰慕席勒的才华，写信邀请他到莱比锡去，路费由他们承担。席勒接到信后立即从曼海姆出发，不顾旅途困顿和身体虚弱，走了8天来到莱比锡，受到4位陌生朋友的热情欢迎和无微不至的招待。《欢乐颂》就是在席勒感受了这种雪中送炭的温暖后，以万分感激的心情写出来的，以此来歌颂人间欢乐、宣扬博爱理想。这也验证了“当语言文字枯竭了，无力表达艺术家的情感时，音乐就开始了”①。

爱情是人类永恒的话题，因此音乐用来表达美丽的爱情更是一种常见的情况，很多中国民歌，描述爱情中男女内心的期待、羞涩、暗示等心理活动，如《在那遥远的地方》《半个月亮爬上来》等。西方的歌剧也经常表现时代背景下的爱情，如柴可夫斯基的《罗密欧与朱丽叶幻想序曲》就是根据莎士比亚的爱情悲剧代表作创作的。此外，陈刚、何占豪的小提琴协奏曲《梁祝》也是根据民间爱情故事创作的，表现了故事的男女主人翁在热恋中、在玩耍中、在爱情遭到反对中、在抗婚中、在殉情前的羞涩、浪漫、悲愤、呼天抢地等内心活动，实在令听者动容。

（三）音乐形象具有突出的想象性、模糊性、不确定性特点

音乐形象可以通过一定的形式、内容和手法来表现，可以通过了解作品的标题、内容等来揣摩。但欣赏者不能仅通过这些内容来推测出作者的意图，这些背景和音乐知识只能作为一种辅助手段来帮助欣赏者完成作品欣赏。

如小提琴协奏曲《梁祝》，是一首标题音乐，作者分了段落并注了标题，按照大家熟悉的传说故事分为相爱、抗婚、化蝶三个部分。如果欣赏者按照这个标题和思维来进行对号入座，那就不是真正意义上的欣赏了，应该在了解背景和故事的前提下让自己的思维和想象随着音乐的流动而飞舞，去感受自己内心自然涌动的感情，而不是被故事和标题束缚和局限。

莫扎特在承受着妻子生病和孩子挨饿而无能为力的精神压力时写下《第四十交响曲》，而有些人在倾听的时候认为作品旋律轻快，表达的是欢快的情绪。欣赏者的这种感受和莫扎特的音乐表达的情绪矛盾吗？未必，谁又能说莫扎特的第四十交响曲没有表达欢快的情绪呢？这也就说明了音乐形象的模糊性和不确定性。

---

① 尼采．悲剧的诞生［M］．杨恒达，译．南京：译林出版社，2007：41．

（四）音乐具有强烈的动情性

由于音乐以人的内心生活为直接表现对象，因此欣赏音乐的人们，必定会产生情感波动。有些音乐让人悲伤流泪；有些作品让人热血沸腾、催人奋进；有些音乐让人觉得浪漫美好；而有些让人叹息无奈。正是因为音乐具有强烈的动情性，对人们的情绪可以产生较大的影响，目前心理学疗法中已经形成了比较成熟的音乐治疗法，并具有较好的治疗效果。

音乐的创作离不开时代的影响，当音乐和时代需要紧密结合的时候，除了艺术成就之外，还产生了特殊的效果。我国音乐家冼星海，在祖国危难的时刻，创作了著名的声乐套曲《黄河大合唱》以及大量的鼓舞人心的艺术作品，多少民众和战士因此热血沸腾，激起了对祖国的捍卫意志和对敌人的抵抗信心与激情。肖邦的钢琴练习曲《革命练习曲》，是一首为钢琴学习者练习指法和速度而写的作品。但肖邦把练习曲的标题定为《革命练习曲》，是在波兰受到战争的苦难的背景下写的，这首练习曲恰恰是在快速地弹奏中表现一种激昂的情感，不难从音响中听出作者对其祖国的热爱，对战争和侵略者的愤怒，甚至对和平的信心和希望。钢琴练习者或者欣赏者能和作曲家的作品表达产生情感共鸣，必定能在演奏和倾听的时候触动自己的心灵，产生强大的精神力量。

（五）音乐艺术与文学、建筑艺术等艺术形式密不可分

在中国古代艺术的起源文献中，诗歌、音乐、舞蹈大多是相互影响、密不可分的，诗人根据韵律吟诵诗歌，本质上也是在吟唱音乐，文学与音乐结合的最好体现就是《诗经》。现代作曲家谭盾就从古典文学作品中得到灵感，22 岁创作了第一部交响作品《离骚》，随后又创作了中国传统音乐内涵和西方作曲技法相结合的弦乐四重奏《风雅颂》，获得了较高的国际声誉。

柴可夫斯基的《罗密欧与朱丽叶幻想序曲》是根据莎士比亚的爱情悲剧《罗密欧与朱丽叶》创作的，约翰·施特劳斯的《蓝色多瑙河》是根据诗歌《美丽的蓝色多瑙河》创作的，而舒伯特的 600 多首艺术歌曲中有 100 多首是根据诗人歌德、海涅等的诗歌创作的。同时，还有数量众多的歌剧作品是根据同一主题的文学作品创作的。因此，想要深入理解这些音乐作品，就需要了解相关的文学知识，了解相关文学家的创作思想、风格等。

德国哲学家谢林说过："音乐是流动的建筑，建筑是凝固的音乐。"① 巴洛克时期和古典主义时期的一个过渡——洛可可时期（Rococo）的音乐，就是由这一时期的法国建筑中的结构和艺术特点发展出来的音乐风格。

第二节 音乐艺术作品欣赏

一、音乐艺术欣赏要领

音乐美学专家周海洪说：音乐何须懂？指的就是感受音乐的美不一定需要具备专业的音乐知识为前提，只需要打开耳朵和心门，去聆听、去感受。如果进一步了解音乐作品的年代、民族特征和作者的生平，了解作品的体裁、结构和调式，了解自己正在聆听的音乐的演奏者和演唱者是哪些艺术团体哪位表演家，那么就可以帮助欣赏者了解作品、理解作者的表达意图和音乐形象等，帮助人们对音乐进行深层次的鉴赏。

通常，音乐欣赏分为三个层面：听觉的欣赏、情感的欣赏和理智的欣赏。

（一）听觉的欣赏

听觉的欣赏是一首作品给人的音响感受，即欣赏者觉得旋律好听还是不好听的初步感受。这是检验优秀作品的第一关，那些经历时代考验的音乐作品无不都是音响优美、有着让听者沉醉其中的有魔力般的旋律和和声。不能想象旋律不动听、和声不美的音乐能经历几百年甚至上千年的时间考验流传于世。因此，想打动听者的心灵必须先抓住听者的耳朵。世界四大小提琴协奏曲、肖邦的钢琴曲、舒伯特的艺术歌曲、贝多芬的交响曲、流传于世的众多舞剧和歌剧等无不有着醉人的音响效果。小提琴协奏曲《梁山伯与祝英台》的爱情主题，如同清泉般清澈，又像蜜糖般甜美，直接流入人们的心田，让人百听不厌；肖邦的《升 C 小调小夜曲》的旋律，让人不由自主地随着音乐的流淌闭上眼睛，情绪轻轻地飘荡；亨德尔的《A 大调第一小提琴奏鸣曲》穿越了 300 多年的时光传到耳朵里的时候，是优美动听、令人沉醉的；柴可夫斯基的《如歌的行板》、华彦钧

---

① 林华. 美的流动和凝固：聆听建筑之一［J］. 音乐爱好者，2000（5）：32－35.

(阿炳)的《二泉映月》也有异曲同工之妙。

这是欣赏的第一个层次，也是每一个欣赏音乐的人都会有的层次。这一层次是不要求欣赏者具备专业的音乐知识和了解音乐背景等为前提的感性欣赏，是欣赏者听到音响后的直接本能的反应。就如一名3岁的小女孩无意中听到普契尼的歌剧选段《今夜无人入睡》的时候，要求妈妈反复播放给她听，美好的音乐是可以直接抓住人们的耳朵的。

(二) 情感的欣赏

情感的欣赏是欣赏者的思想情感参与了欣赏活动，即音乐是否让人引发某些回忆，是否激发了某种情怀，并对欣赏者造成了情绪的影响。如日本指挥家小泽征尔在倾听《二泉映月》时泪流满面，说“这首作品应该跪着听”，凄美的音乐的旋律让他感受到了阿炳命运的坎坷和挣扎，同时激发了他同情和悲伤的情绪。又如在欣赏贝多芬的《命运》时产生认同、钦佩等情感，并激发了自己对命运把握的激情和意志。

在倾听音乐作品时，视觉不会产生什么作用，不用去管自己看到了什么，而是让心来感受音响带来的意境，大脑可以尽情想象。如在听肖邦的《一分钟圆舞曲》(又名《小狗圆舞曲》)的时候，许多人脑海里会浮现一只小狗追着自己的尾巴快速转圈的有趣画面；《蓝色多瑙河》音乐一响，奥地利人的脑海里马上会出现一幅母亲河美丽祥和的画面。这也是为什么许多音乐家在表演时会闭上眼睛，许多人在听到动听的音乐时也会闭上眼睛的原因。这个时候，眼睛里看到的东西也许干扰了他们的想象和思绪，而闭上眼睛仔细倾听，可以张开想象的翅膀，脑海里必定是一幅多彩的画卷。

(三) 理智的欣赏

欣赏者通过了解作品的作者生平、创作背景来分析作品的音乐风格及表达的意义，从而了解作曲家的创作特征、时代特征等来分析音乐作品的艺术价值和审美价值。同时，欣赏者能对音乐进行解释和评价，通过赏析音乐促进自身的修养、完善自己的人格，智慧地去创造自己的人生，就达到了音乐欣赏的第三层次。

在倾听贝多芬的音乐时，不禁要思考：是怎样一种胸怀和气度，是怎样的一种力量让他在完全失聪的情况下仍然创作出了众多对后世产生巨大影响的伟大作品，而他的作品中却“没有哭没有泪，没有不解的惆怅和缠绵的悲哀”①。这种思考本身就能带给欣赏

① 沈致隆，齐东海．音乐文化与音乐人生［M］．北京：北京大学出版社，2007：7.

者巨大的情感冲击，因此人们在欣赏贝多芬的音乐时已经超越了欣赏音乐本身的艺术美。在欣赏音乐带来的美的同时，对自己的灵魂和意志是一种洗礼，是对伟大音乐家和杰出音乐的致敬。

在倾听莫扎特的音乐时，欣赏者了解到他在这个世界上只生活了短短的35年，却创作了大量杰出的音乐作品，他作为杰出的音乐家在当时的社会并没有得到尊重，甚至受到贵族的迫害，连生活都得不到保障。但人们从他的音乐中却听不到痛苦和哀号，连挣扎的痕迹都未曾流露出来，他的音乐流淌的是高贵和平和，展示的是高雅的艺术灵魂。这也就让我们理解了为什么音乐史家说“莫扎特的音乐反映的不是他的生活，而是他的灵魂”① 了。

并不是每个欣赏者对每首作品都能达到第三个欣赏层次，也不是所有的欣赏者都会对音乐作品产生多层次的感受。欣赏音乐时，如果对所听到的音乐有兴趣，有感受，无妨多迈进几步，这既是一种学习，也是对自己审美层次的提高和精神境界的一种升华。

二、经典音乐艺术作品欣赏

人类几千年的历史中，留下了许多辉煌的经典音乐作品，这些优秀的作品经过了时代的考验，至今仍然散发着熠熠光辉，成为人们的宝贵的精神食粮。对经典音乐作品进行分析欣赏，可以了解历史，提高人们的审美水平，推进艺术的前进和发展。

作品1　二胡独奏：阿炳《二泉映月》

如果有人问什么样的旋律是悲伤的，请去聆听《二泉映月》。

作品舒缓悠长的节奏和相对平缓的旋律进行，配上二胡接近人声的音色和较好的情感表现力，让整首音乐凄美而忧伤，却又隐藏着一股生命的张力，展示着对美好生活的向往。

在倾听音乐的时候，凄美的音乐的旋律让你感受到阿炳命运的坎坷和挣扎了吗？激发了你同情和悲伤的情绪了吗？

阿炳，原名华彦钧，民间音乐家，自幼跟随父亲学习音乐，4岁丧母，35岁双目失明，在无锡市沿街卖唱和演奏各种乐器为生。他演奏器乐技艺高超，还突破师承的狭窄，

---

① 傅雷．傅雷家书［M］．太原：北岳文艺出版社，2002：54－55．

图 10-1　华彦钧（阿炳）雕像

根据自己对社会、对生活的理解和感受自己创作乐曲，其中以《二泉映月》最为著名。《二泉映月》旋律委婉流畅、跌宕起伏、意境深邃，作者运用二胡五个把位上的演奏，配合各种功法的力度变化，流露出压抑悲怆的情调，表现了作者在旧社会饱尝辛酸的感受和倔强不屈的性格，具有强烈的感染力。此曲流传广泛，深受群众喜爱。作品于20世纪50年代初由音乐家杨荫浏先生根据阿炳的演奏，录音记谱整理，灌制成唱片后很快风靡全国。全曲除了引子和尾声外，共分了六个段落，即主题和它的五次变奏。

乐曲的引子首先以四拍组成的短小音调作为开端，一个下行音阶式短句，好像是演奏者发出的一声饱含辛酸的叹息。二胡以轻微的声音，低沉含蓄内在的音色，带着欣赏者自然地进入到欣赏的第一个层面——优美的音色和描写的意境中。

乐曲进入第一段后以平稳的级进为主，稍有起伏，表现了作者心潮起伏的郁闷之情；接着利用不断向上的旋律冲击和多变的节奏，表现了作者对旧社会的控诉，也体现了他不甘屈服的个性。欣赏者此时如果结合自己生活，对作曲家的情感产生了共鸣，就进入了欣赏的第二个层面。

此后的五个段落是围绕着第一段两个主题的五次变奏：它通过乐句篇幅的扩充和减缩，并结合曲调音域的上升和下降，表达出音乐的渐次发展和推进。

最后一段由扬到抑，音调婉转下行，进入低音区，到了尾声部分，它与“b5”第二乐句紧密相连，音乐最后结束在轻奏的不完全终止上，好像无限的惆怅与感叹，声音更加柔和，节奏更加舒缓而趋于平静，给人以意犹未尽的感受。

全曲的速度比较统一，但力度的变化却相当大。阿炳根据感情的需要随心所欲地运弓，运弓的强弱起伏配合左手的按弦，通过指力的轻重造成音的顿挫，让人听起来感到连中有断，音断意不断，曲调显得更为生动、富有活力。

《二泉映月》反映了一个真实的阿炳，反映了他跌宕起伏的人生，反映了一个有着相当艺术造诣的音乐家由于家道没落、流落街头、染上疾病后的种种困苦，最后郁郁而终的悲剧，让听者动容，体现了音乐具有强烈的动情性的审美特点。

作品2　中国近现代音乐欣赏：冼星海合唱声乐套曲《黄河大合唱》

图10－2　冼星海

《黄河大合唱》是我国音乐家冼星海最重要和影响力最大的一部大型合唱声乐套曲。1939年，冼星海去看望病床上的青年诗人光未然，听其朗诵《黄河吟》和讲述黄河呼啸奔腾的壮丽景象，乐思如潮，一个月之内就完成了该作品八个乐章及伴奏音乐的全部乐谱，写就了这一时代的中华民族的音乐史诗。

《黄河大合唱》以黄河为背景，由《黄河船夫曲》（混声合唱）、《黄河颂》（男高音或男中音独唱）、《黄河之水天上来》（配乐诗朗诵，三弦伴奏）、《黄水谣》（女声二部合唱）、《河边对口曲》（男声二重唱及混声合唱）、《黄河怨》（女高音独唱）、《保卫黄河》（轮唱）、《怒吼吧，黄河》（混声合唱）等八个乐章组成。

第四乐章《黄水谣》旋律优美而悲伤，听者仿佛可以看到战争前黄河岸边的麦苗儿肥，闻到豆花儿香，感受到百姓男女老少喜洋洋的场景。而音乐作品描述战争中侵略者的暴行让老百姓妻离子散天各一方的悲惨，进而把聆听者的思绪带回那个战争的年代，感受百姓的悲痛无助和愤怒，体现了音乐艺术以描写人的内心生活为直接表现对象的审美特征。

第七乐章《保卫黄河》的“风在吼，马在叫，黄河在咆哮”，以母亲河黄河的咆哮形象地比喻中国人民的同仇敌忾，表达了保卫黄河、保卫家乡、保卫全中国的决心和毅力，激昂的歌词和雄伟的音响效果让音乐具有强烈的动情性，欣赏者在感受音乐音响美的同时，自身的情感也会被带动起来，能够更加投入。

第八乐章《怒吼吧，黄河》，“向着全中国受难的人民，发出战斗的警号！向着全世界劳动的人民，发出战斗的警号！”一首合唱音乐作品，不是武器，胜似武器，吹响了统一抗击敌人的号角，像一把利剑，指引着全体军民奋力冲向敌人，直到取得胜利。

经过80年的历史沉淀，《黄河大合唱》已经以其磅礴而优美的音响、宏伟的气势、丰富的精神内涵成为中国音乐艺术精品和中华民族坚强不屈的精神符号。

作品3　小提琴协奏曲欣赏：陈刚、何占豪《梁祝》

一说到音乐旋律中的爱情主题，大家一定会想到小提琴协奏曲《梁祝》。小提琴优美清丽的音色、那舒缓浪漫的旋律、中国民族音乐特色的爱情主题会让每一位倾听者深深着迷，喜欢上这首作品。

对于了解过这个民间爱情故事或者听过传统戏剧作品的人们来说，听这首作品时应当会在脑海里对原有的人物、故事情节、情绪产生回忆和画面感。如听到“三载同窗”时，脑海会浮现梁祝二人朝夕相处、同窗共读的快乐和美好的时光。当听到“抗婚”时，随着压抑而沉重的音响，倾听者的内心一定也会因封建势力对梁祝的压迫而倍感同情。即便是没有了解相关知识和信息，听到不同段落时，欣赏者的内心也一定会产生不同的情感波动和体验。

理智的欣赏是从感性到理性的过程。从作品的曲式结构来说，这是一首单乐章标题协奏曲，故事的主要情节被浓缩为三部分内容：相爱、抗婚、化蝶。逐一倾听音乐的引子，（呈示部）主部爱情主题、华彩乐段，副部主题三载同窗，（展开部）抗婚、楼台会、哭灵投坟，（再现部）化蝶后，仿佛看到了梁祝求学路上春光明媚、鸟语花香的故事背景，看到梁祝二人同窗时期的快乐情景，看到梁祝二人誓死抗婚的愤怒和痛苦，看到二人楼台会的缠绵悱恻。

音色是塑造音乐形象不可缺少的手段。由于大提琴圆润、深沉的音色接近于男声，而小提琴优美、明亮、柔和的音色接近于女声，因此，作曲家用独奏大提琴代表梁山伯，用独奏小提琴代表祝英台，通过两种音色鲜明的对比，栩栩如生地向人们展示二人在楼台会时流泪互诉衷肠的感人画面。特别是当音乐突然急转直下，弦乐采用快速的切分节奏，激昂而果断，独奏小提琴以散板的节奏与乐队齐奏的快板交替出现，运用了京剧倒板和越剧紧拉慢唱的手法，深刻地描绘了祝英台扑倒在梁山伯的新坟前呼天号地泣诉的情景。

从作品的创作背景来看，《梁祝》取材于民间故事，是一出越剧剧目，1952年由华东实验越剧团整理演出，后又排成戏曲影片。而这一年，在上海音乐学院管弦系学习小提琴专业的何占豪发现老百姓对小提琴作品并不那么感兴趣。因此，他与后来的小提琴协奏曲首演者俞丽拿等同学组成“小提琴民族学派实验小组”，致力于小提琴艺术民族化，创作老百姓喜闻乐见的小提琴作品。而该作品的另一名作曲家陈刚与何占豪密切合作，以越剧作品《梁祝》为蓝本，完成了他的毕业作品——小提琴协奏曲《梁祝》。其乐曲旋律优美，管弦色彩绚丽，集思想性、艺术性、民族特色为一体，由于取材民间故事，老百姓也非常乐于接受，被视为交响乐民族化的典范，成为中国民族音乐走向世界的标志作品，成为许多小提琴家和指挥家必演的曲目。

小提琴协奏曲《梁祝》用西洋乐器来描述一个中国的民间爱情故事，在小提琴艺术上达到了较高的成就。同时，由于曲调和素材的民族化，加上人类世界一个共同的主题——凄美的爱情故事，也符合中西方人民的审美习惯和期待。

作品4　交响曲欣赏：路德维希·凡·贝多芬（Ludwig van Beethoven）《第五（命运）交响曲》

图10-3　路德维希·凡·贝多芬

在所有的古典音乐中，贝多芬《第五（命运）交响曲》（简称《命运》）的开始部分是最引人注目和让人震撼的。它那“三短一长”的主题动机已经成为西方古典音乐中的经典，成为全人类“命运”的标志。

因此，每一个听过贝多芬的第五交响曲的人都不会忘记这个主题动机和音响效果。这就是欣赏的第一层次，是这首交响曲给人的最直接的冲击和印象。

《命运》的第一乐章是有活力的快板，由主部主题著名的“命运敲门”主题动机节奏开始，象征着生活中的困难、挫折和艰辛。副部主题坚定而优美的旋律则表现英雄柔情、稳健和自信的一面。

人们在欣赏音乐的时候都会出现情感的波动，节奏舒缓、音阶行进平稳的旋律会让人心情舒畅、心旷神怡，同时联想一些美好的事物；节奏快速、力度变化激烈、音符跳动大的音乐让人兴奋激动，而小调式暗淡柔和的旋律则容易激发听者忧伤和惆怅的情感体验。

人们在进行听觉欣赏的同时往往会伴随着情感的欣赏。路德维希·凡·贝多芬（1770—1827）有一个酗酒的父亲，强迫他长时间练习键盘乐器（长时间听力受损也是导致他日后失聪的一个原因）。他反对18世纪把音乐家束缚于一个雇主手中的庇护人制度，且因为个性问题备受痛苦。他终身未婚，却写出了浪漫的《致爱丽丝》。他担任了碌碌无为的侄子卡尔的监护人，却给自己的生活增添了更多的负担和痛苦。他26岁发现自己的耳朵出现重听，到38岁的时候几乎完全失聪。如果人们了解到贝多芬的真实命运，在聆听这首作品的时候，会不会对自己的命运产生一种联想，或者因为自身的挫折和困难对音乐的表达产生共鸣呢？会不会在听完作品后反而充满信心和激情，产生一种坚定的、把握命运的意志呢？这就是欣赏的第二个层面。

贝多芬被誉为“集古典主义之大成，开浪漫主义之先河”的“乐圣”，他的英雄性思想和英雄性的音乐风格是他的作品坚实的基础。他的第九交响曲的“人类皆兄弟”的音乐思想，可以说和“共产主义”的精髓是不谋而合的。这种音乐思想和风格让他在音乐史上有着不可替代的地位。在欣赏他的作品时难以想象一位音乐家生活在无声的世界里是一件多么痛苦和煎熬的事情，而贝多芬的伟大恰恰在于，他战胜了命运的坎坷，在完全失聪的情况下仍然创作出了众多对后世产生巨大影响的伟大作品。电影《复制贝多芬》很好地描述了贝多芬耳朵失聪时的音乐创作及内心的挣扎、与命运的抗争，是音乐爱好者不可错过的电影作品。人们在欣赏《命运》时已经超越了欣赏音乐本身的艺术美，在欣赏音乐带来的美的同时，对自己的灵魂和意志是一种洗礼，对音乐家本身也是一种致敬。

作品 5　歌剧欣赏：沃尔夫冈·阿玛多伊斯·莫扎特（Wolfgang Amadeus Mozart）《费加罗的婚礼》

莫扎特（1756—1791），是公认的音乐神童，6 岁就举办了个人钢琴独奏音乐会。他在短暂的 35 年的人生中创作了大量的伟大的作品，包括歌剧、交响乐、协奏曲、室内乐、钢琴曲和教堂音乐。他是第一个摆脱了低声下气受宫廷职位庇护成为自由作曲家的人，虽然他冲破牢笼的代价是他去世后只能安葬在贫民区。

图 10－4　沃尔夫冈·阿玛多伊斯·莫扎特

歌剧《费加罗的婚礼》，也叫《狂欢的一天》，取材于剧作家博马舍的同名喜剧，阿尔玛维瓦伯爵的侍仆费加罗和伯爵夫人侍女苏珊娜的爱情喜剧，讽刺了贵族阶层的堕落和虚伪，歌颂了底层人民的勇敢和智慧。

《费加罗的婚礼》序曲采用交响乐的手法，言简意赅地体现了这部喜剧所特有的轻松而无节制的欢乐和进展神速的节奏。这段充满生活动力而且效果辉煌的音乐本身，具有相当完整而独立的特点，因此它可以脱离歌剧而单独演奏，成为音乐会上深受欢迎的传统曲目之一。

序曲虽然并没有从歌剧的音乐主题直接取材，但同歌剧本身有深刻的联系。序曲把歌剧紧凑的节奏、紧张而诙谐的情绪、饱满的热情等元素用奏鸣曲形式浓缩地集中表现出来。

图 10－5　歌剧《费加罗的婚礼》剧照

欣赏者会对其中一些经典的片段印象深刻，如费加罗的咏叹调《再不要去做情郎》、男仆凯鲁比诺的咏叹调《你们可知道什么是爱情》、罗西娜的咏叹调《何处寻觅那美妙的好时光》、罗西娜与苏珊娜的二重唱《微风轻轻吹拂的时光》等。

另一个令人印象深刻和享受的是《费加罗的婚礼》中的多处重唱，对于剧情的展开及人物性格的刻画都起着重要的作用。第三幕的第十场罗西娜与苏珊娜写信时的两重唱曲调和歌词都极为优美，做着同一件事的两个人所怀着的不同的感情在重唱中得到了充分的体现。另外，剧中有不少多重唱唱段，一重一重地把剧情推向戏剧冲突的高潮。

一边欣赏演员的精彩表演、情节的发展和情绪的对抗，更让人享受的是声乐和和声的美，完美的和声代替单纯的语言更能体现矛盾和情绪对抗的激烈。不同的角色、不同的心理活动和感受，作曲家通过多个旋律和和声完美结合，把多种角色的情绪和音色同时呈现出来，让人拍案叫绝。

《费加罗的婚礼》还探索了爱的各种表现，从情窦初开的凯鲁比诺（莫扎特用女高音唱这个角色，更能表现一个年轻人的青涩和幼稚）对伯爵夫人的爱，伯爵夫人对丈夫的伤感忧郁的爱情，费加罗和苏珊娜忠贞不贰的爱情，女老管家对费加罗、伯爵对苏珊娜占有欲的爱等。音乐以人的内心生活为表现对象的审美特点在这里体现得很充分。

作品6　交响曲欣赏：彼得·伊里奇·柴可夫斯基《悲怆》（第六交响曲）

图10－6　彼得·伊里奇·柴可夫斯基

柴可夫斯基的第六交响曲《悲怆》在1893年8月末至9月间完成。柴可夫斯基自认为这部交响曲是他一生中最成功的作品，也是他最得意的杰作。本曲首演于1893年10月28日，几天之后，作者不幸染上霍乱，与世长辞。

这首交响曲正如标题所示，强烈地表现出“悲怆”的情绪，这一点也就构成本曲的特色。柴可夫斯基的音乐的特征中旋律的优美、形式的均衡和管弦乐法的精巧等优点，都在本曲中得到深刻的印证。因此，本曲不仅是柴可夫斯基作品中最著名、最杰出的乐曲之一，也是古今交响曲中第一流的精品。

柴可夫斯基在《悲怆》中，以b小调为出发点，同时也以b小调为归结，用小调的暗淡和忧郁来抒发情感和倾吐悲愁。在第二乐章和第三乐章中虽然采用了有明亮色彩的D大调和G大调，但最终第四乐章还是在d小调的叹息和悲哀声中结束。

许多人认为《悲怆》旨在描写人生的恐怖、绝望、失败、灭亡等，充满了悲观的情绪，而否定了一切肯定、享受人生的乐观情绪，同时揭示了一个永恒的真理——死亡是绝对的、无可避免的，而生活中的所有欢乐都是转瞬即逝的；因此认为柴可夫斯基的《悲怆》是悲观的，和另一首流传于世的贝多芬第九交响曲相比，没有那种英雄、乐观、表现人类战胜命运的斗志和理想。但《悲怆》创作于沙皇俄国末期，作者生活在批判现实主义的思潮里，作品体现的是俄罗斯人民处于一种被压抑状况下的真实心态，因此有学者更倾向于认为作者是在表现人类的一生中共同的一种过程感，是对生命的爱和悲悯之情，是对生命的崇高礼赞。

柴可夫斯基有着优裕的童年生活和良好的教育，他23岁的时候违抗父命，放弃法律，从事音乐，他是否跟鲁迅先生放弃医学、从事文学创作时抱着同样的使命感和抱负呢？在柴可夫斯基和鲁迅看来，法律和医学是理性的、缺乏感情的，靠法律或医学是无法挽救社会和人的灵魂的，而音乐和文学可以用炽热的情感去激发、呼唤人们的心灵。

三、音乐艺术作品推荐

作品 1　中国古琴曲：《高山流水》

图 10－7　俞伯牙与钟子期

中国古代音乐以礼为规范，追求“中和”美，讲究“含蓄”，追求“和谐”，音乐节奏和节拍富于弹性，律动自由，作品《高山流水》以古琴内敛而富有张力的表现力，让人们仿佛看到了巍巍的高山和潺潺的流水。《高山流水》因为优美的旋律、深远的意境而受喜爱，也因为俞伯牙和钟子期的“知音”的典故为人们熟知。

“子期死，伯牙谓世再无知音，乃破琴绝弦，终身不复鼓。”文人雅士和樵夫因为音乐成为知己至交，成就了一段音乐佳话。

后世将此曲分为《高山》《流水》二曲，现在一般演奏的是《流水》部分。1977 年 8 月 20 日，美国宇航局向外太空发射的“旅行者号”宇宙飞船上搭载了一张据称能保存 10 亿年之久的镀金唱片，其中就有我国著名琴家管平湖先生演奏的《流水》一曲，该曲被认为完美体现了人与自然和谐共处。

作品 2　中国琵琶武曲：《十面埋伏》

图 10－8　五弦琵琶独奏《十面埋伏》

乐曲《十面埋伏》主要描绘了公元前 202 年，刘邦和项羽在垓下决战，最后项羽乌江自刎、刘邦取得胜利的情景。全曲气势恢宏，充斥着金戈铁马的肃杀之声。

在音乐故事情节上，此曲用琵琶独奏表现了垓下决战的完整内容：列营、吹打、点将、排阵、走队、埋伏、小战、大战、项王败阵、乌江自刎、众军凯旋、诸将争功；在结构布局方面，体现了“起、承、转、合”的完整结构；在演奏技巧方面，《十面埋伏》几乎涵盖了所有传统琵琶曲技法和高难度的弹奏技巧，以单个乐器的独奏形式表现出了堪比西方管弦乐队交响乐所表现的波澜壮阔的史诗场面。

作品3　巴洛克风格音乐欣赏：约翰·塞巴斯蒂安·巴赫《勃兰登堡协奏曲》

巴洛克原意指形状不规则的珍珠，是一种艺术形式。这种艺术风格的盛行时期后人称之为巴洛克时期，这个时期出产的音乐作品就称为巴洛克音乐。

《勃兰登堡协奏曲》共有6首，是德国作曲家巴赫的作品。巴赫的创作根植于德国民间音乐，他的宗教音乐中具有丰富的世俗感情和大胆的革新精神，继承了16世纪以来德国声乐和器乐的优秀传统，又吸收了意大利和法国的先进技术，几乎把所有音乐体裁提高到了前所未有的高度，对后世的发展具有深远的影响。

图10－9　约翰·塞巴斯蒂安·巴赫

作品4　室内乐欣赏：柴可夫斯基《D大调第一弦乐四重奏》第二乐章《如歌的行板》

室内乐，原意是指在房间内演奏的“家庭式”的音乐，后引申为在比较小的场所演奏的音乐，现在指由一件或几件乐器演奏的小型器乐曲。

《如歌的行板》旋律悠长缓慢，情感真挚，取材于一首旋律动人的俄罗斯民歌《孤寂的凡尼亚》，是柴可夫斯基《D大调第一弦乐四重奏》中的第二乐章。

此曲的旋律如同歌喉美妙的女人在深情地歌唱，首先在听觉上紧紧地抓住了听者的耳朵，而委婉、忧郁的音乐情绪更是能揪住听者的心，跟着旋律的进行而思绪万千。托尔斯泰听到此曲曾感动地流下了眼泪，并说这一作品使他“接触到忍受苦难的人民的灵魂深处”。

作品5　协奏曲欣赏：雅科布·路德维希·费利克斯·门德尔松·巴托尔迪《e小调小提琴协奏曲》

协奏曲原意是在一起比赛，协奏曲是两种因素既竞争又协作的意思。

德国作曲家门德尔松被誉为浪漫主义杰出的“抒情风景画大师”，其作品以精美、优雅、华丽著称。他的《e小调小提琴协奏曲》与贝多芬的《D大调小提琴协奏曲》、柴可夫斯基的《D大调小提琴协奏曲》、勃拉姆斯的《D大调小提琴协奏曲》并称世界四大小提琴协奏曲，是四首作品中唯一的一首小调的作品，以其细腻优美的旋律、华丽优雅的抒情性和丰富的幻想特征，获得"女性协奏曲"之称。作品的三个乐章都非常著名，特别是第一乐章，动人的旋律引人入胜。

图10－10　雅科布·路德维希·费利克斯·门德尔松·巴托尔迪

作品6　艺术歌曲欣赏：弗朗茨·舒伯特《魔王》

艺术歌曲是由诗歌与音乐结合而共同完成艺术表现任务的一种音乐体裁，其名称因浪漫主义音乐大师舒伯特的作品而确立，成为一种独立类型的歌曲种类。

《魔王》是一首著名的叙事性歌曲，是被誉为"歌曲之王"的奥地利作曲家舒伯特根据歌德的同名叙事诗作创作的一首艺术歌曲，描写了一个父亲带着病重的孩子黑夜里骑着马，穿过阴森的森林去求医，一路上孩子受到魔王的诱惑和恐吓，当到了医生家门口的时候，孩子却停止了呼吸的故事。这是一个悲伤的故事，舒伯特用钢琴快节奏的三连音弹奏作为伴奏，既模仿了急促的马匹奔跑的脚步声，又营造了一种紧张恐怖的气氛。歌曲演唱要求男歌唱家在旁白、父亲、孩子和魔王四种角色的不同音色和情绪中进行转换和演绎，难度很高。

图10－11　弗朗茨·舒伯特

作品7　交响诗欣赏：亚历山大·鲍罗丁《在中亚细亚草原上》

交响诗是匈牙利作曲家李斯特开创的一种音乐体裁，常根据奏鸣曲式的原则自由发挥，是按照文学、绘画、历史故事和民间传说等构思创作成的大型管弦乐曲。交响诗的内容大多与文学的诗歌以及戏剧和绘画有关。《在中亚细亚草原上》原是俄罗斯民族乐派"五人团"之一的鲍罗丁

图10－12　亚历山大·鲍罗丁

创作的一幕戏剧中的配乐，戏剧因故没有上演，而此曲流传至今。乐曲描写了中亚广阔无垠的沙漠和草原上交织着的驼铃与马蹄声，伴随着东方风味的优美旋律，沙漠中的商队在俄军的保护中缓缓前进，慢慢走远。俄罗斯民族的歌曲和亚洲风格的旋律产生了奇妙的和谐。

作品8 印象主义音乐欣赏：阿希尔－克劳德·德彪西《牧神午后》

印象主义音乐是19世纪末20世纪初由法国作曲家德彪西首创的一种音乐风格，受印象派绘画艺术的影响。音乐节奏上打破均衡性，大胆自由使用不协和音程，重视调式的表现力，在曲式上反对对称性，结构往往松散。

图10－13 阿希尔－克劳德·德彪西

《牧神午后》是法国作曲家德彪西的印象派音乐风格成熟的第一部作品，取材于法国诗人马拉美的同名诗。他用独特、精细的音乐语言表达了诗歌中现实和梦幻之间的神秘、梦幻、飘忽的境界。

德彪西的流浪艺术家生活使他结识了许多有革新思想的艺术界人士，吸引了许多新颖的艺术观念。他的音乐避免文学式的叙事，其音乐的造型重于表情，直接感情重于理性。

作品9 管弦乐组曲：比才《卡门组曲》

对于许多音乐爱好者来说，了解《卡门组曲》应该是从这部作品著名的前奏曲开始的。前奏曲中的主旋律表现了斗牛士的形象，节奏整齐有力，旋律铿锵有力，让人联想到斗牛士那高大有力的形象和惊险刺激的斗牛场景。《卡门组曲》是根据法国大文豪梅里美的同名小说改编而成的，故事描写了一个美貌、野性的姑娘卡门和斗牛士的爱恨情仇，是法兰西歌剧史上具有划时代意义的歌剧作品。

图10－14 歌剧《卡门》剧照

思考与探究

1. 结合具体的中西传统音乐作品，
对中西传统音乐的音乐思维、节奏节拍、调性、表现意念和审美印象等方面进行对比。

2. 有人说《梁山伯与祝英台》是东方的《罗密欧与朱丽叶》，请结合两个故事谈谈你对小提琴协奏曲《梁祝》与《罗密欧与朱丽叶幻想序曲》两首音乐作品的理解和感受。

3. 音乐家贝多芬在耳朵失聪的情况下依然写出了流芳百世的伟大音乐作品，你认为他是依靠什么力量做到的呢？如果时空转换，你可以见到贝多芬，你想对他说些什么？

4. 柏拉图的《文艺对话录》中写道："音乐是数的艺术，音乐的美是各种数学比例关系的美。"请结合音乐的结构、节奏等因素谈谈你对这句话的理解。

阅读参考书目

[1] 中国艺术研究院音乐研究所《中国音乐词典》编辑部. 中国音乐词典 [M]. 北京：人民音乐出版社，1985.

[2] 汪启璋，顾连理，吴佩华. 外国音乐辞典 [M]. 上海：上海音乐出版社，1988.

[3] 柯汉琳. 美学原理 [M]. 广州：广东高等教育出版社，2015.

[4] 莱特. 聆听音乐 [M]. 余志刚，李秀军，译. 北京：生活·读书·新知三联书店，2012.

[5] 赵淑云，缪杰. 走近音乐：音乐知识与欣赏 [M]. 杭州：浙江大学出版社，2001.

[6] 胡郁青，赵玲. 中国音乐史 [M]. 重庆：西南师范大学出版社，2012.

[7] 沈致隆，齐东海. 音乐文化与音乐人生 [M]. 北京：北京大学出版社，2008.

第十一章　文学艺术欣赏

第一节　文学艺术的性质特征

一、什么是文学

文学是一种用语言塑造形象、表达思想情感的审美的社会意识形态。文学与音乐、舞蹈、绘画、雕塑等艺术共同具有形象性、情感性和理想性的特点，与艺术不同的是，文学是用语言塑造形象的，语言是非直观的，读者阅读文学作品时，通过感受语言这一非直观的符号而在内心唤起形象的画面，这就是说，文学的现象具有间接性的特点。文学形象的间接性特征，决定了文学的形象具有较多的不确定性，也使得文学能够描绘广阔的社会生活场景，叙述现实和历史上的复杂纷繁的事件，并长于心理描写。在现代文学理论中，通常把文学分为诗歌、小说、剧本和散文等四种体裁。

二、文学艺术的审美特征

文学艺术的审美特征，主要是形象具有想象性。语言的符号是文字，文字和发出声音的语言都是一种意境，是失去形象直观性的抽象符号系统。文学运用的言语、话语都是抽象的符号，它创造的艺术形象并不像视觉艺术那样直接呈现于人们眼前，也不像音乐那样可以直接通过听觉感受到，文学形象完全隐藏在抽象的话语系统背后。因此，读者必须通过对文学文本的阅读，在理解文学话语的基础上，捕捉文学话语所承载的生活信息，才能使隐藏于文本中的艺术形象“浮现”出来。这个“浮现”出来的形象虽然“如见如闻”，但始终只存在于想象中。这就是文学作为话语艺术的想象性特征。

文学反映生活，其具有丰富性与灵活性的特点。文学语言具有比其他艺术符号更丰富、更灵活的表现力，可以叙述、描写、抒情、对话，可以直叙、倒叙、补叙、插叙，可以暗示、比喻、象征，且不受空间限制（视觉艺术受空间限制）和时间限制（听觉艺术受时间限制，表演艺术受时空双重限制）。许多其他艺术无法反映和表现的事物和思想感情，文学却能够反映和表现，它能容纳更丰富的生活信息。因此文学对世界的反映是最丰富、最灵活的。例如，《三国演义》可以反映自汉末至西晋统一近百年的历史，其中描写大大小小数百场战争，人物数百名，如前人所说：“陈叙百年，该括万事。”这是其他艺术无法做到的。

文学作品的语言，具有模糊性、多义性的特点。就语言与其他艺术相比较而言，语言在表达意义方面是最清晰的。但是，由于文学语言的特殊性，文学同样具有模糊性和多义性。这种模糊性与多义性主要由语言的“所指”的模糊性与多义性决定。文学语言作为一种言语，却不同于语法系统的语言，它是一种对语法系统的语言的变形、偏离和陌生化，且常常用隐喻、暗喻、暗示、借代、象征的形式出现。即文学语言的所指（意指）常常是与能指不一致，并且可能具有多宗意义的。如“狮子”一词作为能指是明白的，就是狮子，但其所指却可以是“力量”“权力”或“中国”，这就是文学语言所指的模糊性、多义性。

词所表达的并不是事物，而是我们关于事物的概念。语言是作用于人的心灵而不是作用于感官的，而感官无法体会语言所表达的形象。因为语言本身既缺乏色彩、线条所具有的直观性，也没有音乐符号的直感性。因此，文学不像绘画、音乐那样以形象的因素直接作用于感官。

形象的间接性看起来似乎是文学的“短”处，但这“短”处又恰恰是文学的长处。读者在阅读文学作品时不会因为没有直观形象而感到遗憾，相反更会调动自己的联想和想象的积极性。正因为语言形象的间接性，所以它不像其他艺术形象那样定型化。文学形象就更能给人以主观的感受，使读者在欣赏时可根据自己的生活经验来理解和丰富它，从而给读者留下了一片广阔的联想和想象的空间。因此，语言艺术可以说是想象的艺术，文学正是利用其联想与想象的特点，来取得巨大的艺术效果。

下面介绍不同文体的文学的审美特征。

（一）诗歌的审美特征

诗歌是一种富有想象力和情感性的文学样式。其他文体的高水平的作品，也都是富有诗意的。可以说，诗歌体现了文学的本质。对此，钱谷融讲：“我一向认为文学作品都应该是诗，都应该有诗的意味。……不但李白、杜甫的诗篇是诗，莎士比亚、契诃夫的戏剧也是诗，曹雪芹的《红楼梦》、托尔斯泰的《战争与和平》、兰姆的《伊利亚随笔》、鲁迅的《朝花夕拾》等等都是诗。研究文学决不可以忘记文学作品的本质是诗。”① 因此，在文学欣赏中，诗歌的欣赏是非常重要的。不能欣赏诗歌，也就无法欣赏其他文学体裁的作品。

诗歌之中，句子的成分常省略，有时是缺乏动词谓语，只由一个名词性词组搭配而成。如温庭筠《商山早行》中的名句：“鸡声茅店月，人迹板桥霜”。仅十个字就表现了六种景物：鸡声、茅店、月、人迹、板桥、霜。② 省略主语的情况，更是常见。如贾岛的《寻隐者不遇》：“松下问童子，言师采药去。只在此山中，云深不知处。”四句都没有主语。若加上主语，是这样的：“我来松下问童子，童子言师采药去。师行只在此山中，云深童子不知处。”但在诗歌中，这样加上主语，是完全不必要的。诗歌的语序也常常是特殊的，与散文不一样。如崔颢《黄鹤楼》中的“晴川历历汉阳树，芳草萋萋鹦鹉洲”，实为“晴”日隔“川”望去，“汉阳树”“历历”可见，“鹦鹉洲”上“芳草萋萋”。王翰《凉州词》的“葡萄美酒夜光杯，欲饮琵琶马上催”，实际是：正“欲饮”“夜光杯”中的“葡萄美酒”，忽然传来助兴“催”饮的“马上”“琵琶”曲。第一行诗句显然只

---

① 钱谷融．散淡人生［M］．上海：上海教育出版社，2001：154.

② 龙协涛．文学阅读学［M］．北京：北京大学出版社，2004：51－52.

是第二行诗句中的一个宾语成分。[①][②] 再如杜甫的"永夜角声悲自语，中天月色好谁看"，如依正常的散文语法，实应读为"永夜角声自语悲，谁看中天好月色"。[③]

诗歌是通过创造意象去表达情思的。诗人写诗，往往借助于习惯和联想，根据现成思路，引申出某种固定情绪。例如，表现离别主题的诗文，总免不了使用"南浦"这个词，这种包含特定情绪情感的形象的词语，就是意象。屈原《九歌·河伯》有"子交手兮东行，送美人兮南浦"的诗句，于是"南浦"这个意象就染上了一层离愁别绪的感情，后代人一旦需要在诗文中表达这种感情，就很自然地沿袭使用这个意象。如江淹《别赋》："春草碧色，春水绿波，送君南浦，伤之如何！"白居易《南浦别》："南浦凄凄别，西风袅袅秋。"[④]

诗歌中广泛地运用了各种修辞手法。修辞是依据题旨情境，运用各种语言材料、各种表现手法，恰当地表达思想和感情的一种语言运用活动。诗歌作为一种既有丰富内容和情感，又极富美感意味的文学文体，早就同各种修辞格结下了不解之缘。如诗歌中有大量的比喻："浮云游子意，落日故人情""大弦嘈嘈如急雨，小弦切切如私语""问君能有几多愁，恰似一江春水向东流"；有大胆的夸张："轮台九月风夜吼，一川碎石大如斗，随风满地石乱走""黄河远上白云间，一片孤城万仞山""气蒸云梦泽，波撼岳阳城""霜皮溜雨四十围，黛色参天二千尺""白发三千丈，缘愁似个长""飞流直下三千尺，疑是银河落九天"。许多诗歌使用典故，如曹操《短歌行》末四句："山不厌高，水不厌深。周公吐哺，天下归心。"前两句化用管仲《管子·形势解》说："海不辞水，故能成其大；山不辞土石，故能成其高。"曹操袭用其意，不仅说明王者不却众庶，方能成其大业，而且大有以山、海自比之意，表明自己将以高山、大海的宏大胸怀，广泛收纳天下才俊，唯才是举。"周公吐哺"一典出自《韩诗外传》，书中记载周公曾对人说："吾，文王之子，武王之弟也，又相天下，吾于天下亦不轻矣。然一沐三握发，一饭三吐哺，犹恐失天下之士。"曹操借来自比，以明效法之意，也是恰到好处的。[⑤]

诗歌中表达的意思，有时可以有不同的理解。这也就是古人所讲的"诗无达诂"。如对孟浩然的《春晓》表达的是什么样的思想感情，众人就有不同的理解。有人说："孟浩然的《春晓》……诗人由昨夜的'风雨'，想到'落花'，叹息'春'将过去，隐

① 杨仲义. 中国古代诗体简论［M］. 北京：中华书局，1997：38.
② 杨仲义. 中国古代诗体简论［M］. 北京：中华书局，1997：43.
③ 余光中. 余光中集［M］. 天津：百花文艺出版社，2004：62.
④ 羊玉祥. 古诗文鉴赏方法21讲［M］. 成都：巴蜀书社，1995：154－155.
⑤ 余光中. 余光中集［M］. 天津：百花文艺出版社，2004：61－62.

隐约约地传递出内心那一点‘美人迟暮’的感想。”① 也有人写道：“读‘春眠不觉晓，处处闻啼鸟。夜来风雨声，花落知多少’，能察觉在一种美好的春景中，诗人想到的是被风雨摧折的花朵，他或许觉得，一种美好的诞生背后，也有另一种美好在寂灭。”②

（二）散文的审美特征

散文有多种含义。最广义的散文，指与诗歌相对的一种不用韵又没有节奏的文体。再窄狭一点，就是指与骈文相对的，不用四六体的文体。更窄狭一点，就是指与随笔、小品文、杂文等名称混用的一种出现得比较晚的文体。

散文与诗歌一样，是一种非常重要的文体。余光中认为：散文是一切文体之根，小说、戏剧、批评，甚至哲学、历史等，都脱离不了散文。诗是一切文体之花，意象和音调之美能赋一切文体以气韵；它是音乐、绘画、舞蹈、雕塑等艺术达到高潮时呼之欲出的那种感觉。散文，是一切作家的身份证。诗，是一切艺术的入场券。③

古今散文有某些不同之处。古代的散文，一般说来，具有结构严谨的特点。如季羡林说：“古代大家写文章，都不掉以轻心，而是简练揣摩、惨淡经营、句斟字酌，瞻前顾后，然后成篇，成为一件完美的艺术品。这一点道理，只要你不粗心大意，稍稍留心，就能够悟得。”④ “根据我个人多年的玩味和体会，我发现志怪古代优秀的散文家，没有哪一个是‘散’的，是‘随’的。正相反，他们大都是在‘意匠惨淡经营中’，简练揣摩，煞费苦心，在文章的结构和语言的选用上，狠下功夫。文章写成后，读起来虽然如行云流水，自然天成，实际上其背后都蕴藏着作者的一片苦心。”⑤ 现代散文，主要是受到西方随笔的影响，不像古代散文那样追求结构的严谨，往往表现出“神聚而形散”的特点。钱谷融说：“散文是最广阔，甚至可说是漫无边际的一种文体。因此，它是最自由、最容易写，也是人人能写、人人会写的一种文体。”又说：“一切文学作品都是要显示作者的性情和品格的，但在诗歌、小说和戏剧里，作者常常用韵律节奏、故事情节等把自己装裹起来，使读者不容易一下子看清他们本人的庐山真面目。散文则不然，作者毫无装扮，甚至不衫不履，径自走了出来，凡有所述，都是直抒胸臆，不假雕饰。他仿佛只是在喁喁独语，自吐心曲；或如面对久别的故人，正在快倾积愫。读者通过他的作

---

① 陈植锷．诗歌意象论［M］．北京：中国社会科学出版社，1990：6．
② 摘自谢有顺在“诗润南国·首届广东省小学生诗歌节”上的演讲。
③ 余光中．余光中集：第7卷［M］．天津：百花文艺出版社，2004：339．
④ 季羡林．季羡林谈写作［M］．北京：当代中国出版社，2007：2．
⑤ 季羡林．季羡林谈写作［M］．北京：当代中国出版社，2007：19－20．

品，一下子就看到了作者本人，看到了他的本色本相。散文要有血痕性情，它不受拘束，最忌造作，要自由自在，逞心而言。我以为散文的‘散’字，下得很好。它不但不讲韵律，无需对偶，什么严整、匀称等等都可以在所不计，总之是无需刻意求工。”① 钱谷融所说，符合现代的大部分散文的实际。

好的散文，其语言往往也是新颖和别致的。如《湖心亭看雪》：“湖上影子，惟长堤一痕，湖心亭一点，与舟一芥，舟中人两三粒而已。”老舍《济南的冬天》：“古老的济南，城内那么狭窄，城外又那么宽敞，山坡上卧着些小村庄，小村庄的房顶上卧着点雪。”林清玄《旅店》：“我们把自己摊平在一条道路上，过去的记忆便成为五颜六色的屋舍绵绵穆穆展延开来。堂皇富丽的楼宇固然鲜明，更教人怀念的是，植在荒山辟地飘着酒香的野店。”老舍《大明湖之春》：“北方的春天本来就不长，还往往被狂风给七手八脚的刮走了。济南的桃李丁香与海棠什么的，差不多年年被黄风吹得一干二净，地暗天昏，落花与黄沙卷在一起，再睁眼时，春已过去了!”这些句子的用语，都是超常规的。

（三）小说的审美特征

小说的基本特点是以虚构的叙事达到对生活的逼真再现。文学易于表现广阔的社会生活和丰富的内心世界。文学的这一特点，在小说中表现得尤为突出。小说（特别是长篇小说），其容量几乎是无限的，可以广泛而深入地反映社会生活。如托尔斯泰的长篇小说《战争与和平》，以 1812 年俄法战争为中心，从 1805 年彼得堡贵族客厅里谈论拿破仑的征战开始，中间经过俄奥联军同拿破仑军队在奥斯特里茨会战、法国军队入侵俄国、波罗狄诺会战、莫斯科大火，拿破仑法军全线溃退，最后写到 1825 年十二月党人运动前夕。小说以包尔康斯基、别竺豪夫、劳斯托夫、库拉金四个豪族做主线，在战争与和平时期的交替描写中，展现了广阔的俄国社会生活的历史画卷；描述了 559 个人物，这样宏大和错综复杂的历史生活画面，是其他艺术都无法展现的。②

小说必须有故事，故事应是虚构的，而虚构离不开想象。因此，想象在小说创作中占有重要的地位。小说作品的价值，常常取决于作者想象能力的大小和他想象品味的高下。按钱谷融的说法，“小说后来之所以会那样受人欢迎，所以会几乎人人都爱读，必有它特别吸引人的地方在，这种特别吸引人的地方，我想主要恐怕就在于其中包含的故

① 钱谷融．散淡人生［M］．上海：上海教育出版社，2001：166．
② 童庆炳．文学概论［M］．武汉：武汉大学出版社，1989：82－83．

事性。……故事性是小说的一个重要因素，也是使它能拥有那么多读者的一个关键原因”①。不过，小说最重要的因素还不是故事，而是人物。“只有当一篇小说能创造出成功的人物形象来，这篇作品才能算是成功的。单是故事的生动，情节的吸引人，并不能保证作品必定能成为成功的艺术作品。如许多侦探小说、武侠小说之类，就是显著的例子。反之，即使并没有什么强烈的故事性，但因为它创造出了许多栩栩如生的、令人无限关注的人物形象，人们就不能不承认它是一部成功的、甚至是伟大的艺术作品，譬如我们的《红楼梦》就是。人物与故事当然并不是对立的，人物性格是通过情节的发展而逐渐形成起来的，故事情节则因为牵涉到人物的性格和命运而吸引读者的兴趣和注意的。二者之间的关系应该是一种主从关系。作者应该用人物来统率故事，而不应该用故事来统率人物。”② 欣赏小说，应特别注意对小说人物形象的感受和分析。

第二节　文学艺术作品欣赏

一、文学艺术欣赏要领

（一）欣赏文学作品的语言

文学作品的一切内容，都是通过语言的巧妙运用以构成可感的形象来表现的。要鉴赏作品，首先就要了解作品所运用的语言的含义，在头脑中唤起表象的联系，在想象中产生形象的感知，将作品的艺术形象图画似的再现于脑海之中，才能进入审美鉴赏。对此，文艺理论家黄药眠讲：文学欣赏之时，读者需要“在脑子里清晰地再现这些形象，并从这些形象获得感受。把作品中的文字译成脑子里的形象。他也要和作家一样，好像亲自看见作品中的人物，听到了他们的声音或是感受到他们的呼吸，好像这些人物就在自己的身边，可以用手去摸到他们。”③

---

① 钱谷融．艺术·人·真诚：钱谷融论文自选集摘录［M］．上海：华东师范大学出版社，1995：293.

② 钱谷融．艺术·人·真诚：钱谷融论文自选集摘录［M］．上海：华东师范大学出版社，1995：295.

③ 黄药眠．黄药眠美学文艺学论集［M］．北京：北京师范大学出版社，2002：655.

文学是语言的艺术，文学作品中的语言是最好的、最生动、最有变现力的语言。阅读文学作品，一定要注意品味、欣赏作品的语言。在这方面，老一代学者给我们做出了榜样，如霍松林分析白居易《卖炭翁》中“伐薪烧炭南山中”一句，通俗易懂，写来似乎毫不费力，却具有高度概括性。卖炭翁的“炭”是自己“烧”出的，而“烧炭”用的“薪”又是自己“伐”来的。披星戴月，凌霜冒雪，一斧一斧地“伐”，一窑一窑地“烧”，那“千余斤”炭，难道是容易来的吗？

“伐薪”“烧炭”，概括了复杂的工序，也概括了漫长的艰苦劳动过程，为下文写“宫使”掠夺木炭的罪行做好了铺垫。“南山中”三字也不是随便用上去的。“南山”，就是王维所写的“欲投人处宿，隔水问樵夫”的终南山，它山深林密，人迹罕到。以“南山中”作为“伐薪”“烧炭”的场所，具有环境的烘托作用，此其一。终南山在长安南五十里以外，要把在“南山中”烧出来的炭运到长安去卖，也很不容易，下面的“晓驾炭车碾冰辙”，直到“牛困人饥日已高”才到达“市南门外”，就是紧扣这一点写的，此其二。①

再如，有学者分析白居易《长恨歌》的“揽衣推枕起徘徊”这一句诗：白居易《长恨歌》中有一句诗写久居蓬莱仙宫的杨贵妃“闻道汉家天子使”时的神情和动作：“揽衣推枕起徘徊”，一句写了四个动作用语是非平常。前三个动作：揽衣、推枕、起床，一个紧接一个，说明她乍听到消息，又惊又喜，急着要出门迎接。但紧跟其后的一个动作却是“徘徊”起来，没有出门。原因是什么呢？可能是觉得事情来得突然，难以置信；也可能是觉得“一别音容两渺茫”，骤然一见，心中千头万绪该从哪儿说起呢；还有可能是由于长期独居蓬莱宫所造成的一种失望冷漠的心情所致……往日的失意、寂寞、此时的惊疑、悲喜，全通过这四个急促慌乱、无所适从的动作，细致深入地表现出来。这显然是诗人注意炼意而不追求奇字的结果。②

阅读文学作品，需要注意品味语言，一个词、一个字，都需要仔细体会，不能轻易放过，特别需要注意感受作品的语言上的这些细节。好的文学与差的文学，往往就区别于这些语言艺术的细节上。俄国作家托尔斯泰讲，艺术作品的美学价值的差异，往往就表现在“稍微”上。他在《艺术论》一书中，举了俄国画家勃留洛夫的一件事。勃留洛夫有一次指导学生修改绘画习作，他从学生手中接过画笔，只在几处地方稍微改动一下，结果一幅拙劣的毫无生气的作品一下子奇迹般地变活了。“看！稍微动几笔，一切都变

① 霍松林. 唐宋名篇品鉴［M］. 北京：中国社会科学出版社，1999：195.

② 杨仲义. 中国古代诗体简论［M］. 北京：中华书局，1997：33－34.

了。”——学生高兴地叫了起来。勃留洛夫意味深长地说：“艺术就是从‘稍微’地方开始的。”托尔斯泰叙述完了这件逸事，郑重地指出：勃留洛夫的“这句话正好说出了艺术的特征，他的这个看法对所有艺术都是对的”。托尔斯泰进一步阐述道：“一切艺术都是这样：只要稍微明亮一点，稍微暗淡一点，稍微高一点，低一点，偏右一点，偏左一点（在绘画中），质押音调稍微弱一点或加强一点，或者稍微提早一点，稍微延迟一点（在戏剧中），只要稍微说得不够一点，稍微说得过分一点，稍微夸大一点（在诗中），那就没有感染力了。只有当艺术家找到了构成艺术作品的无限小的因素时，他才可能感染别人，而且感染的程度也要看在何等程度上找到这些因素而定”。对于欣赏者来说，也要重视这些“无限小的因素”，不放过对艺术细小信息的诠释。① 对此，钱谷融也说过：“艺术这东西，差不得一点点。演员念台词，同一个字，早出来一秒钟、半秒钟同迟出来一秒钟、半秒钟，效果就不同；说得高一点、低一点，效果也不一样。”②

（二）具备一定的知识基础

欣赏文学，需要有一定的文学知识和历史知识。对此，蒋孔阳说：“文学欣赏的前提是理解。完全不能理解的东西，是不能欣赏的。例如对于陶渊明的诗：‘精卫含微木，将以填沧海。’或者‘刑天舞干戚，猛志固常在’。如果我们既不懂精卫是什么，又不懂得刑天是什么，我们就无法欣赏这两句诗了。”③ 周先慎在《古诗文的艺术世界》中说，诗歌欣赏，需要了解诗歌作品的背景。他举例说：“唐代王翰著名的《凉州词》：‘葡萄美酒夜光杯，欲饮琵琶马上催。醉卧沙场君莫笑，古来征战几人回。’前人和今人对这首诗的分析认识很不一样，主要分歧在于：这首诗是反对战争的呢？还是肯定战争的？……从大的时代背景，再联系到诗歌具体内容，自然应该理解为是一首赞扬战士意气豪壮的牺牲精神的作品。”那么，哪种理解更正确呢？这就需要看盛唐的社会文化心理。他分析说：“王翰生活在盛唐时期，当时国力强盛，人民的精神振奋昂扬，许多知识分子也崇尚和向往军功，歌颂从征和献身精神是普遍倾向。如李白的《幽州胡马客歌》：‘出门不顾后，报国死何难’。王维的《少年行》：‘孰知不向边庭苦，纵死犹闻侠骨香。’放到这样的时代背景来考察，就不难体会出‘醉卧沙场君莫笑，古来征战几人回’是一种‘豪壮

---

① 龙协涛. 文学阅读学［M］. 北京：北京大学出版社，2004：86－87.

② 钱谷融. 钱谷融论学三种［M］. 开封：河南大学出版社，2008：73.

③ 蒋孔阳. 美在创造中［M］. 桂林：广西师范大学出版社，1997：160.

语’和‘悲壮语’”，“对报国牺牲精神是一种肯定和歌颂”。[①] 周先慎还说道：“读杜甫的《蜀相》而不了解诸葛亮的功业与抱负，读苏轼的《念奴娇·赤壁怀古》而不了解三国时期赤壁之战的史实和周瑜的风流儒雅与卓越的将才，便不能很好地理解和欣赏这两首诗词。”[②]

文学欣赏，还需要有一定的自然科学方面的知识。如白居易《暮江吟》：“一道残阳铺水中，半江瑟瑟半江红。可怜九月初三夜，露似真珠月似弓。”有人对这首诗做了这样的赏析：“诗人选取了红日西沉到新月东升这一段时间里的两组景物进行描写。前两句写夕阳落照中的江水……后两句写新月初升夜景。诗人流连忘返，直到初月升起，凉露下降的时候，眼前呈现出一片更为美好的境界。诗人俯身一看：江边的草地上挂满了晶莹的露珠。……再抬头一看：一弯新月初升，这真如同在碧蓝的天幕上，悬挂了一张精巧的弓。”又说：“由描绘暮江，到赞美月露，这中间似乎少了一个时间上的衔接，而‘可怜九月初三夜’的‘夜’无形中把时间连接起来，它上与‘暮’接，下与‘露’‘月’相连，这就意味着诗人从黄昏起，一直玩赏到月上露下，蕴涵着诗人对大自然的喜悦、热爱之情。”这段文字，描述得很美，却不符合诗歌的实际。这是由于，白居易写的是初三的新月，这时的新月，是在夜幕刚刚降临之时，出现在西边天空上的，自然也就不会有“月上”的情景。鉴赏者说：“……‘夜’无形中把时间连接起来，它上与‘暮’接，下与‘露’‘月’相连，这就意味着诗人从黄昏起，一直玩赏到月上露下。”这样的分析，是不符合作品实际的。

（三）其他欣赏要领

一是要尽可能阅读一流的作品。一切艺术都有不同的艺术品位差别，欣赏者要尽量选择艺术中的上品作为自己的欣赏对象。这样，人们的欣赏水平、审美能力也就能提高到相应的程度。歌德曾说：“鉴赏力不是靠观赏中等作品而是要靠观赏最好作品才能培养的。所以我只让你看最好的作品，等你在最好的作品中打下牢固的基础，你就有了用来衡量其他作品的标准，估价不至于高，而是恰如其分。”[③]

宗白华曾讲：“我向来主张文学非从第一流的天才入手不可。我近来看了些萧伯纳的剧，实在不发生什么特别的意味。从前，我读《浮士德》，使我的人生观一大变；我看莎士比亚，使我的人生观察变深刻；我读梅特林，也能使我心中感到一个新颖的神秘的

---

①② 周先慎. 古诗文的艺术世界［M］. 北京：北京大学出版社，2002：8.

③ 歌德. 歌德谈话录（1823—1832 年）［M］. 朱光潜，译. 北京：人民文学出版社，1980：32.

世界。从前的文学天才，总给我一个‘世界’，一个‘社会’，一个‘人生’。”① 歌德说过：“我不能回忆曾有一本书，一个人或一桩生活事件对于我发生这样大的影响，像莎士比亚的戏剧。它们好像是一位天上神使的工作，他来亲近人类，俾人类在最轻便的道路上认识他，那些剧本不是诗。我们好像站立在展开了无穷尽的命运的大书面前，迅动的生命暴风雨使着大力翻动一页一页。”②

叔本华讲：“没有别的事情能比读古人的名著更能给我们精神上的快乐。我们一拿起一本这样的古书来，即使只读半小时，也会觉得无比的轻松、愉快、清静、超逸，仿佛汲饮清冽的泉水似的舒适。这原因，大概一则是由于古代语言之优美，再则是因为作者的伟大和眼光之深远，其作品虽历数千年，仍无损其价值。”③

孙犁谈文学名著阅读时，说：“在文艺学习方面，我认为应该‘取法乎上’，多读，并且认真地学习古典名著。”“按目前的学习需要，应该多读一些外国的古典名著。”“多读好作品，经常在头脑中有个较高的尺度，衡量我们的文字，衡量我们作品的思想和表现生活的高度。”④

孙犁致铁凝：“多读外国小说……外国小说，我读得也很少。但总觉得古典的胜于现代的。不是现代的都不如古代，但古典的是经过时间选择过的，留下的当然是精品。我读书，不分中外，总是觉得越古——越靠前的越有味道，就像老酒老醋一样。”⑤

二是要阅读一定数量的长篇作品。胡适主张，若想学好语文，需要看小说，“至少二十部以上”。陶行知也这样认为，他批评语文教材是“用零碎的文字做中心，每课教几个字，传授一点零碎的知识。学生读了一课，便以为完了，再也没有进一步追求之引导”，“我们读《水浒传》《红楼梦》《鲁滨孙漂流记》一类小说的时候，读了第一节便想读第二节，甚至从早晨读到夜晚，从夜晚读到天亮，要把它一口气读完了才觉得痛快。中国的教科书是以零碎文字做中心，没有这种力量。有人说，中国文人是蛀书虫。可是教科书连培养蛀书虫的力量也没有。蛀书虫为什么蛀书？因为书中有好吃的东西，使它吃了又要吃。吃教科书如同吃蜡，吃了一回，再不想吃第二回，连蛀书虫都养不成！”⑥

---

① 宗白华．宗白华全集：第1卷［M］．合肥：安徽教育出版社，1994：421－422.

② 宗白华．宗白华全集：第1卷［M］．合肥：安徽教育出版社，1994：176－177.

③ 叔本华．生存空虚说［M］．陈晓南，译．北京：作家出版社，1987：63.

④ 孙犁．孙犁文论集［M］．北京：人民文学出版社，1983：97.

⑤ 孙犁．孙犁文论集［M］．北京：人民文学出版社，1983：390.

⑥ 陶行知．教学做合一下之教科书［M］//顾黄初，李杏保．二十世纪前期中国语文教育论集．成都：四川教育出版社，1991：514－515.

这一批评，是很尖锐的。

长篇作品，往往更有气魄。王瑶说："人的一生，通读几本大部头的经典著作很有必要，通读才能知道它的完整的思路，才能领会它的整体气魄。"① 他的学生杨义说得更具体，杨义提到《史记》，说："《史记》的结构宏伟工整，富有哲理意蕴。……显示了总览历史浮沉兴废的伟大气魄。如果读书也可以养'气'的话，是不妨读一读这类大书的。也许每读完一种，你会享受到精神被提升至一个新境界的喜悦。"② 长篇作品的价值，不是短篇作品所能比的。对此，叔本华说："一颗大的钻石如果大打得细碎的话，这些小破片价值之总和，无法和它原本的价值相比拟；一支庞大的军队，若把它分成若干小部队，则威力必大减，发生不了什么作用。同样，伟大的精神，若使之中断、搅乱、破坏或转向，它和普通精神已无任何差异。"③

学习语文也需要阅读文章，但即使是读文章，也需要重视长篇文章的阅读。历史学家吕思勉谈到阅读与写作时就说："凡作文字，先求其畅，故气不可不盛。欲求气盛，则长篇须熟读若干篇。"

三是阅读文学名著，文学名著往往需要重复阅读，这是因为，杰出的作品意蕴深刻、丰富，不是一次阅读就能充分理解的。王冶秋先生曾这样说过，对鲁迅小说《阿 Q 正传》的阅读，需要看很多遍：看第一遍，我们会笑得肚子痛；第二遍，才咂出一点不是笑的成分；第三遍，鄙弃阿 Q 的为人；第四遍，鄙弃化为同情；第五遍，同情化为深思的眼泪；第六遍，阿 Q 还是阿 Q；第七遍，阿 Q 向自己身上扑来；第八遍，合二为一；第九遍，化为你的亲戚故旧；第十遍，扩大到你的左邻右舍；第十一遍，扩大到全国；第十二遍，甚至到洋人的国土；第十三遍，你觉得它是一个镜；第十四遍，也许是警报器。每个人在阅读《阿 Q 正传》时，具体情况各有不同，对上面的这种描述当然不能死板地理解，但这确实已经说明了杰出的文学作品需要反复阅读。

《阿 Q 正传》是这样，其他杰作也如此。苏联著名电影艺术家普多夫金讲到列夫·托尔斯泰的作品时，就以崇敬的心情说过这样的话："对我来说，托尔斯泰的创作永远是一个活的世界……《战争与和平》这部小说我重读三十多遍，以便一再生活于小说所描写的那些人物的生活之中。每一次我进入这部小说的境界，就仿佛重访自己曾经到过的某些住宅、城市和地区，而在这以前好像由于时间匆促未能细看和熟悉其中的一切。在这里，一切都有它自己的独立生活，都有它自己的一切复杂内容和无数细节。你在小说

①② 杨义. 晨窗剪霞：杨义学术随笔自选集［M］. 福州：福建教育出版社，2000：56.

③ 叔本华. 生存空虚说［M］. 陈晓南，译. 北京：作家出版社，1987：66.

中漫步，时而停下来，想再一次较长久地从山上俯瞰壮丽的景色，想再一次和可爱的熟人谈谈，时而离开了常走的道路，看出以前没有觉察到的东西，倾听出并理解到以前未能识别出来的事物。”普多夫金的这段话含有丰富的内容，其首先表明的是，像《战争与和平》这样的作品必须反复地阅读，只读一遍不可能真正了解，甚至不能注意到作品中的许多细节，当然更不可能真正理解作品的深刻意蕴。

文学作品需要重读，这不仅是由于那些杰出的作品意蕴丰富，同时也是为阅读活动的特点所决定的。重读与初读的区别，如现象学美学家们所说，在于“第二次阅读……是从不同的视角去观察本文”。初读时，读者犹如坐着马车的旅游者，从游移的视点去观察作品。重读则不然，重读是在了解结局之后再来看作品的开头和故事的发展过程，作品中具体的细节会因为被置放于总体之中而显示出不同的意义。叔本华曾说过：“任何重要的书都要立即再读一遍，一则再读时更能了解其所述各种事情之间的联系，知道其末尾，才能彻底理解其开端；再则因为读第二次时，在各处都会有与读第一次时不同的情调和心情，因此所得印象也就不同，此犹如在不同的照明中看一件东西一般。”[①] 叔本华所说的不特指文学，但他符合文学阅读的实际。

重读文学作品，也是文学鉴赏的需要。文学鉴赏是以对作品的内容与形式的体味玩赏为特点的审美享受活动，它基于阅读而又不同于一般的阅读。一般来说，初读一部作品时更容易为作品（指叙事作品）的故事情节所吸引，沉浸在作品的艺术世界之中，与书中的主人公同喜同悲，这种沉浸感是文学鉴赏所需要的。如果与作品之间“心理距离”过近，则又会表现为不自觉地把艺术与生活相混淆，其结果是，从表面上看是与作品中的某一人物同命运，共呼吸，但实际上则是从艺术世界退回到自身经历的现实世界，愉快的艺术鉴赏可能变成一种痛苦的“自伤身世”了。因此，文学鉴赏就需要处理好“距离的内在矛盾”，一方面要能够“入乎其内”，即梁启超所说的“自化其身焉，入于书中，而为其书之主人翁”；另一方面又要能够“出乎其外”，意识到自己是在读小说，否则就成为鲁迅所批评的“不能用赏鉴的态度去欣赏它，却自己钻入书中，硬去充一个其中的角色”，结果是“满心是利害的打算，别的什么也看不见”。鲁迅说的是不恰当的阅读态度。但不难想到，相对地说，初读时更容易受作品故事情节的吸引而过深地“入乎其内”。

反复阅读之后则容易做到既能“入乎其内”而又能“出乎其外”，以鉴赏的态度对

---

① 叔本华. 生存空虚说［M］. 陈晓南，译. 北京：作家出版社，1987：66.

待作品。初读一部作品时，往往因急切地“跟踪”故事的进展和关注人物的命运而难以留意作品的其他内容，更难以注意并把握作品的语言、结构、表现技术巧等形式上的特色。从鉴赏的眼光看文学作品，书中故事情节的价值是有限的。朱光潜曾说道：“第一流小说中的故事大半只是像枯树搭成的花架，用处只在撑持一园锦绣灿烂生气蓬勃的葛藤花卉。这些故事以外的东西就是小说中的诗。读小说只见到故事而没有见到它的诗，就像看到花架而忘记架上的花。”① 由于初读易受情节的吸引而忽视作品中的其他内容和形式特色，而重读则往往能够注意到作品的诗意内涵。因此，在一定意义上可以说，重读才是在欣赏文学作品。美籍俄裔作家纳博科夫曾说过：阅读文学名著绝不能只阅读一遍，而必须重复阅读，也是强调了重读对文学鉴赏活动的意义。

四是需要朗读文学作品。特别是欣赏诗歌和古代散文，更应朗读。曾国藩在《家训·字谕纪泽》中讲：“如‘四书’、《诗》、《书》、《易经》、《左传》、《昭明文选》、李、杜、韩、苏之诗，韩、欧、曾、王之文，非高声朗读则不能得其雄伟之概，非密吟恬吟不能探其深远之趣。二者并进，使古人之声调副然若与我之喉舌相习，则下笔时必有句调凑赴腕下，自觉琅琅可诵矣。”朱自清也说：“‘熟读’不独能领略声调的好处，并且能熟悉用字、句法、章法。诗是精粹的语言，有它独具的表现法式。初学觉得诗难懂，大半便因为这些法式太生疏之故。”② 朱光潜说：“从前文学批评家常用‘气势’、‘神韵’、‘骨力’、‘姿态’等词，看来好像有些玄虚，其实他们所指的只是种种不同声音节奏，声音节奏在科学文里可不深究，在文学文里却是一个最重要的成分，因为文学须表现情趣，而情趣就大半要靠声音节奏来表现，犹如在说话时，情感表现于文字意义的少，表现于语言腔调的多，是一个道理。从前人研究古文，特别着重朗诵。姚姬传说：‘大抵学古文者必要放声疾读，又缓读，只久之自悟。若但能默看，即终身作外行也。’读有读的道理，就是从字句中抓住声音节奏，从声音节奏中抓住作者的情趣、‘气势’或‘神韵’。”③ 俞平伯讲：“古人做文章时，感情充沛，情感勃发故形之于声，作者当日由情思而声音，而文字，今天的读者有了解当时的作品，也只有遵循原来的轨道，逆溯上去。作者当时之感慨既托在声音，今天凭借吟哦背诵，同声相求，来使感情再现。念古人的书，借以了解、体会古人的心情。”④

---

① 朱光潜. 朱光潜全集：第三卷［M］. 合肥：安徽教育出版社，1987：248－249.
② 朱自清. 朱自清语文教学经验［M］. 北京：教育科学出版社，2007：79－80.
③ 朱光潜. 朱光潜全集：第四卷［M］. 合肥：安徽教育出版社，1987：220－221.
④ 俞平伯. 俞平伯散文［M］. 呼伦贝尔：内蒙古文化出版社，2006：308－309.

五是对一些文学作品，如诗歌，精美的古文，还需要背诵。朱自清认为："偶然的随意的吟诵是无用的，足以消遣，不足以受用或成学。那得下一番切实的苦功夫，便是记诵。学习文学而懒于记诵是不成的。"① 程千帆讲："背诵名篇，非常必要。这种方法似笨拙，实巧妙。它可以使古典作品中的形象、意境、风格、节奏等都铭刻在脑海中，一辈子也磨洗不掉。因而才可能由于对它们非常熟悉，而懂得非常深透。光看不行。"② 季羡林说："背诵散文，同背诵诗歌一样，是中国几千年来传统教育方式的内容之一。这个优秀的传统我们必须继承下来。目前我能够想到的方法有二：在本书的基础上由老师或家长选出二百篇多年传诵的名篇，让中小学生背诵，大学生如果缺这一课，也必须补上。"③

二、经典文学艺术作品欣赏

作品 1　《春江花月夜》

《春江花月夜》的作者是唐代诗人张若虚（660—720），其一生仅留下了两首诗，凭借《春江花月夜》成为唐代也是中国诗歌史上的杰出诗人。闻一多更把这首诗歌誉为"诗中的诗，顶峰上的顶峰"。

诗篇题目就令人心驰神往，春、江、花、月、夜都是唐诗中常见的意象，《全唐诗》中，出现的"月"字共有 9 518 次，"春"字共有 9 459 次，"花"字 9 455 次，"夜"字共有 6 664 次，"江"字共有 6 447 次。这五种事物共同构成了奇妙的艺术境界，而又以月为主体，写了"月"在一夜之间经历了升起—高悬—西斜—落下的过程。

诗的开场，壮丽地描绘出天地间，春江月出的场面："春江潮水连海平，海上明月共潮生"。春江连海，一望无际，皎洁的明月，随着汹涌拍打的潮水从海面升起。这里的"生"字，就让整个画面鲜活起来。在诗人的心中，明月似乎是有生命的，是从海上新生的。"滟滟随波千万里，何处春江无月明"，是想象中的广阔画面。"江流宛转绕芳甸，月照花林皆似霰。空里流霜不觉飞，汀上白沙看不见"，写的是江水曲曲折折地流过了遍地花草的汀州，月色洒在花树上，就像是缀满了雪珠一样，一片晶莹剔透。"江天一色无

① 朱自清．朱自清全集：第三卷［M］．南京：江苏教育出版社，1996：83.

② 程千帆．詹詹录［M］//巩本栋．程千帆沈祖棻学记．贵阳：贵州人民出版社，1997：52.

③ 季羡林．季羡林谈写作［M］．北京：当代中国出版社，2007：29.

纤尘，皎皎空中孤月轮。江畔何人初见月？江月何年初照人？人生代代无穷已，江月年年只相似。不知江月待何人？但见长江送流水。”这是由岸汀江天的美景，引发出人生哲理的探求。“白云一片去悠悠，青枫浦上不胜愁。谁家今夜扁舟子？何处相思明月楼。”此诗中“白云”既是空中的流云，也是游子的象征，“明月楼”则点出思妇。“可怜楼上月徘徊，应照离人妆镜台。玉户帘中卷不去，捣衣砧上拂还来。”这是写月光，也渲染了思妇心中挥遣不去的离愁。“鸿雁长飞光不度，鱼龙潜跃水成文”写的是连善于长飞的大雁都不能飞出无边的月光世界，显出了思妇的离愁。“昨夜闲潭梦落花，可怜春半不还家。江水流春去欲尽，江潭落月复西斜。”这句把月夜将尽、梦境难以实现的惆怅之情烘托得缠绵悱恻。“斜月沉沉藏海雾，碣石潇湘无限路。不知乘月几人归，落月摇情满江树。”写世间离别的人，在这美好的夜里，不知有几个人能乘着月色回家。只有那江畔的树丛，还挂着落月的余晖。全诗呈现出一种纯美的境界，写了游子思妇的感情，但又含蓄蕴藉而优雅，其情感不似《诗经・王风・君子于役》中“如之何勿思”那样朴素而直白，也不似李清照《一剪梅》的“此情无计可消除，才下眉头，却上心头”那般激荡难抑。

春江花月夜

春江潮水连海平，海上明月共潮生。
滟滟随波千万里，何处春江无月明！
江流宛转绕芳甸，月照花林皆似霰。
空里流霜不觉飞，汀上白沙看不见。
江天一色无纤尘，皎皎空中孤月轮。
江畔何人初见月？江月何年初照人？
人生代代无穷已，江月年年只相似。
不知江月待何人？但见长江送流水。
白云一片去悠悠，青枫浦上不胜愁。
谁家今夜扁舟子？何处相思明月楼？
可怜楼上月徘徊，应照离人妆镜台。
玉户帘中卷不去，捣衣砧上拂还来。
此时相望不相闻，愿逐月华流照君。
鸿雁长飞光不度，鱼龙潜跃水成文。

昨夜闲潭梦落花，可怜春半不还家。
江水流春去欲尽，江潭落月复西斜。
斜月沉沉藏海雾，碣石潇湘无限路。
不知乘月几人归，落月摇情满江树。

作品 2　《李将军列传》

《李将军列传》是《史记》中杰出的人物传记之一，梁启超曾把它列在《史记》十大文学名篇之中。李广历经汉文帝、汉景帝、汉武帝三朝，作为汉代抗击匈奴的一代名将，他在 40 多年的戎马生涯中，与匈奴浴血奋战 70 余次，建立了不世奇功。司马迁是满怀着对李广的赞赏与同情写这篇传记的。

作品选材典型，剪裁得当。李广一生久历戎行，与匈奴打了大小 70 余战，作品只选择其中最为惊险的三次战斗，表现了李广惊人的机智和超人的胆略，塑造出了一个富有传奇色彩的英雄形象。作品抓住李广善射的特长，反复叙述与描写，给读者留下深刻印象。牛运震《史记评注李将军列传》评论说："一篇精神在射法一事，以广所长在射也。开端广家世世受射，便是一传之纲领，以后叙射匈奴，射雕，射白马将，射追骑，射猎南山中，射石，射虎，射阔狭以饮，射猛兽，射裨将，皆叙广善射之事实。广为人长，猿臂，其善射亦天性也？"通过这样反复强调和不厌其烦的描写，李广善射的特点就极其鲜明地给表现出来了。

司马迁在这篇传记中，还采用多角度、多层次的对比衬托手法来塑造人物形象。如将李广与匈奴射雕者对比，突出李广的高超射技；将李广与名将程不识对比，突出李广治军的简易。

文章记叙笔法的错综多变，常穿插李广生平的一些闲逸小事；在陈述事实的基础上，又不时略加感慨或评论。李广"引刀自刭"以后，司马迁写下了这样几句文字："广军士大夫一军皆哭。百姓闻之，知与不知，无老壮皆为垂涕。"在这貌似平淡的叙事里包含着作者对李广的深切同情。随后又补充写李广身后的事，即写李广的子孙，一是突出地写李敢的死和李陵的被迫投降匈奴，二是借此表达作者反对外戚当政的观点和暗示汉帝对李广家族的无情。

司马迁写这篇传记，篇名不是《李广列传》，而是《李将军列传》，这是有意味的。对此，明代茅坤《史记・记评注李将军列传》说："传目不曰李广，而曰李将军，以广为汉名将，匈奴号之曰飞将军，所谓不愧将军之名者也。只一标题，有无限景仰爱重。"

作品 3 《怀念萧珊》

《怀念萧珊》是巴金散文集《随想录》中的一篇，是为悼念其妻子萧珊而作。散文记述了妻子在“文化大革命”中因自己而受到牵连，身患绝症得不到及时治疗，最后连诀别的话也没留下一句就离开人世的悲惨遭遇，描写了夫妻俩在那段日子里相濡以沫的深厚感情，倾注着巴金对亡妻的思念，也饱含着作者对给萧珊带来不幸的自责与愧疚。

这篇散文非常朴实，作者只是记录了自己的一段生活。妻子萧珊受自己的牵连而遭受的种种折磨以及身患绝症得不到治疗，是本文叙述的重点。文章写道：“她希望拍一张X光片子查一查肠子有什么病，但是办不到。后来靠了她一位亲戚帮忙开后门两次拍片，才查出她患肠癌。以后又靠朋友设法开后门住进了医院。她自己还很高兴，以为得救了。只有她一个人不知道真实的病情，她在医院里只活了三个星期。”作者就是这样平实地叙述着——“她自己还很高兴，以为得救了”“她在医院里只活了三个星期”，语言这样平实，叙述的口吻似乎也是平静的，却有着催人泪下的力量。

巴金在《怀念萧珊》中，抒发的不仅仅局限于对萧珊的怀念，他把自己看作是人类的代言人，常常指出他倾诉的是人类的感情。他虽然写的是个人的遭遇，但又时时把这场遭遇与整个国家、民族的劫难过程联系在一起。如作者写了这样的一件事情：“我记得有一天到了平常下班的时间，我们没有受到留难，回到家里她比较高兴，到厨房去烧菜。我翻看当天的报纸，在第三版上看到当时做了‘作协分会’的‘头头’的两个工人作家写的文章《彻底揭露巴金的反革命真面》。真是当头一棒！我看了两三行，连忙把报纸藏起来，我害怕让她看见。她端着烧好的菜出来，脸上还带笑容，吃饭时她有说有笑。饭后她要看报，我企图把她的注意力引到别处。但是没有用，她找到了报纸。她的笑容一下子完全消失。”“这一夜她再没有讲话，早早地进了房间。我后来发现她躺在床上小声哭着。一个安静的夜晚给破坏了。”“回想当时的情景，她那张满是泪痕的脸还在我的眼前。”这是巴金的经历。这样的事情，也是那个年代许许多多家庭中发生过的。散文中所写的日常生活场景，超越了个人的意义，成为那个年代里的一代知识分子悲惨命运的见证。

作品 4 《三国演义》

《三国演义》是第一部长篇章回体小说。三国故事在历史上早有流传，这个时期本身就有著名的历史人物和生动的故事。元朝就有了一部《三国志平话》，这是民间的创作，大概是说书人的一个底本，没有经过修饰润色，艺术价值不高。到了元末明初，罗冠中将它加以改编，写成了一本历史小说。

《三国演义》是中国古代最杰出的历史小说，小说的描写从汉灵帝中平元年（184年）起到晋太康元年（280年），情节的发展与结局完全符合历史的进程，在一些重大事件的处理上基本保持了历史原貌，同时又处处有虚构的许多生动的情节，如桃园结义、草船借箭、空城计等。

《三国演义》有“尊刘反曹”的思想倾向，这与陈寿《三国志》大为不同。作者在作品中表达了扬“王道”、斥“霸道”的观念。小说中刘备以“德行”服天下，曹操以“霸力”争天下。

“义”是《三国演义》思想内容的核心。小说中的义涵盖了各种传统道德原则，如君王之义在爱民，臣子之义在忠君，朋友之义在于信用，兄弟之义在于生死与共。由于尊刘、重义，小说自然重视蜀汉。小说以五分之三的回目写蜀国，是以蜀汉为中心，以蜀、魏、吴三方矛盾为线索来谋篇布局的。小说中写了许多人物，其中最突出的人物是诸葛亮、曹操和关羽，在诸葛亮身上用墨最多，虽然他出场较晚，但这也是受历史事实的限制，因为诸葛亮比刘备小20岁。作者对他的出场做了精心安排，出场之后，就成为中心人物，而诸葛亮死后，小说就不生动了。曹操是小说中另一主要人物。作者写出了他的多面性，他的艺术价值是最高的。关羽也是一个主要人物，是“义”的化身，也是勇敢的化身。“温酒斩华雄”就展示他的勇猛和超群的武艺。

《三国演义》在情节结构上有突出的成就。作者写不同地点发生的事，常常是用交替叙述和插入的方法，使相互独立的情节交织起来，成为一个完整的结构体系。在情节设计上，作者善于从类似的事件中写出不同来，如“过五关斩六将”“七擒孟获”“六出祁山”都如此。从情节发展特点说，小说情节多有出人意料而又合情合理的设计，同时还注意叙述的节奏，在紧张激烈之后往往有轻松宁静的场面。

作品5　《铁木前传》

《铁木前传》是孙犁写于1956年夏的一部中篇小说。小说写了合作化运动前后，木匠黎老东和铁匠傅老刚生活与思想认识的变迁，刻画了九儿、四儿、六儿、小满一代年轻人身上呈现的不同的人生观、世界观。小说的结构是散文式的，语言富有诗意。

《铁木前传》意在借铁木两家两代人际关系的变化为一个特定的时代作传。但小说中最有魅力的人物形象，却是小满儿。小满儿是个漂亮的女孩，她自小被母亲包办婚姻，丈夫长年在外，被姐姐接到她身边吸引顾客。她在进步青年当中显得有点另类。她不认为一个女青年思想进步有什么重要，倒是欣赏漂亮的容貌，她被认为是“落后青年”。作品一方面写了小满儿与时代发展进步的不一致，另一方面又写了她的聪明、灵巧。作者描写这个人物时，是带有怜悯之情的，也有一种欣赏的态度，因而倒写出了一个比较复杂的、多侧面的“圆形”人物。圆形人物是福斯特在其著作《小说面面观》中提出的，指的是“不能用一句话加以概括”“宛如真人那般复杂多面”的人物形象。这样的人物让人感到真实可信，而且能够引发人的思考。

《铁木前传》是一部诗化、散文化的小说。虽然是以农业合作化运动为大背景，但小说呈现出的是一幅充满乡土气息、生活情趣的农村生活图景，读起来并不感到严肃与乏味。这也是孙犁小说的突出特点。茅盾评论孙犁的作品时曾说道，大时代的作家，应既能以羯鼓金钹摹风云变幻之壮丽，又能以锦瑟银筝传花前月下之清雅，而孙犁是以谈笑从容的态度来描摹风云变幻的。这确是道出了孙犁作品的特点。孙犁的作品如《白洋淀纪事》《风云初记》等，都是反映时代风云变化的，都属于重大题材，但他主要写的却不是大时代的气壮山河的大事件，而是写普通人的平凡的生活，写残酷斗争年代中的人情美、人性美。《铁木前传》也是这样。

三、文学艺术作品推荐

作品 1 《诗经》

《诗经》是中国古代最早的一部诗歌总集，先秦时期称为《诗》，或取其整数称《诗三百》，西汉时被尊为儒家经典，始称《诗经》，并沿用至今。诗经在内容上分为“风”“雅”“颂”三个部分。“风”是周代各地的歌谣；“雅”是周人的正声雅乐，又分“小雅”和“大雅”；“颂”是周王庭和贵族宗庙祭祀的乐歌，又分为“周颂”“鲁颂”和“商颂”。《诗经》内容丰富，是周代社会生活的一面镜子。

《诗经》在中国教育史上发挥了重要的作用。从孔子开始，直至民国时期的私塾教育，《诗经》一直是重要的教材。蔡元培讲，清末民初“初入塾的幼童，本有两种读书法，其一是先读《诗经》，取其句短而有韵，易于上口。《诗经》读毕，即接读四书（即《大学》《中庸》《论语》《孟子》），其一是先读《三字经》《百家姓》《千字文》《神童诗》《千家诗》等书，然后读四书。”[①] 而且，学童对《诗经》也有感受，如顾颉刚讲：“我读《诗经》，虽是减少了历史的趣味，但句子的轻妙，态度的温柔，这种美感也深深地打入了心坎。”[②]

作品 2　《左传》

《左传》是我国历史上第一部记事详细完整的历史著作，也是一部文学名著。相传作者是春秋时鲁国的史官左丘明。原来独立成书，叫《左氏春秋》，后来被认为是解释孔子的《春秋》，称为《春秋左氏传》，简称《左传》，与《公羊传》《穀梁传》合称“春秋三传”，成为儒家的经典之一。《左传》具有很高的史学价值，而且其故事情节丰富，人物形象生动，容易让读者产生兴趣，也成为古代和民国时期学童的主要读物。顾颉刚讲，他七岁时“父亲命我读《左传》，取其文理在《五经》中最易解，要我先打好根底然后再读深的。我读着非常感兴趣，仿佛已置身于春秋时的社会中了。从此鲁隐公和郑庄公一班人的影子长在我的脑海里活跃。”[③]

作品 3　《陶渊明集》

陶渊明是两汉魏晋南北朝时期最杰出的诗人。他的田园诗主要写的是他躬耕田亩的各种体验，有对田园景色的欣赏，对在劳动中才有的与农民的亲切关系，也有对生活困苦的体验。陶渊明与田园息息相通，有别人没有的感受，这使他在写最平常的事物时，也往往能有自己的发现，诗歌因而显出不平常的诗意。如写“有风自南，翼彼新苗”（《时运》）南风拂来，禾苗被吹得张开了翅膀。再如“蔼蔼堂前林，中夏贮清阴”，（《和郭主簿》）好像凉爽能够贮存在林下，可以随时汲取一样。写田园景色，他不是为了写景而写景，但却比苦心经营的描写更出色，因为他的景与情是相融合的。陶渊明将日常生活诗意化，而且将日常生活与高尚的理想结合起来，这是他的了不起的贡献。与其诗歌的内容相适应，他诗歌的语言特点是自然、浅近、质朴，很少用典，也很少用渲染声色的形容词，如“日暮天无云”“种豆南山下”“微雨自东来，好风与之俱”，但诗歌中的形象又是鲜明生动的。就语言说，这也是不易达到的境界。

---

① 蔡元培. 美育人生：蔡元培自传［M］. 南京：江苏文艺出版社，2011：13.

②③ 顾颉刚. 走在历史的路上：顾颉刚自述［M］. 南京：江苏教育出版社，2005：7 – 8.

作品4 《世说新语》

《世说新语》主要是记载东汉后期到晋宋间一些名士的言行与轶事，是中国魏晋南北朝时期玄学“笔记小说”的代表作。从《世说新语》及相关材料中魏晋士人的言行故事可以了解什么是“魏晋风度”及“晋人之美”。美学家宗白华讲：“汉末魏晋六朝是中国政治上最混乱、社会上最苦痛的时代，然而却是精神史上极自由、极解放，最富于智慧、最浓于热情的一个时代。因此，也就是最富有艺术精神的一个时代。”[①] 这一时期的人有怎样的气质个性，读《世说新语》可以知晓。读《世说新语》，还需要能够欣赏这部著作语言的美。明代胡应麟在《少室山房笔丛》卷十三中讲《世说新语》：“读其语言，晋人面目气韵，恍惚生动，而简约玄澹，真致不穷。”这一评价是准确的。

作品5 《西游记》

《西游记》是中国古代浪漫主义小说的代表作。现在我们看到的《西游记》的作者是吴承恩。他生于明朝弘治十三年（1500年），是淮安人。《西游记》是他晚年的作品，动手写作时他已经七十多岁了。《西游记》的故事是幻想出来的。不过幻想往往也有现实的一些影子。《西游记》故事的魅力，主要在于写出了几个生动有趣的人物。孙悟空是一个理想化的形象，勇敢无畏，具有自由精神，也有一些孩子气。猪八戒有明显的缺点但又叫人喜爱，是个有浓厚喜剧色彩的人物。一个理想化的人物身旁往往需要这样一个有戏剧色彩的人物。猪八戒的形象使《西游记》多了喜剧性。唐僧是善良虔诚的苦行僧的形象，他是取经队伍的核心。在现实中唐僧是最软弱的，但他有一种最强的精神力量。在中国古代的长篇小说中，《西游记》还有一个突出的特点，就是它的游戏性。《西游记》全书都有轻松、诙谐和游戏的调子。

作品6 《红楼梦》

《红楼梦》是中国古代小说中最优秀的一部。这部小说包含了深刻的实现内容，更有突出的艺术成就。鲁迅讲：“至于说到《红楼梦》的价值，可是在中国的小说中实在是不可多得的。其要点在敢于如实描写，并无讳饰，和从前的小说叙好人完全是好，坏人完全是坏的，大不相同，所以其中所叙的人物，都是真的人物。总之自有《红楼梦》

① 宗白华. 宗白华全集：第2卷［M］. 合肥：安徽教育出版社，1994：267.

出来以后，传统的思想和写法都打破了。”[①] 俞平伯讲：“《红楼梦》作者第一本领，是善写人情。细细看去，凡写书中人没有一个不适如其分际，没有一个过火的；写事写景亦然。”《红楼梦》在结构方面也有高度的成就。脂砚斋对《红楼梦》高超的分形艺术曾给予极高评价：“事则实事，然亦叙得有间架、有曲折、有顺逆、有映带、有隐有见、有正有闰，以致草蛇灰线、空谷传声、一击两鸣、明修栈道、暗度陈仓、云龙雾雨、两山对峙、烘云托月、背面敷粉、千皴万染诸奇书中之秘法，亦不复少。”《红楼梦》的语言成就也是非常高的。《红楼梦》的语言是最好的白话文。林语堂谈到白话文时曾说：“吾理想中之白话文，乃是多加入最好京语的色彩之普通话也。试以此观点读《红楼梦》，便可知白话之字亟应收入文中者甚多。”

作品7　《聊斋志异》

《聊斋志异》是中国古代文言小说沉寂多年之后，出现的一部杰作。作者蒲松龄在科举上一直不如意，除了做短期的幕僚外，大半生是做教书先生，直到七十多岁才出贡，后不久就去世了。他的这一经历，对《聊斋志异》创作有多方面的影响。他在乡村教书，与普通民众有情感联系，这使他的创作有了深厚的基础。他科场不利，使他有一种“孤愤”之情，使他将自己与历史上的那些富有才华而经历坎坷的知识分子在精神上联系起来，如他将自己“情类黄州，喜人谈鬼”，这实际上是将自己看成苏东坡的精神上的继承人。这又让他有了深厚的历史文化的资源。他纯粹的个人经历也有作用：他一生大多是一个人在乡间教书的。他只能以幻想来升华自己的寂寞、苦闷。《聊斋志异》的故事情节曲折离奇，引人入胜，表现出丰富的想象力。《聊斋志异》语言非常有特点：它一方面继承了文言文精练、含蓄的长处；另一方面又大量吸收民间口语，相当生活化，既准确精练又生动传神。

作品8　《古文观止》

《古文观止》是自清代以来最为流行的古代散文选本，是清人吴楚材、吴调侯于康熙三十三年（1694 年）选定的，康熙三十四年印制问世。《古文观止》所选之文上起先秦，下迄明末，反映了先秦至明末散文发展的大致轮廓和主要面貌。入选之文皆为语言精练、短小精悍、便于传诵的佳作。所选之文，最多的是《左传》，其次是韩愈的文章。

---

① 鲁迅．中国小说的历史变迁［M］//鲁迅．鲁迅全集：第九卷．北京：人民文学出版社，1981：338.

《古文观止》代表了中国古典散文的最高成就，金克木曾评价道："读《古文观止》可以知历史，可以知哲学，可以知文体变迁，可以知人情世故，可以知中国的宗教精神与人文精神，几乎可以知道中国传统文化的一切。"《古文观止》自清初定稿以来，影响巨大，许多有一定文化的家庭，其子弟是熟读和背诵《古文观止》的。

作品 9　《边城》

《边城》是沈从文创作的中篇小说，首次出版于 1934 年。该小说具体的背景是 20 世纪 30 年代川湘交界的边城小镇茶峒，而大的社会历史背景则是现代社会的工业化、城市化，工业化与城市化促进了历史的进步与经济的发展，但同时也带来了许多复杂的社会问题，造成人们的苦闷与困惑。此时，人们回顾传统社会，又会发现传统社会也有其美好之处。《边城》即以抒情诗般的优美笔触，描绘了湘西地区特有的风土人情；借船家少女翠翠的纯爱故事，展现出了传统社会中人性的善良美好。《边城》里的文字鲜活、简单、纯朴，也是特别值得注意的。

作品 10　《战争与和平》

《战争与和平》是俄国作家列夫·尼古拉耶维奇·托尔斯泰的代表作，作品以 1812 年俄法战争为中心，从 1805 年彼得堡贵族客厅里谈论拿破仑的征战开始，中经俄奥联军同拿破仑军队在奥斯特里茨会战、法国军队入侵俄国、波罗狄诺会战、莫斯科大火，拿破仑法军全线溃退，最后写到 1825 年 12 月党人运动前夕。小说以包尔康斯基、别竺豪夫、劳斯托夫、库拉金四个豪族作主线，在战争与和平时期的交替描写中，展现了广阔的俄国社会生活的历史画卷。这部小说历来受到极高的评价。法国作家罗曼·罗兰说它是"我们时代最伟大的史诗，是近代的《伊利亚特》"，这是极高的评价。总之，《战争与和平》值得一读。

思考与探究

1. 朱光潜曾说："没有一个名副其实的文学家不在语文上下过长久刻苦的功夫，在任何一国要找真正好的语言，大半都要从最好的文学作品中去找。"你同意这种看法吗？

2. 姚鼐说："大抵学古文者必要放声疾读，又缓读，只久之自悟。若但能默看，即终身作外行也。"谈谈你对此的理解。

3. 为什么说，优秀的文学经典需要重读？

阅读参考书目

1. 龙协涛. 文学阅读学［M］. 北京：北京大学出版社，2004.

2. 羊玉祥. 古诗文鉴赏方法21讲［M］. 成都：巴蜀书社，1995.

3. 林庚. 唐诗综论［M］. 北京：人民文学出版社，1987.

4. 钱谷融. 艺术·人·真诚：钱谷融论文自选集［M］. 上海：华东师范大学出版社，1995.

5. 孙绍振. 孙绍振如是解读作品［M］. 福州：福建教育出版社，2007.

第十二章　戏剧艺术欣赏

第一节　戏剧艺术的性质特征

一、什么是戏剧艺术

戏剧是由演员扮演角色，在舞台上当众表演故事的一种综合艺术，是由演员将某个故事或情境，以对话、歌唱或动作等方式表演出来的艺术。戏剧有四个元素，包括了“演员”“故事（情境）”“舞台（表演场地）”和“观众”。其中，“演员”是四者当中最重要的元素。

“戏剧”包括中国戏曲和话剧两大类，中国戏剧又包括昆曲、京剧、越剧、豫剧、黄梅戏等剧种。中国剧种甚多，最新统计达400多种，仍在演出的有七八十种。这些剧种，虽然千差万别，但其美学特征均是属于中国戏曲这一大系统之下的。

话剧是吸收了西方戏剧观念之后形成的一个崭新的现代剧种。19世纪末至20世纪初，话剧刚传入中国时，称之为“戏剧”“戏曲”“新剧”“新戏”“新派演艺”等。1927—1928年，中国现代戏剧的几位奠基人田汉、欧阳予倩、洪深等有时在一起讨论戏剧问题。田汉认为，西方的“drama”与中国戏曲的差别，不是“新”与“旧”的差别，而是两种戏剧种类的差别。洪深同意这一分析，提议将“drama”译为“话剧”，因为这种戏剧样式就是由人物的对话组成的，由此“话剧”这一名称得以确定，而“戏曲”则专指中国传统形式的戏剧。这两种艺术形式都属于戏剧。

有人说：“从广义上讲，戏剧包括话剧、戏曲、歌剧、舞剧，乃至目前欧美各国影响广泛的音乐剧等。从狭义上讲，戏剧主要是指话剧。”[①] 这个说法并不合适，广义的戏剧包括了“歌剧、舞剧，乃至目前欧美各国影响广泛的音乐剧”，失之于宽，歌剧、舞剧分别属于音乐艺术和舞蹈艺术，而不属于戏剧艺术。而狭义的戏剧仅指话剧，又失之于过严，即使是狭义的戏剧，也还包括戏曲。

2008 年国务院学位委员会公布的学科目录中，在“艺术”学科（一级）下设有二级学科“戏剧戏曲学”，也并不合适。这是由于将大概念“戏剧”与小概念“戏曲”并列。2011 年，学科目录已经做了调整，将“戏剧戏曲学”改为“戏剧与影视学”。

二、戏剧艺术的审美特征

就审美特征而言，戏剧有共同之处，即戏剧之美是一种综合美。它包括音乐、诗歌、绘画、雕刻、舞蹈、小说、建筑等艺术的性质。戏剧具有音乐的节奏、诗歌的韵律、绘画的色彩、雕刻的姿势、舞蹈的动态、小说的情节和建筑的写实。

就戏剧艺术的欣赏过程而言，戏剧活动体现着直观性与过程性的统一。戏剧欣赏不同于文学阅读。文学欣赏中，读者首先看到的是文字，随着阅读的深入，读者在文字的诱导下，想象出人物的音容笑貌，推断出故事的前因后果；看戏时，观众面对的是戏剧场面和人物形象，目睹了整个事件的全过程。看戏是一种直观的、联系的艺术欣赏活动，戏剧欣赏是观众直接参与的审美过程。在剧场中，演员时刻都能感受到观众的反应，并随时做出必要的调整。在剧场里，观众不只是被动地接受，而且能以各种方式把自己的感受和评价及时反馈给演员，对演出施加影响，即戏剧欣赏是一种双向互动的艺术活动。看戏的过程中，观众被深深地吸引到戏里，几乎忘记了自己的存在。

上述是戏剧的共同审美特征。中国传统戏曲和西方传来的话剧，也各有不同的特点。

首先，中国传统戏曲是“以故事演歌舞”，即歌舞性是其突出的特点。中国传统戏

---

① 彭吉象. 艺术学概论［M］. 北京：北京大学出版社，2006：195.

曲特别重视的是“唱”。京剧艺术讲究唱、念、做、打、舞，唱腔是排在第一位的。人们把京剧演员称为“唱戏的”，这虽然有点不太尊重，但确实道出了京剧的特点。京剧的名角，首先必须唱得好。如“四大须生”“四大名旦”，首先是唱得好。有一些京剧剧目，多年演出，百听不厌。如《武家坡》的情节甚至是经不起推敲的，语言文字方面也很平常，但唱腔非常优美，因此有长久的生命力。京剧的念白也有歌唱性，富于旋律感、节奏感，富于音乐性，即所谓“有声皆歌”。

舞蹈也是传统戏曲的重要组成部分，它同唱腔一起，担起“以故事演歌舞”的重任。有些剧目甚至主要是舞蹈演出，如《霸王别姬》中虞姬的剑舞、《天女散花》中天女的绸舞。当然，这并不很多。京剧的舞蹈，更多是与京剧表演的唱、念、做、打紧密结合在一起，形成统一的整体。京剧由此也具有了“无动不舞”的特点。

中国戏曲的表演性，使得戏曲艺术所突出的不是剧本，而是演员。对此，有京剧研究指出：京剧的最大特点是演员中心、色艺第一，“舞台表演与唱腔的技艺性得到了充分发挥，甚至达到了烂熟的程度”。[①]（这一特点，在传统戏曲的其他剧种中也是存在的，京剧只不过是特别突出而已。）

传统戏曲的第二个特点是虚拟性。虚拟是戏曲反映生活的基本手法。它是指以演员的表演，用一种变形的方式来比拟现实环境或对象，借以表现生活。中国传统戏剧常常运用以虚代实、以虚显实的表现方法：挥鞭作马，叠椅为山，两面旗一夹就代替了车和轿，四个小卒在台上走一圈就代表一支大军，开门、推窗、登楼等只需做几种虚拟的手势或身段，等等。京剧的虚拟性，使得舞台空间非常开阔，所谓“三五步行遍天下，六七人百万雄兵”“顷刻间千秋事业，方丈地万里江山”，因此能够表现丰富的社会生活内容。如汤显祖的《牡丹亭》，人物虽然不是很多，但故事涉及官府、民间、城市、乡村，还关乎阴阳两界。时间长达三年之久。这样丰富的内容，通过虚拟的舞台能够很方便地加以表现。虚拟性也更突出了演员的卓越技巧，并给观众发挥想象力留下广阔的空间，往往能收到比有实物实景更逼真的艺术效果。如京剧《秋江》中的尼姑追赶自己爱慕的书生到江边，搭一艘民船，民船艄公接尼姑上船以及上船后开船均在江边的水面上进行，舞台上虽然没有水和船，但艄公和尼姑的表演，让观众感受到江水和船只的存在。曾有过这样一件趣闻：有一次，川剧剧团到北京演《秋江》，有人请一位亲戚——老太太看戏，回来后问她：“《秋江》好不好？”老太太说：“很好，就是看了有点头晕，因为我有

---

① 董健，马俊山．戏剧艺术十五讲［M］．北京：北京大学出版社，2012：323.

晕船的毛病，我看出了神，仿佛自己也坐在船上了，不知不觉地头晕起来。”京剧《三岔口》由于很好地表现出了京剧的虚拟性，历来是中国代表团出国演出的代表性剧目。

传统戏曲的第三个特点是程式性。程式是戏曲反映生活的一种特有的表现形式，是一种有规则的自由动作，是一种含有能够传神写意、满足观众真与美追求的、既抽象又具象的艺术语言。程式不单纯是生活的模拟，它既依据生活逻辑，又依据戏曲艺术自身的逻辑。程式的形成，是一个以美学处理生活的过程。戏曲程式不但是程式语汇，同时又是演员的基本功。程式中凝聚着古往今来艺术家们的心血，它又成为新一代演员进行艺术再创造的起点，因而戏曲表演艺术才得以代代相传。程式可以说是京剧表演的“零件”。演员在戏校、科班里学的时候，就是要着重学好这个程式，学会一个个“零件”。戏校出来，打造的零件都会了，到了一个戏里面，再根据程式语言，组合出剧中的人物。

话剧与中国戏曲是不同的。话剧艺术的审美特征，一是集中性。戏剧受舞台条件——空间条件和演出时间的限制，要求高度集中。所以，戏剧的内容不宜太杂，篇幅不宜太长，情节不宜太复杂，人物不宜太多，人物的活动不宜太多变化，必须集中在几个场景中，集中反映事件的最主要的部分，突出刻画若干人物。二是强烈的戏剧冲突。戏剧冲突就是对立面的矛盾、两种力量的角逐。冲突的过程就是矛盾的展开和矛盾各方角逐的过程，也就是戏剧情节的过程。话剧还要求人物语言具有个性化、动作化、口语化等特点。这些方面，中国戏曲不一定都具备，即使有一些类似的，也往往不是中国戏曲的突出特点。关于话剧与中国戏曲的区别，杜书瀛这样说：“一部西洋戏剧，其舞台时间一般都只有两三小时，没看到一个戏剧冲突从开端到结尾的全过程。所以，西方戏剧家写戏，认为关键在于找到戏剧冲突，特别是要抓住冲突的高潮，而高潮又总是连着结尾。找到冲突的高潮和冲突的解决（结尾），一部戏剧自然也就瓜熟蒂落，因此，西方戏剧家往往从结尾写起。但是，中国人的审美习惯则不同。中国人喜欢看有头有尾的故事。所以，中国戏曲作家写戏，往往着重寻找一个有趣的、有意义的故事，而不是像西方戏剧家那样着眼于冲突；中国戏曲当然不是不要冲突，而是在冲突中附带展开故事。因此，中国戏曲的开端往往不是像西洋戏剧那样从戏剧冲突的开端开始，而是从整个故事的开端开始。中国戏曲，特别是宋元南戏和明清传奇，叙述故事总从‘开天辟地’讲起，而且故事情节进展较慢，开端离高潮相当远，结尾又离高潮相当远，一部传奇往往数十出，还要分上半部、下半部，整部戏演完，费时十天半月是常事。”① 这段话大致上道出了两种戏剧的不同之处。

---

① 李渔. 闲情偶寄：上［M］. 杜书瀛，译注. 北京：中华书局，2014：165－166.

第二节　戏剧艺术作品欣赏

一、戏剧艺术欣赏要领

（一）有一定的文史知识

欣赏戏剧，要有一定的文史知识。京剧中有大量的剧目来源于史书和古典文学作品，如《京剧剧目初探》一书中记录的155出“三国戏”中，见于《三国演义》的就有118出，而且这些戏与小说原著的情节和语言也很相近。其他朝代的有关剧目与相关的文学著作也有类似的对应关系。如果曾阅读过相关文史著作，再去看戏时自然对戏容易理解，甚至还可以在原著的基础上展开艺术想象，弥补舞台形象的不足。反之，若对相关文史著作一无所知，就可能看不懂戏的内容。

（二）有一点戏剧表演艺术常识

俗话说，台上三分钟，台下十年功。有些演员的绝技在台上的表演常常是一瞬而过的，如不提前有所掌握和特别注意欣赏，就会出现视而不见、听而不闻的情况。京剧之所以能以虚拟化的程式作为自己的艺术语言，正是由于与观众建立了一种具有共识的默契关系。这就是人们常说的“要欣赏音乐就得有一双音乐的耳朵”。同样，欣赏京剧也要有一双“京剧的眼睛”和一双“京剧的耳朵”。

欣赏戏曲，需要理解戏曲的“以故事演鼓舞”的特点。有些剧目是有生动的故事的，如《赵氏孤儿》就有生动的故事。但也有一些剧目，故事并不生动，但唱腔非常优美，其审美价值主要体现在唱腔以及舞蹈上。如京剧《武家坡》，故事并不精彩，甚至是经不起推敲的，但多年来常演不衰，就是因为唱腔优美。程派剧目《春闺梦》的故事很平常，是凭借优美的唱腔才得以流传。程派代表作《锁麟囊》剧本是好的，但之所以能够大红大紫，主要还是依靠程砚秋呕心沥血研磨成的唱腔，而不是凭借故事本身。许多时候，一个剧目的故事“只像枯树搭成的花架，用处只在撑扶住一园锦绣灿烂生气蓬勃的葛藤花卉”。戏剧的“锦绣灿烂生气蓬勃的葛藤花卉”就是演员表演的歌舞，特别是演员的唱腔。不能欣赏演员的唱腔，可以说就没有真正进入戏剧欣赏的境界。

（三）阅读剧本

欣赏戏剧，有时需要在看戏之前阅读剧本。许多剧本，本身就是非常值得欣赏的、特别是话剧的剧本。因为话剧虽然也带有综合性的特点，包含导演、编演、服装、化妆、灯光、道具、音乐，但各种因素中最核心的是剧本，剧本直接关系到演出的成功与失败。因此，“戏剧固然有待于表演，然而，有伟大魅力的戏剧，虽是默读剧本，读来也会觉得它生动的力量的”①。朱光潜甚至认为“独自阅读剧本优于看舞台演出的剧……许多悲剧的伟大杰作读起来比演出来更好”②。当然，阅读剧本实际上并不能代替进入剧场欣赏戏剧。然而，欣赏戏剧之前对戏剧的内容有所了解，是很必要的。

（四）注意欣赏的礼仪

戏剧欣赏不同于文学作品的欣赏，文学作品是读者自己阅读，欣赏戏剧是需要进入剧场的。因此，欣赏戏剧要注意欣赏的礼仪。如观众应该准时入座，迟到的观众不仅看不到精彩的开场，也影响到已经入场观众的欣赏效果。除非有特殊的情况，一般也不要提前退场。进入现代剧场观看戏剧，也应注意观剧前不宜饮酒，更不要吸烟。还要注意，同是欣赏戏剧，欣赏中国戏曲与欣赏话剧是有一些不同之处的。欣赏戏曲，观众可以叫好，对精彩的表演甚至是应该叫好。而欣赏话剧则不同，在演出中应保持肃静。

二、经典戏剧艺术作品欣赏

作品 1　杂剧《赵氏孤儿》

杂剧是中国戏曲艺术发展到成熟阶段的最早的戏曲种类，以其发展演变地域和时期的不同，又可分为宋杂剧、金院本和元杂剧。“杂剧”一词最早见于唐代，泛指歌舞以外诸如杂技等各色节目。到了宋代，“杂剧”逐渐成为一种新表演形式的专称，这一新形式包括歌舞、音乐、调笑、杂技。元杂剧一般每本由四折构成，依次写故事的开端、发展、高潮和结局；也有由五折构成的。有的还有“楔子”，一般置于第一幕之前，类

① 焦菊隐. 焦菊隐文集：第 1 卷［M］. 北京：文化艺术出版社，1986：9.

② 朱光潜. 悲剧心理学［M］. 张隆溪，译. 北京：人民文学出版社，1983：31.

似现代剧的序幕，有时也置于两折之间，具有过场戏的性质。

杂剧《赵氏孤儿》，全名《冤报冤赵氏孤儿》，纪君祥著。故事取材于《史记·赵氏世家》。内容叙述晋灵公武将屠岸贾，因其与忠臣赵盾不和与嫉妒赵盾之子赵朔身为驸马，竟杀灭赵盾家300人。赵武即赵氏孤儿的母亲把孤儿托付给一位经常出入驸马府的民间医生程婴，为了消除程婴对于泄密的担忧，自己立即自缢身死；程婴把赵氏孤儿藏在药箱里，企图带出宫外，被守门将军韩厥搜出，而韩厥也深明大义，示意程婴把婴儿带了出去，为赵氏留下唯一的血脉。他放走了程婴和赵氏孤儿之后自己拔剑自刎；屠岸贾得知赵氏孤儿逃出，凶残地下令杀光全国一月以上、半岁以下的婴儿；程婴为了拯救赵氏孤儿，决定献出自己的独子，以代替赵氏孤儿，并由自己承担“窝藏”的罪名而一起赴死；原晋国大夫公孙杵臼自愿以年迈之躯代替程婴、承担隐藏赵氏孤儿的罪名，然后撞阶而死……这出戏，剧情惊心动魄，曲折感人，以连续的自杀的牺牲精神，营造了强烈的悲剧气质，体现了一种前赴后继、不屈不挠地同邪恶势力斗争到底的抗争精神。全剧结构严谨完整，情节曲折紧凑，人物性格鲜明、突出，历来受到高度评价。王国维评价：“即列于世界大悲剧之中，亦无愧也。”法国启蒙思想家伏尔泰将其改编为五幕剧本，是中国最早传至欧洲的戏曲作品。

作品2　京剧《锁麟囊》

京剧曾称平剧，中国五大戏曲剧种之一，腔调以西皮、二黄为主，用胡琴和锣鼓等伴奏，被视为中国国粹。京剧前身是清初流行于江南地区，以唱吹腔、高拨子、二黄为主的徽班。清代乾隆五十五年（1790）起，原在南方演出的三庆、四喜、春台、和春四大徽班陆续进入北京，他们与来自湖北的汉调艺人合作，同时又接受了昆曲、秦腔的部分剧目、曲调和表演方法，通过不断交流、融合，最终形成京剧。民国时期，京剧“四大名旦”脱颖而出，是京剧走向鼎盛的重要标志。

《锁麟囊》是“四大名旦”之一的程砚秋艺生的戏剧代表作。程砚秋在艺术创作上勇于革新创造，他根据自己的嗓音特点，创造出了一种幽咽婉转、若断若续的唱腔风格。程派的唱腔咬字完整清晰，每一个字、每一个腔都得以充分展开。有人说：同一个唱段，梅派唱3分钟，程派却要唱上5分钟。如程派传人张火丁唱《春闺梦》“被纠缠陡想起婚时情景”，一共只有“被纠缠陡想起婚时情景，算当初曾经得几晌温存。我不免去安排罗衾绣枕，莫负他好春宵一刻千金。原来是不耐烦已经睡困，待我来搀扶你重订鸳盟”6句话却唱了4分多钟，前面的两句话就唱了2分钟。

《锁麟囊》剧本由著名剧作家翁偶虹创作，讲述的是一个善良的富家小姐在富贵无常的人世中，如何因当年的仗义助人而得报恩和救助的故事。全剧一共 15 场，1940 年 5 月首演于上海黄金戏院，程砚秋领衔饰演薛湘灵。此后久演不衰，成为程派京剧的代表之作。

作品 3　越剧《红楼梦》

越剧是浙江地方戏曲剧种之一，曾称“小歌班”“的笃板”“绍兴文戏”，发源于绍兴地区嵊州、新昌一带，流传于以浙江、上海、江苏等地为主的全国十六个省区。20 世纪 30 年代后期以绍兴为古越都城，因而 1938 年改名为“越剧”。越剧为中国第二大剧种，有第二国剧之称，又被称为是“流传最广的地方剧种”，有观点认为越剧是“最大的地方戏曲剧种”。越剧以唱为主，长于抒情，声音优美动听，表演真切动人，极具江南灵秀之气，多以“才子佳人”为题材。

越剧《红楼梦》的编剧徐进对原著内容进行高度精练，使之成为情节紧凑、震撼人心的 13 场舞台剧。故事讲黛玉进府后与表兄贾宝玉两小无猜，情投意合。然而，家长们用“调包计”拆散了这一对恋人。黛玉焚诗稿后香消玉殒。宝玉得知真相，在黛玉灵前悲愤哭诉，离家出走。越剧电影版《红楼梦》的宝玉和黛玉分别由徐玉兰、王文娟扮演。徐玉兰演唱洒脱流畅，奔放高亢，感情炽热。剧中的《问紫鹃》一段，词、曲和演唱都非常好，震撼人心，催人泪下：

宝玉唱：问紫鹃，妹妹的诗稿今何在（啊）？
紫鹃唱：如片片蝴蝶火中化。
宝玉唱：问紫鹃，妹妹的瑶琴今何在？
紫鹃唱：琴弦已断你休提它。
宝玉唱；问紫鹃，妹妹的花锄今何在（啊）？
紫鹃唱：花锄虽在谁葬花？
宝玉唱：问紫鹃，妹妹的鹦哥今何在（啊）？
紫鹃唱：那鹦哥，叫着姑娘，学着姑娘生前的话（呀）。
宝玉唱：那鹦哥也知情和义，
紫鹃唱：世上的人儿不如它！

越剧《红楼梦》集合了好戏应具备的各种优点，题材、情节、演员、唱腔、表演、服装、布景无一不佳，不仅普及了曹雪芹的小说《红楼梦》，也深受国外观众的热爱。

1978 年越剧电影《红楼梦》在全国公演，引起轰动。从 1978 年到 1982 年，观影人次超过 12 亿。

作品 4　黄梅戏《女驸马》

黄梅戏，旧称黄梅调，起源于皖、鄂、赣 3 省交界地区，发展壮大于安徽安庆。黄梅戏与京剧、越剧、评剧、豫剧并称“中国五大戏曲剧种”，也是安徽省的主要地方戏曲剧种。

《女驸马》是安庆市著名剧作家王兆乾根据民间艺人口述的传统戏《双救举》重新创作而成的。故事梗概是：冯素珍与李兆廷自幼订下鸳盟。后李兆廷家道中落，前往冯家借贷。素珍后母王氏欲攀高亲，用重金逼兆廷退婚，兆廷未允。素珍得知后命春红邀兆廷花园相约，并私赠银与玉麒麟以示真心。不料王氏闻风赶到，诬陷兆廷偷盗，将其送官究办，又强行将素珍另配。素珍不从，女扮男装出逃，进京寻访哥哥冯少英。在京城偶见皇榜招考，即冒充李兆廷之名应试，得中头名状元，被皇帝招为驸马。素珍推辞不得，十分焦急。正巧八府巡按张绍民前来拜访新科状元，素珍认出他竟是哥哥冯少英。两人正共谋脱身之计，不意圣旨传来，令驸马随即进宫与公主完婚。洞房之夜，公主见驸马迟迟不肯入寝，疑窦顿生。经再三诘问，素珍被迫吐露真情，但她恳切陈词，晓以利害，感动了公主。第二天，公主请求父王赦免素珍，皇帝迫于情势，收素珍为义女。冯少英上殿代妹请罪，与公主一见倾心。皇宫张灯结彩，两位驸马同时完婚。《女驸马》的这一结局，反映了民众的善良愿望。

黄梅戏具有浓厚的地方性特征，这在《女驸马》中有鲜明的体现。黄梅戏来自民间，富有浓郁的生活气息和清新的乡土风味。早期黄梅戏的剧目多为老艺人自编自演的反映民间生活的小戏。20 世纪 50 年代，一批有志于戏曲事业的知识分子加入黄梅戏传统剧目的发掘与再创造的行列，由此大大丰富了黄梅戏的表现形式，加强了黄梅戏的文学性，发展了唱腔和伴奏，使其原来的民俗性和通俗性得到质的升华，旋律更为优美，影响更为扩大。不过，黄梅戏仍然保留了反映民间生活的特点。黄梅戏的唱腔质朴流畅，表演也是质朴和细致的，而且通俗易懂，易于普及。黄梅戏是从民间小戏发展出来的，小戏的近距离的演唱表演，决定了黄梅戏音量小，声音自然甜美，无高音也无低音的音乐特点，并从而形成了黄梅戏易懂、易学、易唱和易传的艺术特点。黄梅戏表现的剧目，绝大多数是以女性为轴心的民俗题材，更多地关心女性人物的命运，舞台人物青春亮丽，以“小生”“花旦”为主要人物形象。《女驸马》正是这样。

作品5 话剧《樱桃园》

四幕喜剧《樱桃园》是契诃夫最后一部戏剧杰作。剧本写于1902年至1903年，讲述的是加耶夫、郎涅夫斯卡雅兄妹被迫出卖祖传的樱桃园的故事。女地主郎涅夫斯卡雅是樱桃园贵族之家的女主人，长年客居法国，突然有一天想起了樱桃园，于是举家回到阔别五年之久的故乡。郎涅夫斯卡雅贪慕虚荣，债台高筑，面临破产，却依旧沉湎在幻想、空谈之中，不愿正视现实。从前曾做过郎涅夫斯卡雅的仆人、父亲是樱桃园庄园农奴的罗巴辛，现在却摇身一变成为商人、企业主和暴发户。罗巴辛建议把树砍光，然后盖别墅出租，用这些钱付利息，樱桃园就可以保存下来。郎涅夫斯卡雅和哥哥加耶夫听不进去，他们想保住樱桃园，却没有解决问题的办法，从而使樱桃园最终难逃被卖掉的命运，而买主就是罗巴辛这个昔日樱桃园农奴的儿子。失去了樱桃园的郎涅夫斯卡雅挥泪与樱桃园告别，罗巴辛成了这座美丽花园的主人。而后，罗巴辛在金钱利益的驱使下，毁灭了美丽的樱桃园，将园内的树木悉尽砍去改建别墅。剧本结束时，万籁俱寂。划破静谧气氛的，是樱桃园深处斧子砍伐树木的砰砰声。美丽的樱桃园就这样消失了。

剧本中的樱桃园是一种象征，象征着旧生活的诗意，或者说是象征着富有诗意的过去的贵族生活。在社会发展进程中，贵族注定要退出历史舞台，他们追求的诗意的生活也注定是要消逝的。它的消逝，从历史发展的角度看是必然的、合理的，但它毕竟是美的，美的消逝又是令人惋惜的。时代在按着历史的法则前进，人类不得不与一些旧的但也美丽的事物告别。《樱桃园》在人们心中勾起的，是这种面对新时代的喜忧参半的复杂情感。对此，契诃夫没有提出自己的明确的看法，剧本的思想含义，是留给观众自己去感受和思考的。每个观众都可以做出自己的解读。

在当代人的感受中，樱桃园在伐木声声中荡然无存，象征着工业文明对于农耕文明的摧毁，现代对古典的颠覆。樱桃园就成为已经逝去的那个充满诗意的古典时代的化身。进入工业文明之后，人们不再去倾听大自然的声音，生活中曾有的纯洁与美好日益远去了。《樱桃园》可以看作对诗意世界的哀悼。对这部杰出的戏剧，《樱桃园》的译者、著名翻译家童道明给出了这样的解释："樱桃园实际上是一种精神价值的象征，在现实面前，有精神价值的樱桃园，不得不让位给具有经济效益的别墅。就像北京的老城墙，它也是樱桃园。"

《樱桃园》是契诃夫的代表作之一，是他的最后一首抒情诗。一直以来，《樱桃园》被公认为世界戏剧史上的经典，是当今世界剧坛演出最多的经典剧目之一。

三、戏剧艺术作品推荐

作品 1 《西厢记》

《西厢记》讲的是一个才子佳人的恋爱故事。书生张君瑞赶考路经河中府，在普救寺巧遇前相国之女崔莺莺，二人一见钟情。后叛将孙飞虎兵围普救寺，要抢莺莺为妻。崔母向寺内僧俗宣布：能退贼兵者，愿以女妻之。君瑞写信给友人白马将军杜确，杜确领兵前来解围，救了崔氏一家。但事后崔母悔婚，令君瑞与莺莺兄妹相称。莺莺侍女红娘教张生隔墙弹琴打动莺莺，又为他们传递情诗。终于在书斋幽会成亲。崔母发现后拷问红娘，红娘据理力争，并谴责崔母有过错。崔母无奈，允许二人婚配，但要张生立即赴考。张生考中状元后荣归河中，终于获得美满婚姻。《西厢记》人物形象生动，文辞非常优美。

作品 2 《牡丹亭》

《牡丹亭》是汤显祖最著名的剧作，在思想和艺术方面都达到了其创作的最高水准。剧本推出之时，即产生极大的影响。据记载，“《牡丹亭梦》一出，家传户诵，几令《西厢》减价”。杜丽娘与柳梦梅的爱情故事体现了青年男女对自由的爱情生活的追求，显示了要求个性解放的思想倾向。《牡丹亭》全剧有 55 回，连续演出大约要一整天。后来，《牡丹亭》中的《游园惊梦》作为折子戏，常常单独演出。《牡丹亭》唱词非常优美，值得细细品味。

作品 3 《桃花扇》

《桃花扇》写的是：明代末年，侯方域与秦淮歌妓李香君相爱，侯方域送李香君一把题诗扇，后阮大铖陷害侯方域，并强将李香君许配他人，李香君坚决不从，撞头欲自尽未遂而血溅诗扇，侯方域的朋友杨龙友利用血点在扇中画出一树桃花。《桃花扇》以侯方域与李香君相爱与分离为主线，穿插当时的历史事件，描绘了广阔的社会生活，如南明君臣的花天酒地，史可法坚守扬州，等等。《桃花扇》故事情节丰富，同时又有浓郁的情感抒发，其中的《哀江南》套曲文辞优美，感人至深。

作品4　《望江亭》

《望江亭》讲的是恶少杨衙内借其父杨太尉的势力，企图霸占年轻貌美的寡妇谭记儿为妾。谭记儿不允，避至清安观内，为父亲抄写经卷。观主白道姑侄儿白士中新任檀州太守，于途中经清安观与谭记儿相识，两人一见钟情，结为夫妇，同往檀州任所。杨衙内得知此事后，与其父杨太尉狼狈为奸，取得圣旨和尚方宝剑，假造罪名陷害白士中。谭记儿闻知，巧扮渔妇来到杨驻扎之“望江亭”，智取杨用以陷害白士中的圣旨和尚方宝剑。次日，杨衙内以钦差身份，来至太守府拿问白士中，却因圣旨和尚方宝剑为谭取去，一时狼狈不堪，当场被白士中以假冒钦差、调戏民女的罪名，责打40大板，收监问罪。至此，恩爱夫妇白士中、谭记儿终于化险为夷，渡过了难关。作品情节丰富、跌宕起伏，引人入胜。

作品5　《四郎探母》

《四郎探母》讲杨四郎延辉在宋、辽金沙滩一战中被辽掳去，改名木易，与铁镜公主结婚。十五年后，四郎听说六郎挂帅，老母佘太君也押粮草随营同来，不觉动了思亲之情，但无计过关见母。公主问明隐情，盗取令箭，四郎趁夜过关，去见母亲等家人，大家悲喜交集，抱头痛哭。只是匆匆一面，又别母而去。《四郎探母》的大背景是宋辽之间的既有激烈战争又有长期和平的社会历史。《四郎探母》作为一部戏剧，以其故事的感人和唱腔的优美征服了读者和观众。

作品6　《三岔口》

《三岔口》是传统短打武生剧目，故事取材于《杨家将演义》第二十七至二十八回，说的是宋朝年间，焦赞因杀死谢金吾而被发配到沙门岛，途中住进刘利华店中。任堂惠奉命暗中保护焦赞，也住进此店。夜间，任刘双方发生误会，一场恶战，焦赞出面，方解此围。《三岔口》主要表现的是任堂惠与刘利华的打斗，演员通过身段、眼神、武打动作来模仿双方摸黑打斗的场面。舞台灯光明亮，却让人感觉是一个伸手不见五指的黑夜。该剧鲜明地表现了中国戏曲的虚拟性的特点，常在国外演出并广受好评。

作品 7 《梁山伯与祝英台》

《梁山伯与祝英台》讲述祝英台女扮男装到书院读书，与同学梁山伯相爱，但祝父把英台许配给马家，梁山伯忧郁而死，英台殉情，二人化蝶永不分离。

梁祝传说及爱情故事是历史上确实发生过的真实事件，有历史资料及文物古迹佐证。梁祝的故事最早见于唐朝梁载言的《十道四蕃志》，记载了梁、祝“二人尝同学”“同冢”的故事。晚唐人张读的《宣宝志》有较详细的记载。到明代冯梦龙的《古今小说》，又增加了英台不解带，梁山伯生疑和化蝶的情节。《梁山伯与祝英台》一剧由上海电影制片厂摄制成越剧戏曲艺术片，由桑弧、黄沙执导，袁雪芬、范瑞娟主演，影片放映后产生了广泛的影响。《十八相送》是该剧的一个经典唱段。

作品 8 《武家坡》

《武家坡》是京剧《红鬃烈马》中的一出折子戏，讲的是出身高贵门第的妻子王宝钏独居破瓦寒窑 18 年，在困顿中写下血书，托鸿雁寄往西凉。薛平贵得信，告别代战公主，急返长安，在武家坡前遇见王宝钏。夫妻分离 18 年，容颜难辨，不敢贸然相认。薛平贵借问路试探宝钏，王宝钏清贫艰苦，坚守贞节，逃回寒窑。薛平贵赶至窑前，细说缘由，赔诉前情，夫妻才得相认。《武家坡》乃至整部《红鬃烈马》，表面上是写帝王将相的生活，但其实是民间百姓的心理、情感，这也是中国戏剧共有的特点。对此是需要注意的。

作品 9 《俄狄浦斯王》

《俄狄浦斯王》是古希腊的著名悲剧，讲的是俄狄浦斯出生时有神谕，说他将来会杀父娶母，于是他被抛弃在荒山上，辗转成了科林斯国王之子。成年后他得知神谕，为了躲避杀父娶母的预言，逃出科林斯国，在途中与人抢道，将主仆数人打死。他来到底比斯国，制服了狮身人面怪，被拥立为王，并娶寡后为妻，后得知他所打死的就包括他的父亲，而所娶的是他的母亲。俄狄浦斯这些经历恰好符合当初神谕所说的杀父娶母。得知这一情况后，王后羞愤自尽，俄狄浦斯则刺瞎双眼。该剧表现人的意志与命运的矛盾，表现主人公勇敢、正直、善良，敢于承担责任，突出表现了偶然和必然的复杂关系，命运的“无常”“无奈”，阐述的是西方神话中命运主宰一切的观点，是一部典型的命运悲剧。

作品 10 《毛猿》

《毛猿》是美国现代戏剧家尤金·奥尼尔（1888—1953）的表现主义代表作，发表于 1922 年。剧中主人公扬克是一艘油轮上的司炉工，他自认是一个超人，看不起有钱人，却被船上的有钱人视为毛猿。他发现自己原来被整个船舱之上的世界排斥在外，便离开轮船去寻找归宿，但他的所有努力都归于失败，走投无路的他不知道怎么办，觉得世界上没有人理解他、同情他。一次，他走到动物园，在大猩猩的笼前，感到那笼里的大猩猩才是自己的知心朋友。他向猩猩倾诉心中的不平，还使劲打开笼门放猩猩出来。猩猩出笼后，挥动长臂把扬克紧紧抱住，岂料猩猩力气太大，竟把扬克的肋骨压断了，扬克死在猩猩怀里。不少评论家都把表现主义看作戏剧领域的象征派。《毛猿》中象征很多，如剧中的大油船既象征了现代生活，同时又象征了远古的野蛮生活。大炉间象征牢笼，也代表了现代人所处的尴尬与窘况。

思考与探究

1. 王国维认为，中国戏剧的特点是“以歌舞演故事”，也有人说，中国戏剧是“以故事演歌舞”，你怎么看？

2. 齐如山说，京剧具有“有声皆歌，无动不舞”的特点，对此谈谈你的理解。

3. 朱光潜认为：“独自阅读剧本优于看舞台演出的剧……许多悲剧的伟大杰作读起来比演出来更好。”你同意这种看法吗？

阅读参考书目

1. 吴梅. 中国戏曲概论 [M]. 北京：中国人民大学出版社，2004.

2. 余秋雨. 戏剧审美心理学 [M]. 成都：四川人民出版社，1985.

3. 董健，马俊山. 戏剧艺术十五讲：修订版 [M]. 北京：北京大学出版社，2012.

4. 黄会林. 黄会林影视戏剧艺术论集 [M]. 北京：北京师范大学出版社，2002.

5. 邹红. 焦菊隐戏剧理论研究 [M]. 北京：北京师范大学出版社，1999.

第十三章 电影艺术欣赏

第一节 电影艺术的性质特征

一、什么是电影艺术

电影在1895年诞生后的十几年间，只被看作是用影像记录现实生活场景的手段。到了1910年，意大利诗人、电影人卡努杜前瞻性地把电影列为继音乐、诗歌（文学）、舞蹈、建筑、绘画、雕塑之后，综合了时间和空间艺术的“第七艺术”，并为此发表了《第七艺术宣言》。从此，作为人类第七大艺术的电影，融合科技、文化、产业、艺术等诸多要素，以其他艺术样式无可比拟的创造力和感染力影响和改变了20世纪人类生产、生活方式和精神面貌，并继续影响着21世纪的人类社会。

法国著名电影理论家巴赞说，电影的诞生是出于人类“用形式的永恒去克服岁月流逝的原始需要”①。柏拉图则以“洞喻”，给人们另一个角度的启示。光影的行为与一切

① 巴赞．电影是什么？［M］．崔君衍，译．北京：中国电影出版社，1987：6.

文学艺术的本质一样，满足人类“认识你自己”的原型心理需要。

那么，电影到底是什么？对电影认知的角度不同，诠释也不同。如电影是人们日常生活中的一种仪式；电影是通过视听表达的思想，是意识形态国家机器；电影是巨大的文化工业，是一种规格化的大工业生产；电影是一种想象的艺术；电影是在黑屋子里面做的一场梦；电影是每秒24格的真理；电影是运用现代科技手段产生具有画面性质的连续影像和声音结合的可能性存在；电影是一种表演艺术、视觉艺术及听觉艺术，利用胶卷、录像带或数位媒体将影像和声音捕捉，再加上后期的编辑工作而成；等等。这些定义都各有渊源，但未免失之偏颇。

电影发展到21世纪，必须在与电视节目、网络视频的区隔中突出其特点。流动声画是电影的形式手段，眼看耳听是接受的感官方式，影院放映并带来票房收益是电影的重要目标，故事性是观众对电影的审美期待。因此，可以尝试这样为电影定义：电影是由声音和流动画面共同构成并作用于观众的视听感官，以银幕放映为目的的影像叙事艺术。

二、电影艺术的审美特征

（一）电影的视听感官性

电影首先是通过摄影机将现实中的三维信息输入到二维平面上，再通过放映设备将这些活动影像投射到二维银幕上，造成三维的运动幻觉。通过同时作用于人的视听感官达到表意目的的电影艺术的诞生，经历了一个科技发明的漫长历程。1829年6月，比利时科学家约瑟夫·普拉托提出了“视觉滞留”原理。他通过观察，发现人的视觉印象不是在外界物体从眼前移开后就消失了，该物体反映在视网膜上的物像会继续短暂滞留一段时间。实验证明，物像滞留的时间一般为0.1～0.4秒。在美籍华人女导演胡安的电影《西洋镜》中对此有生动描述。1822年，法国科学家雅克·达盖尔与物理学家尼塞富尔·涅普斯一起研究发明摄影术。1838年，达盖尔发明了“银版照相法”，并很快传遍欧洲。1882年，法国人马莱发明了摄影枪。1888年，美国乔治·伊斯曼发明了胶卷。1889年，美国爱迪生发明了透明的、长条的、柔软的胶片，这是当时最理想的摄影胶片。1894年，爱迪生制成了“电影视镜”。法国的路易·卢米埃尔和奥古斯特·卢米埃尔兄弟在爱迪生等人发明的电影机器基础上，创造性地运用机械原理，发明了既可拍摄又能放映的电影机器，并用“活动电影机”摄制了最早的一批短片。

图 13－1　被称作“电影之父”的卢米埃尔兄弟

早期电影仅仅是活动的黑白画面，就足以使人们震惊。苏联作家高尔基曾描述：“你简直不相信自己的眼睛。一辆辆马车从银幕上径直向我们驰来，行人在走动，孩子们在同狗玩耍，树叶在颤动，骑自行车的人急驶而来——所有这一切都是从画面深处的不知什么地方出现的。它们迅速移动，接近画面边框，从画面消失，或是从画面边框出现，走向画面深处，逐渐变小，一个接着一个地消失在建筑物拐角的后面，消失在道路的尽头——突然之间——它消失了。我们眼前呈现宽阔的黑框里一块白色幕布。看来上面什么也没有。但是，不知什么人，仍诱使你去想像刚才似乎看到的东西——不过仅仅是一会儿工夫。随后，不知怎的，你隐约觉得惊心动魄。”①

电影中的声音是通过录音设备记录和还放空间中的声波（直达声、反射波、衍射波等）而呈现，单声道能够体现声音的距离、纵深运动等特征，立体声系统还可以体现横向运动等，大大增强了银幕上二维影像的真实感和冲击力。

电影诞生之初有一段默片时代。放映过程中现场演奏音乐、配音，模拟音响是最常见的声音方式，也时有录制音效。如李曼·豪尔最初在巡演中使用留声机来还放符合画面的动作音效，他们会去铁轨旁录制火车驶过的声音，在电影播出的适当时候现场播放火车声。豪尔说：“当我看到一个画面时，这个画面必须带有相配的声音，不然，它就是‘死’的……当我们播放一段开幕式游行的画面时，我们有足够的人来制造真实的鼓掌和欢呼声，并将它们层次分明的与被拍摄的壮观场面同步起来。我记得有一部影片中有两把十三英寸的枪，当发生冲突开枪时，我们银幕后也出现了相应的一声。那真是太真

① 张凤铸. 影视艺术前沿：影视本体和走向论［M］. 北京：中国广播电视出版社，1999：34－35.

实了，观众们都在影院的座位上躲闪了起来，好像枪就在他们的周围。”[①] 录音技术的发明使声轨同步于胶片中，让“伟大的哑巴开口讲话”。1927 年，美国华纳影片公司拍摄的《爵士歌王》作为有声电影开端的标志，从此电影由视觉为主的图像真正成为视听合一的媒介样式，不但与人们对现实生活的感受更加肖似，也大大丰富了电影的立体感、层次感和表现力。

1935 年，胶片三色染色工艺的发明，让电影从黑白转为彩色。20 世纪 60 年代，电影染色技术多达 100 种。从 20 世纪 70 年代末开始，飞速发展的计算机技术逐步运用到电影制作和放映中，极大开掘了电影视听表现空间。总之，电影无与伦比的视听感染力，是吸引人们去电影院看大银幕、听环绕声的重要因素，也是电影区别于其他艺术形式的主要特色。

（二）电影的画面流动性

同为视觉艺术的绘画、雕塑和建筑，是静止凝固的艺术。电影利用运动幻觉，通过每秒 24 格（或者 25 帧）连续摄影和连续放映，拥有了完整复现复杂生活场景、事件过程和时间流变的表现能力。相比法国电影理论家马塞尔·马尔丹所说的“画面是电影语言的基本元素”[②]，法国电影艺术家雷内·克莱尔的阐释更有力量：“如果确实存在一种电影美学的话，那么，这种美学是在法国，在卢米埃尔兄弟发明摄影机和影片的同时诞生的，这种美学可归结为两个字即‘运动’。”[③]

电影画面的运动性首先体现在人物的动作性上。电影诞生之初，法国人卢米埃尔兄弟和梅里爱的镜头是放在一个固定位置静止不动的，人们惊奇于画面中事物的变化：一列火车疾驰进站，一群工人鱼贯而出，一只飞船载着科学家飞上月球等。美国人埃德温·鲍特则在 1903 年拍摄的《火车大劫案》中首创运动摄影。被拍摄物体在运动，摄影机也模仿人物视点一边移动一边拍摄，把静止的观众带入到自身运动的幻觉中。流动的画面让审美心理悄然发生变化。巴赞提出过“银幕窗口”的理论，认为“银幕不是一个画框，而是仅仅把事件的局部显露出来一幅蔽光框，当人物走出画面时，我们认为他只是离开我们视野，而依然如故地存在于背景中被遮住的另一个地方”。[④] 运动和变化，既

---

① 黄英侠，王红霞，王婧雅．无声电影向有声电影过渡时期状况研究［J］．北京电影学院学报，2010（6）：77－83．

② 马尔丹．电影语言［M］．何振淦，译．北京：中国电影出版社，1980．

③ 巴拉兹．电影美学［M］．何力，译．北京：中国电影出版社，1978．

④ 巴赞．电影是什么？［M］．崔君衍，译．北京：中国电影出版社，1987：20．

让画面有了生命情态的再现式表达，也产生了诸如格式塔心理学的完形效果。格里菲斯导演的故事长片《一个国家的诞生》（见图13－2），被电影人公认为是电影艺术最终形成的标志，其让镜头成为电影的最基本构成单位。在此之前的电影仅仅囿于胶片长度进行剪和接，格里菲斯则将不同景别、不同方位、不同长度的镜头按照叙事法则组接在一起，让人物的行动和事件的发展都带有运动节奏，张弛有度，疾徐相当，时刻刺激观众的兴奋神经。格里菲斯首创的“平行剪辑”“最后一分钟营救”等电影叙事手法至今仍为经典的“桥段”。

图13－2 《一个国家的诞生》中的“最后一分钟营救”

（三）电影的时空再造性

电影是在一定的时间流程中展开，又依赖于二维空间做载体的三维综合艺术。从内容的组织和表达来说，电影能够最大限度地摆脱现实时空的束缚，具有极致的时空灵活度和重构性。

（1）时间。马尔丹认为，“电影首先是一种时间的艺术”①。如果对“时间”在电影中的呈现进行深入剖析，可以从以下几个维度理解。

电影首先呈现出记录和播映时间。查希里扬说：“造型形象在时间上的发展——这就是电影的基本特性。”② 电影是少数几种可以以时间的长度来计量的艺术之一，就是电影的播映时间——单个镜头的播映时间还体现在与现实动作几乎等速的拍摄，因此电影在时间流程中更呈现出与现实切近的真实。

电影还有时间幻觉的艺术变异。首先，通过技术手段变异时间。现实时间只能匀速且线性向前，但是电影通过升降格和蒙太奇，呈现出与现实时间相比的放慢、加快、倒退和停滞。以《有话好好说》为例：主人公赵小帅挨揍时，动作时间加快，一场武力打斗仿佛转瞬之间；赵小帅和安红约会一场，升格摄影让时间放慢而倍显浪漫；结尾张秋生举起菜刀的瞬间，定格让时间停滞，观众则带着疑问深思人物换位的荒诞所在。电影

① 马尔丹. 电影语言［M］. 何振淦，译. 北京：中国电影出版社，1980.

② 查希里扬. 银幕的造型世界［M］. 伍菡卿，俞虹，译. 北京：中国电影出版社，1983.

蒙太奇则是时间变异的基本手段：一系列迅速更替的镜头诱导观众认同蒙太奇的技巧达到的“非连续的连续性”。如蒙太奇的平行交错，让单位时间内的叙事更加复杂；“最后一分钟营救”的交叉剪辑，让每秒钟都变得异常珍贵。镜头跳跃之间，也可以让漫长的时间疾驰而过，加快叙事节奏或者留下叙事空白。

电影还呈现出故事的情节时间，即剧情展示的时间跨度。除了极少数例子如《十二怒汉》几乎实录陪审团的一次讨论全程，《正午》放映时间和影片情节时间长度几乎重叠，大多数影片耗用的时间都少于故事的实际时间，如《阿甘正传》讲述阿甘近三十年的人生历程，《辛德勒名单》是二战期间犹太人遭受迫害的一段历史等。也有极少数的特例，如《罗拉快跑》讲述罗拉20分钟之内找到10万马克的经历。

图 13－3　《野草莓》：心理时间叙事

电影在表现线性时间的同时，还经常在故事中呈现人类关于时间的科学研究和哲学探索。20世纪具有最重要影响的三大物理学革命：经典物理学、相对论、量子力学，把电影人关于时空的想象带入一个更新的领域，现代数字制作技术的融入让电影人关于时间的幻想有了实现的可能，如《12猴子》《盗梦空间》《星际穿越》等。关于世界和宇宙存在形式的时空问题，也是人们执着思考并试图解决的关于人自身本质存在的哲学问题，如现代主义风格的《野草莓》《广岛之恋》等影片对心理时间、记忆时间的描述。

（2）空间。电影的每一个镜头都要表现空间或者人物与空间的关系。空间的设计和再现不仅成为电影置景取景的任务，也成为塑造人物、进行叙事以及观众接受理解故事的重要维度。制作层面的空间呈现通常采用现实取景、摄影棚搭景、后期合成以及完全数字制作等几种方式。叙事层面的空间类型可以分为现实空间、心理空间、象征空间和魔幻（科幻）空间等。现实空间泛指人类生存的空间环境，包括宇宙间一切物质现象及其过程。它是看得见、摸得着的三维空间，物质的运动速度上限是光速，场模型为中心引力型的闭空间，物理运动有相对“固定”的轨迹等。心理空间是人物内心世界的银幕呈现，如梦境、幻觉等，并非故事中人物此在与实存的空间。如《野草莓》中主人公伊萨克梦境中空无一人的街道，表妹与堂兄发生爱恋的草莓园，伊萨克年轻的父母欢快垂钓的河边等。电影中纯象征空间数量不多，往往具有更深的隐喻作用。如《卡里加里博士》中几何图形的街道，《放大》中摄影师看一群嬉皮士着装的年轻人在网球场打着并不存在的网球，《扎布里斯基角》中一对对男女拥抱的沙岗，爆炸时杂物飞舞的天空，等等。魔幻（科幻）空间与现实空间相反，可以多维、无轨迹、无边际、超光速、折叠变形、任意穿梭等，是魔幻电影和科幻电影中的空间创造，呈现故事的丰富想象力。如《西游记》中的主要人物可以上天入地，一个跟头翻十万八千里，《逆世界》中的空间有两个地心引力，《异次元骇客》中1937年的洛杉矶，《源代码》中的实验室和爆炸前的列车等。

空间的设计和创造，能强化故事人物的处境和故事逻辑。一个边远乡村，或是一个摩天都市，一个破败的学校，或是一个浩瀚的宇宙，诸如此类，彰显着主人公的身份、性格、成长、行为逻辑等，是故事得以成立的必备前提。

（四）电影的符号表意性

电影归根结底是创作者对这个世界的一种注视、理解和评价，经其选择并创造性摄录的声像呈现为符号化，才能最大化地以其特征性、形式性而呈现意义。艺术本来就是“人类情感符号的形式的创造”[①]。

“人是符号的动物，人类所创造的文化则是符号文化。人类文化的各种形式，如神佑，语言，艺术和科技等，都是符号的不同形式。人生活在其中的文化世界，无不是人的符号世界”。[②] 通过符号来指认现实生活，人类或人的个体与他物相区别。如各族群文字，形形色色的人类行为和人类活动的产物，身体姿势和手势、社交礼仪、服饰、用具、居所等，都可以被分析成符号，并在各种各样的系统中起作用。情人手中的玫瑰花，代表爱情和幸福；穿上白大褂的人，代表救死扶伤的身份和责任。

电影是一种虚拟现实，在记录充满符号的现实的同时，通过形式感极强的视听元素的捕捉和创造，对客观世界再次符号化，从而蕴含更丰富、更鲜明的意义。美国西部片中的男主人公，一律是黑色宽边帽、牛仔装、手枪，而魔幻片中的魔鬼，则是黑色帽子和斗篷，加一柄魔杖，成为类型化符号模式。电影是人作为符号动物的另一种意义的符号生存和超越，“符号”是替代一物的他物，亦即“某种对某人来说在某一方面或以某种能力代表某一事物的东西”。[③] 电影本体归根结底是电影记号。皮尔士把符号模式分为

---

① 朗格．情感与形式［M］．刘大基，等译．北京：中国社会科学出版社，1986．

② 夏基松．现代西方哲学教程新编：上、下册［M］．北京：高等教育出版社，1998：96．

③ 张良林．莫里斯符号学思想研究［D］．南京：南京师范大学，2012．

涉及物、对象、解释；麦茨把索绪尔语言学应用于电影研究中，提出了“八种大组合段型式”等电影符号学研究方法。意大利电影导演帕索里尼、符号学家翁贝尔托·埃科把单独的影像看作记号，而把决定信号表意功能的条件称作代码，并且坚信，“既然受信者能理解，这就意味着，在他们的理解背后存在着一个代码”①。

根据电影的艺术特征和符号意义以及相关的研究成果，电影符号主要有以下几种构成：

（1）浅息符号。这是电影中使用最广泛的符号，是信息的浅层化表达，即所指与能指在内涵与外延方面是清晰、显在并基本保持一致的。

（2）征兆符号。能指与所指之间在时间意义和发展规律上的必然联系，如《大红灯笼高高挂》中给哪一房太太捶脚、点灯就表示谁被老爷晚上宠幸，《秋菊打官司》中秋菊疼痛的表情意味着即将生产等。

（3）替代符号。能指和所指之间具有某种意义上的相等性，如通过感知各种声音符号，判断声音发出者的主体形象。在《有话好好说》中，菜刀、板砖代表凶器，一只快速旋转的轮子代表主人公飞快地骑着自行车，一阵尖利刺耳的声音代表着急刹车，等等。

（4）情绪符号。能指通常是为了表达某种情绪性的所指。如阳光明亮、阴雨霏霏代表喜悦或悲伤，某种旋律的音乐是为了传递相应的情绪等。

（5）比喻符号。能指与所指之间是修辞意义上的明喻、暗喻等。如《菊豆》中杨天青的一只大海碗比喻主人公对情感和性的渴望。

（6）象征符号。这是电影符号中最有意味的符号。能指暗含某种抽象的思想意义，如《红高粱》中狂野地舞动着的红高粱意指生命、爱情、欲望等。

（7）语言符号，是音（或形）义结合的统一体，以对话、旁白、字幕的形式出现，是电影中特殊的符号形式等。

总之，符号的造型性、形式感和表现性，让电影的声画语言具有更丰富的表意性。

（五）电影的故事假设性

电影归根结底是通过视听语言讲述一个有吸引力的虚构故事。虚构是指故事的时间、地点、人物、事件并非现实存在，或是编导对实存过的人与事所进行的改写与想象。观众在观影前已预设心理前提，大银幕上的是一个虚构故事。人为的虚构故事为什么让观众如此着迷？

---

① 麦茨. 电影与方法：符号学文选［M］. 李幼蒸，译. 北京：生活·读书·新知三联书店，2002.

电影故事的魅力在于其对我们人类自身经验的扩充与想象，故事延展的逻辑给予我们的情感与心灵的契合。一个写实主义故事设定一个最大限度再现真实的时空：《小武》设定20世纪90年代初期汾阳县城[①]以小偷小摸为业的年轻人的故事；《偷自行车的人》设定二战之后意大利一个失业工人找工作、找自行车的故事；而一个科幻故事则在科幻基础上设定某种逼真时空并建立假设性前提，如《终结者》假设20世纪末，人类研制的全球高级计算机控制系统“天网”全面失控，机器人有了自己的意志，并将人类视为假想敌人，《大都会》假定未来的大都会分为两个阶层。资本家生活在富丽堂皇的摩天大厦之内，众多工人群体则群居于黑暗的地下城，然而当大都会统治者的儿子喜爱上了地下城的女子时，巨变开始来临。罗伯特·麦基说：“我们对故事的需求和嗜好反映了人类对捕捉人生模式的深层的需求，这是一种非常个人化的、非常情感化的体验。”[②]

第二节　电影艺术作品欣赏

一、电影艺术欣赏要领

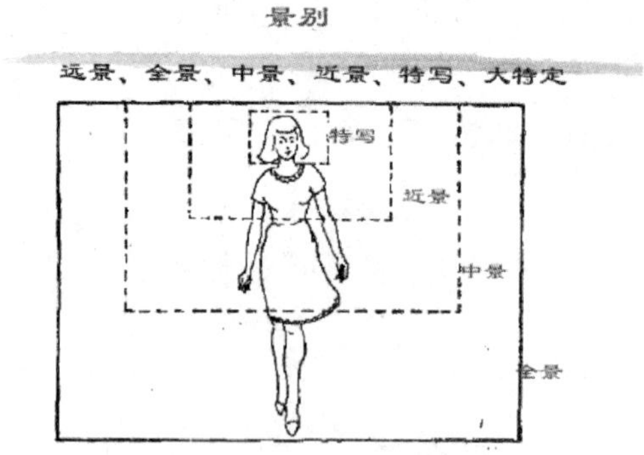

图13-4　景别图示

画面和声音共同构成的镜头，是电影的基本意义单位。破译一部电影的思想蕴含及艺术风格，要建立在准确解读电影语言的基础上，并学会梳理故事及讲述故事的方法。

（一）电影视听语言

（1）电影的景别、角度与运动。景别是指摄影机与被拍摄对象在取景框中呈现的空间关系，引导观众看什么。主要有大远景、远景、大全景、全景、中景、近景、特写和

① 1996年，汾阳撤县建市。

② 麦基. 故事：材质、结构、风格和银幕剧作的原理［M］. 周铁东，译. 北京：中国电影出版社，2001：13.

大特写等，景别不同意义不同。如远景取“势”，表现宏阔的场面，风光地理；中景适合于表现室内场景和人物对话；特写则具有表情性，用于凸显事物的特殊细节，或者人物的内心活动。

摄影机与被拍摄对象在垂直方向形成的高低关系构成了角度，如平拍、鸟瞰、俯拍、仰拍等。与被拍摄对象在同一水平线上的不同角度就构成了方位，如正拍、侧拍、背拍等。角度和方位常用来表现观察视点、主观态度，而产生不同意义。

运动则是相对静止镜头而言。推拉、摇移跟升降等，既可表现剧中人物的运动，也可以形成节奏、变化、动态之美。

（2）光影、色彩与构图。电影中的光与影会产生强烈的意义效果。人们认为明暗具有象征意义，如黑暗代表恐怖、罪恶或者神秘，光明则代表安定、真实和欢乐。

图 13－5　《现代启示录》中用低调、硬光来拍摄陷入疯狂的科茨上校

灯光光源分为自然光源和人工光源。依靠太阳光自然照明和人工设计各种灯光照明都是电影的必需方式。灯光按照光效还分为硬光和柔光：硬光方向感强、边缘明晰，不用补光，具有恐怖、怪异、神秘、危险的色彩；柔光是散射光，具有平和、宁静、温情的调性。光的方向分为正面光、侧光、前侧光、底光、顶光、逆光等，使被拍摄对象呈现强烈的主观修饰效果。经典好莱坞电影制作的习惯是每个镜头至少有三个光源，主光、补光及逆光。光调分为高调和低调，即明亮和昏暗。总之，导演在灯光效果的设计上，都会关注影像的造型性，注重光影美感、环境空间的层次，使电影风格化。

色彩是电影画面最具形式感、最有表现力的造型元素。自有造型艺术以来，艺术家总是利用色彩来达到象征的目的。色彩既是对现实世界的真实记录，又具有丰富的文化含义和情感意义。意大利电影导演米开朗琪罗·安东尼奥尼说：“对彩色影片必须有所作为，要去掉通常的现实性，代之以瞬间的现实性。”[①] 在电影《红色沙漠》中，安东尼奥尼把工业废物、河流污染、沼泽和大片土地染成灰色，用以表现大工业社会的丑恶及女主人公的精神病症。

图 13－6　非黑即白的《黑炮事件》

不同色别以及在影片中的不同呈现，总蕴含某种意义。如《大红灯笼高高挂》中的红灯笼，寓意权力、欲望和热烈；《黑炮事件》中的白色会议室与黑色钟表（见图 13－6），寓意僵化思维对现代化的桎梏。不同文化背景会对色彩意义有不同诠释，但总体上人们对色彩的理解相同大于差异。如冷色调蓝、白、黑等代表冷静、孤独和神秘，还常常使影像色彩被忽略，而暖色调红、黄、粉等代表着热烈、刺激和不安，使影像变得不同寻常。在彩色影片时代，有时导演有意用黑白片，或者将黑白片作为某个段落插入彩色影片中，用来表现冷峻的主题或者回忆倒叙等结构安排。

构图是指对造型素材进行处理、组织、安排，表现素材之间的关系和结构，由主体、陪体、环境三部分组成。主体是画面的主要表现对象，陪体是作为主体的陪衬而出现的人或物，环境则是围绕着主体和陪体的环境，包括前景和后景两个部分。构图的一般规律是对称、平衡、比例、对比、多样统一、变化和谐。例如使人的特殊生理和心理结构形成协调关系的比例是黄金分割率（1∶1.618），因此地平线分割画面的位置，被摄对象之间的结构比例等，通常符合黄金分割率。

一般来说，电影构图会遵循规则构图的原则，平衡、稳定、和谐，符合人们的视觉习惯。但有时也会有意采用不规则构图，让各部分配置明显失去比例，打破对称与平衡，这样的构图往往意在渲染某种情调，表现特殊含义。如影片《黄土地》《奇遇》等的构图。

（3）蒙太奇与长镜头。蒙太奇指按照特定的创作目的，遵循一系列艺术规则对镜头

① 梁明，高志丹．一切景语皆情语：论环境造型的表现力［J］．当代电影，2011（1）：122－127.

进行有机编排组合的手段。苏联电影艺术家普多夫金说，电影艺术的基础是蒙太奇。

在蒙太奇美学研究层面，影响最大的是库里肖夫、普多夫金、爱森斯坦等人为主的苏联蒙太奇学派。库里肖夫工作室为此做了很多实验。如选用苏联功勋演员莫兹尤辛零度表演的面部特写镜头，分别剪接“桌子上摆放一盆汤”“一口棺材里躺着一具女尸”“一个小女孩玩玩具狗熊”等，人物的表情具备了“饥饿”“悲伤”“慈爱”等不同意义。库里肖夫因此得出结论：造成观众情绪反映的，并不是单个镜头的内容，而是几个画面之间的并列，影片结构的基础来自镜头的组合，即蒙太奇。爱森斯坦更强调蒙太奇冲突，他说，“两个蒙太奇镜头的对列，不是二数之和，而是二数之积”①。“总之，蒙太奇是冲突。正如任何艺术都是以冲突为基础的。”② 爱森斯坦将蒙太奇理论上升到哲学与美学的高度。

蒙太奇首先是为了叙述故事，把时间、空间中断的镜头连接起来，以保持叙事的连贯性。蒙太奇还创造节奏，剪接快慢之间，创造了影片相应的叙事张弛。蒙太奇创造思想，表达情绪和情感，如《变脸》中教堂发生的暴力场面，把鲜花、鸽子、耶稣受难像、枪口、子弹等剪辑在一起，寓意着善恶的对立和决战，《战舰波将金号》中石狮子卧伏、抬头、仰天，表现苏维埃革命的正义性。蒙太奇通过剪辑速度、频率、内容的不同创造紧张或平缓的风格，创造形式美感，还形成纪实主义、现实主义或是形式主义的风格。

图 13－7　《战舰波将金号》中“石狮子”的蒙太奇意义

蒙太奇可以分为三大不同类别。

第一类是叙事蒙太奇，如连续蒙太奇、平行蒙太奇、交叉蒙太奇、重复蒙太奇、倒叙蒙太奇等。第二类是表现蒙太奇。即通过蒙太奇产生单个镜头不具备的意义，把抽象的情感思想等表达出来，激发观众的联想，启迪观众的思考，有积累式蒙太奇、抒情蒙

① 爱森斯坦．蒙太奇论［M］．富澜，译．北京：中国电影出版社，1999：265.

② 爱森斯坦．蒙太奇论［M］．富澜，译．北京：中国电影出版社，1999：460.

太奇、心理蒙太奇、隐喻蒙太奇、对比蒙太奇等。第三类是理性蒙太奇。通过镜头之间的特殊关系，表现抽象的哲思，呈现的是主观视像，主要有杂耍蒙太奇、反射蒙太奇、思想蒙太奇等。

蒙太奇的剪辑原则是要注意画面组接的逻辑性，主体动作的连贯性，时空结构的清晰性，声画造型的衔接艺术性，等等。要注意找准镜头之间的衔接点，比如用构图、方位、景别、角度、色彩、光影、镜头运动、主体活动、音乐、音响、人声等相似性特征来连接镜头。

长镜头理论。不间断拍摄一个场景或一个动作时间超过 30 秒的镜头称作长镜头。长镜头的意义是尽量保持时间和空间的连贯性与完整性，真实再现事件发展原貌，给人以身临其境之感。意大利新现实主义推崇者、法国电影理论家巴赞评价导演罗西里尼，“他的导演观念的核心不仅是对他的人物的爱，同时也是对现实原貌的爱。正是这种爱，使罗西里尼始终避免拆散由现实统一起来的整体”①。克拉考尔也是写实主义大家，他说，“电影不是一种创造性的艺术，而是一种存在的艺术”。长镜头可以保持时空的相对完整和统一，增强真实感，特别考验导演场面调度的能力，具有丰富和多义的表意效果，画面呈现出开放性。

（4）电影中的声音。电影中的声音，是创作者根据影片意图对声音进行艺术构思和处理形成的艺术化存在，与画面共同构筑剧场空间和银幕形象。声音包括人声、音响和音乐。

声音的作用首先是使感官同步。画面和声音的统一，带给观众完整的知觉感受。声音的存在强化了观众的在场感和真实感。声音同时影响着观众对影像的领悟和理解。声音具有丰富的创造性和感染力，甚至可以形成独立的叙事。

声音按内容分为人声、音响、音乐。人声有对话、独白和旁白，是电影声音中最积极、最活跃的因素，显示发声者的性别、年龄、个性、文化背景、生活习惯、情绪状态等。除了具有表达思维信息的功能外，还因其音调、音色、力度和节奏等因素，具有丰富的表现力。

音响是指除人声和音乐之外的所有声音，以及以背景音响形式出现的人声和音乐。音响可以还原真实感，增强银幕空间的造型力量。可以利用“联觉效应”原理，通过声音刺激物打破画框局限，扩展画面空间和容量，创造丰富感知。还可以参与创造银幕形

---

① 巴赞．电影是什么？［M］．崔君衍，译．北京：中国电影出版社，1987：373.

象，参与情节的推进，刻画人物，表达思想和感情。如《罗马11时》的打字声在焦急等待的应聘者中间意义格外重要。

音乐是与视觉形象有着密切联系的特殊音乐。音乐可以强化某种感情色彩，展现时代地域特征和渲染氛围创造节奏等。音乐分为纯音乐和歌曲两部分。

图13－8　《战舰波将金号》敖德萨阶梯中声画对位的段落

按声画结合方式可分为声画同一、声画分立和声画对位。声画同一指声音和画面同处于一个时空，彼此融合一致。声画分立指画面中的声音和形象不同步，互相剥离，各自独立，声音以画外音的形式出现。声画对位是声画结合过程中最具特色的构成方式，是声画同步的对立面。导演出于一种特定的艺术目的和美学追求，有意识地造成画面与音乐、对话等声音之间在节奏、情绪、气氛、内容等方面的对立、相反、差异，从而产生某种富有新的含义的概念，造成强烈的艺术效果，表现一种深刻的美学和艺术理念。声画分立是指形式的差别，而声画对位是内容上的对列。如《辛德勒名单》，纳粹屠杀犹太人时用轻快的钢琴曲做背景音乐。

（二）电影故事与叙述

当我们说到电影的时候，通常是指一个讲述故事的电影。电影用声音和画面作为表现手段，归根结底还是要讲一个好故事，记录社会历史的丰富多样，展现人生命运的变化莫测，也体现叙事者对生活的认识和叙述的智慧。

（1）电影的思想蕴涵和题材类型。电影是一个复杂的表意系统，由五个部分构成，有四个逐级递进的层面：感官—故事—情绪—思想—特征。创作者总是对某一层级有所侧重，就呈现为电影的五种创作方式：①感官创作法。它注重视觉和听觉的奇观化，形成了灾难片、科幻片、动作片等类型，如《黑客帝国》《2012》等。②故事创作法。它注重讲述一个曲折动人的故事，探案片、爱情片、喜剧片等基本属于这个类型，如《美丽人生》《阿甘正传》等。③情绪创作法。它注重用平实的电影语言传递一种情绪，给观众以情感上的共鸣和震动，形成了偏重于纪实类的影片，如《小武》《唐山大地震》

等。④思想创作法。创作者融入对社会、对人生深刻意义的揭示和反思，如《现代启示录》等。⑤特征创作法。它注重对艺术形式的探索而形成风格化作品，如《悲情城市》《阿飞正传》等。

一部雅俗共赏的优质电影往往集所有类型长处于一体，并拥有进步、深广、含蓄、开放、当代的思想内涵，如《时时刻刻》《飞跃疯人院》《沉默的羔羊》《霸王别姬》等。

（2）故事和情节。叙事，可以看作是一系列发生在一定时间和空间中的具有因果联系的事件，即对故事的讲述。故事与情节两个概念彼此相近又有区别。情节是故事中特定事件的外显，情节外的故事暗示了银幕上看不到的事件，故事外的情节则用无关剧情的因素拓展我们对影片的了解。

情节序列。情节首先体现在对故事的讲述顺序，主要有三种：①链状，一个序列的结尾是另一个序列的开头，像链条一样顺序排列。如《飞越疯人院》，迈克莫菲进入疯人院后开始了挑战精神病院秩序并一次次失败的旅程。②嵌入，一个大的事件中嵌入一个较小的事件。如《黄河绝恋》中安洁黑子护送欧文过黄河的事件中，嵌入黑子和寨主的世仇故事。③并列，不同时空讲述相同事件或同一时空讲述不同事件。如《罗生门》《公民凯恩》《罗拉快跑》《英雄》等。

一个完整的情节序列由开头、进展纠葛、危机、高潮、结尾五个部分构成。

开头要有激励事件。主人公本来生活在一种相对平衡、平静的生活中，突然一个事件发生，打破了这种平衡，如《西北偏北》的主人公突然陷入一场扑朔迷离的案件中，自己也成了被追杀的凶手。又如《死亡诗社》，新学期开始，班上来了一位教学方法完全不同的拉丁语文教师基廷。激励事件首先打破主人公生活的平衡，并激起他恢复平衡的愿望。为了实现这个愿望，主人公必须迅速构想一个目标，并开始采取行动。

进展纠葛是故事的主要部分，从激励事件一直延伸至最后一幕的危机/高潮。主人公为了实现目标而采取的行动，一定要面对并克服一个个困难，经历一个个无法回归的关键点。

危机意味着危险和机会。主人公一定要面对最强大的对手或者困难，也许还会经历一次两难选择。主人公的性格、人格也在选择中凸显或者升华。亚里士多德说："如果明白表示某种选择，人物就有了性格。"[①] 如《无间道》中刘建明对好人或者坏人的选择，

---

① 亚里士多德，贺拉斯. 诗学·诗艺［M］. 罗念生，杨周翰，译. 北京：人民文学出版社，1962.

《辛德勒的名单》中辛德勒面对生意与拯救犹太人之间的选择。

高潮是指生死善恶之间的较量达到了最高峰值。

结局则是主线索尘埃落定后，还要为次情节安排一个属于它自己的场景。

(3) 故事的冲突。冲突的内涵。冲突是指构成的双方或几方彼此相矛盾、相抵触、相冲撞、相斗争的关系。矛盾不等于冲突，矛盾是内在的，冲突是动作化的。启蒙戏剧家狄德罗说："戏剧情境要强有力，要使情境和人物发生冲突，让人物的利益互相冲突。不要让任何人物企图达到他的目的而不与其他人物的意图发生冲突。"① 罗伯特·麦基则说，"冲突之于电影，好像声音之于音乐。冲突是故事的灵魂"②。

冲突的层面，由内而外的顺序依次为：

内心冲突。冲突只存在于内心，而为外化为动作，会产生意识流、淡化情节、艺术类电影，如《恋爱中的宝贝》《黄土地》《奇遇》等。

个人冲突。它表现的是人与人之间的冲突，产生如伦理剧、爱情剧等类型，如《独自等待》《克莱默夫妇》等。

个人与外界冲突。它会产生动作、探险、灾难等类型，如《2012》《黑客帝国》等。

一部深刻复杂的影片不仅只有单个层面的冲突，而是在三个层面设计和产生冲突，让人物从内心世界到外在行动以及社会矛盾都得以丰富化表现，如《霸王别姬》《鬼子来了》等。

图 13－9　《霸王别姬》矛盾重重的人物塑造

(4) 人物与角色。人物设计应从下面两个方面安排出发：故事角色与人物塑造。

故事角色。结构主义人类学家列维－斯特劳斯的理论和格雷玛斯的角色模式和语意方阵对人物模式的研究有巨大的贡献。角色和人物实际上在叙事学中是两个概念。角色是行动者，而有的人物在叙事中没有任何功能作用，他们不能引发功能性事件，这种人物就不能称作角色。但这并不是说这个人物就没有意义。如门口的衙役、饭店的小姐等。

---

① 狄德罗．论戏剧诗［M］//文艺理论译丛编辑委员会．文艺理论译丛（1958 年第 2 期）．北京：人民文学出版社，1958.

② 麦基．故事：材质、结构、风格和银幕剧作的原理［M］．周铁东，译．天津：天津人民出版社，2016：171.

格雷玛斯区分出六种人物角色：主角与对象，指使者和承受者，对头和帮手。

人物塑造。人物塑造是所有可观察到的素质的总和，是一个使人物独一无二的综合体：外表特征，加上行为举止、语言和手势风格、性别、年龄、智商、职业、个性、态度、价值观、住在哪儿、住得怎样。人物真相潜伏于这一面具之下。人物真相只能通过面对困境时的行动和两难之境的抉择来表现。压力越大，行动和选择越能深刻而真实地揭示其人物本性。

人物类型——人物维。"维"是关于人物较难理解的一个概念。维是一个人物身上同时存在两个以上彼此矛盾的个性：柯里昂教父对教子的仗义和对其他对立帮派的冷酷（《教父》，美国，1957），繁漪集慈爱的母亲、受气的妻子、热烈的情人和复仇的女神等多种形象于一身（《雷雨》，中国，1980）。多维的性格往往令人物形象魅力大增。福斯特在《小说面面观》中有关扁形人物和圆形人物的划分方法也属于关于人物"维"的认识。

人物的塑造也许是一维的，也许是多维的；也许是静态不变的，也许是动态发展的；也许只注重表现人物的外部动作，也许深入内心世界表现其复杂心理。主人公的塑造方式通常取决于影片类型。

二、经典电影艺术作品欣赏

作品1 《黄土地》——沉重的黄土地与农耕文化传统

图13－10 《黄土地》中父亲躬于一隅的不规则构图

陈凯歌导演、张艺谋摄影的《黄土地》，是第五代群体的代表作，也是中国电影史中具有特殊意义的经典。

《黄土地》的故事并不复杂：八路军战士顾青来到黄土高坡的村子里采集民歌，住在翠巧家里。翠巧自幼丧母，与父亲、弟弟憨憨相依为命。顾青的到来，让翠巧知道了黄河对岸还有这样一种生活，女子可以不用早早嫁人，她们和男青年一起种田、读书，过自己想要的生活。翠巧希望顾青带她到延安，但是顾青说要请示公家批准后才能来接她。翠巧依从儿时订的婚约出嫁了，不久，她独自划着木排渡河，却沉没在河水中。

该片叙事风格温婉平和、隐忍，如黄土地上的农民内敛的性格。在淡化冲突的故事里，强化的是影像语言的巨大张力，被认为是中国电影语言本体美学的震撼性复苏。大块的黄色、黑色和部分段落的红色，构成了黄土地的主色调；静止的摄影方式让镜头运动格外滞缓、呆板。最具表意深度的是构图方式。该片采用反常规的构图法：不符合比例，不呈现对比，非平衡，让影像产生与和谐、匀称、对比等常规构图不同的特异效果。如大量空镜头，土地和天空占据画面大部分。即使画面中有人物，也常常成为土地的陪体，比如犁地一场，父亲蹲在黄土高坡上，被黄土地挤到了画面右上角，最后成为一个小小的人影。在四人吃饭的一场中，父亲端碗拿筷敬天，父亲在画面的中线以下底部，天空成为主体。翠巧更在画面的底部，虔敬地端碗给父亲。父亲祈祷完毕坐下，镜头缓缓下降，父亲等人在画面的顶部，主体是土地。本片虽然仅有四个人物，顾青、翠巧、父亲和憨憨，但在特异的构图中，难免不让人联想到第五个角色，就是“黄土地”。黄土地养育着世世代代的中国农民，形成了中国独特的农耕文明。但是几千年后，“日出而作，日落而息”“靠天吃饭”的传统生活方式，“男尊女卑”“三从四德”的传统观念，无疑对新一代农民形成桎梏。在影片结尾“祈雨”一场中镜头语言是如下呈现的：光着脊背的农民匍匐在地祈求老天“早降雨水”，画面是一片天空的青灰色，几乎没有任何对比形态。祈雨完毕，农民们开始奔跑，画面开始与顾青走来的大远景进行切换。这时农民奔跑的人墙中，憨憨撕开一个缝隙，拼命反向冲出。镜头升格放缓，憨憨冲开人墙的镜头一个个叠加，伴随着嘈杂的嘶喊响起了浑厚、低沉、整齐的男声和鸣，如一道不可阻挡的力量，助力憨憨冲开父辈的屏障，奔向象征新生活的顾青。这时已逝的翠巧的歌声从黄土地那边传来，似乎在警醒人们思考黄土地上年青一辈的命运，他们是否能奔向一个不同于传统的理想未来。

作品2 《红高粱》——色彩美学视域下的红高粱

图13－11 电影《红高粱》中充满的“红色”镜语

自从胶片技术色彩感光技术问世，电影就告别了黑白片，并充分利用和开掘色彩的文化学意义，在故事空间渲染、画面构图设计、镜头运动衔接等方面发挥了超出故事情节之外的作用。

张艺谋本就是摄影专业出身，对镜头语言极其考究，对色彩使用主观刻意。他的导演处女作《红高粱》从某种意义上讲也是他“摄影色彩之旅”的开启之作。精心设计、搭配的色彩已不再是真实场景的自然再现，也不是故事推进的简单呈现，而是一种意象建构符号，一种情感表达的视觉语言。

正如《红高粱》的片名，影片主要选取“红色”序列：影片开头“我奶奶”的红盖头揭开了“红色”序幕。几场红色为主色调的重头戏极具感染力。其一是长度达3分钟的“颠轿”：红色的轿子在光脊梁的轿夫肩上左右摇摆，逆光拍摄让扬起的尘土在暖色的阳光中增添了影像层次，也更显轿夫的黝黑健壮。粗犷的颠轿歌、豪气的颠轿步子，让红色的轿子在田野中如一团火焰，燃烧的是饱满旺盛自由奔放的原始生命力。其二是“野合”一场。红色炫目的阳光为背景，我奶奶缓慢躺在倒伏的高粱形成的圆形“祭坛”上，在渐起的猛烈的鼓点中，几个风中狂舞的红高粱镜头累积着，舞动的是无拘无束、敢爱敢恨、自由奔放的生命态度。其三是“打鬼子”一场。在唢呐的欢快乐曲中，“我爷爷”带领着队伍捧着高粱酒制成的炸弹冲向鬼子的军车，我奶奶在枪炮中缓慢倒下，火光、高粱、高粱酒、太阳组成了红色的交响曲，烘托渲染中国人面对强权的敢作敢为，是发自生命本能的为所欲为，是即使牺牲也在所不惜的痛快淋漓。因此，文艺学家王一川评价这部电影是“酒神和日神构成的少有的杰作”，是中国电影中罕见的“狂浪理性”的表达。

“有我之境，以我观物，故物皆著我之色彩。”王国维的这一“美学”主张在张艺谋的电影中得到充分的阐释。此后20年间张艺谋的电影如《菊豆》《大红灯笼高高挂》《英雄》等无一不对色彩的象征意义和主观表现性尽情挥洒张扬，让每一种颜色都有一定的内涵，都能激发观众的想象、联想，拓展了电影语言的叙事张力，承载了更为丰富的文化内涵。

作品3　《公民凯恩》——拼图游戏与人性悲歌

图13－12　《公民凯恩》中的镜像构图，与“拼图”有异曲同工之妙

《公民凯恩》是奥逊·威尔斯集编导演制于一身并于1940年拍竣的传记体影片。因为以美国报业大王凯斯特为原型人物，拍摄过程受到凯斯特的各种阻挠，因此虽获奥斯卡7项提名，最终仅获得最佳编剧奖。但在几个重大的电影人组成的最佳影片评比中，《公民凯恩》多次蝉联榜首。美国电影人评价这部电影是“电影史上的珠穆朗玛峰”。

这部影片讲述报业大王公民凯恩的一生：从小受到纽约银行家撒切尔先生的监护，长大后创办《问询报》猛烈抨击撒切尔的银行帝国的内幕。与第一任妻子即总统的侄女结婚并竞选州长，因与苏珊的婚外情被对手揭露退出竞选，并开始扶持第二任妻子苏珊的歌唱家梦想。因为忍受不了孤寂和凯恩的霸道，苏珊最终离开了凯恩。年老的凯恩临终前留下了“玫瑰花蕾”的遗言，报社记者开始追访凯恩生前好友，力求找到遗言答案。

《公民凯恩》的成功是全方位的。其构图精细，使用对角线、三角构图法，画面呈现视觉的和谐变化美。视点考究，或者模拟全知视角，或者模拟当事人视角，强化了叙事力度。如凯恩落败一场，用大仰角拍摄竞选办公室中的凯恩，凸显其孤独倔强的性格。采用景深镜头，让多人之间、人与环境之间的关系呈现参差错落之感，并增加了蕴涵。如凯恩被银行家带走一场，母亲与银行家父亲在室内争论合同，凯恩在室外玩雪球。这是一个长达2分钟的长镜头，包含的信息量非常丰富：无论远景处凯恩如何奔跑，都被室内视点看过去的窗框所困缚，隐喻着凯恩的命运被操控。灯光的意味深长，如放映室内或图书馆中的低调硬光，让画面大部分处于黑暗之中。电影中有蒙太奇的多重应用，如积累蒙太奇：苏珊拼拼图，一个个镜头叠加，却始终没有一幅完整的拼图，意味着苏珊内心的空虚和寂寞；对比蒙太奇：凯恩和第一任妻子艾米丽在餐厅吃早餐的场景，人物穿戴和表情的变化，表现岁月流逝，而二人的婚姻也由新婚的甜蜜到裂隙增大再到彼此冷战；隐喻蒙太奇：苏珊表演歌剧时忽闪的灯丝，意味着苏珊的心力交瘁；反射蒙太奇：凯恩走出苏珊卧室后走廊巨大的镜子投射的无数的凯恩，是一个特别值得深思的镜头。本片通过记者访查监护人撒切尔、合伙人伯恩斯坦、好友里兰、管家和第二任妻子苏珊等，追问"玫瑰花蕾"的谜底，但是最后记者面对着众说纷纭只能哀叹：玫瑰花蕾就是一块拼图片。

这部影片的整个叙事，不就是一个拼图游戏吗？每个讲述者就是一块拼图片，但是有关凯恩的真相，有关玫瑰花蕾的真相，却如苏珊的拼图游戏一样，记者最终也没有拼成一幅完整的能透视人物内心世界的肖像。因此好莱坞电影人会把这部电影称作"现代主义"电影。它不但表达了资本家的贪婪，人在物质面前的异化过程，还蕴含了世界的神秘和不可知论。

作品4　《钢琴课》——执着于黑白琴键的性别隐喻

新西兰女导演简·坎皮恩的《钢琴课》被称为仅存的女性主义电影，影片聚焦孤僻、内向、存在语言障碍并拒绝与社会他人沟通的女主人公，以钢琴为介质和象征，充分表达女性的情欲释放与自我觉醒。

女性电影不可避免的一种探讨是"看与被看"的关系，主人公艾达自然也成为影片中欲望（无论是来自男性角色还是观众）的客体。但艾达始终对抗着这种关系，"失声"（自觉处于边缘状态）旗帜鲜明地表达了她的不妥协态度。于是，钢琴成为艾达拒绝现实人生的手段，形成其生命的另一种形式。此时的艾达与其说处于精神自足状态，倒不如说被动处于精神压抑状态。由“对抗”到“冲突”的产生，源于贝恩斯用交换钢琴的名义来满足肉体需求，艾达开始陷入情欲挣扎，也开始正式审视自我。在一系列冲突被推向前景后，艾玛的自我得以充分觉醒，她最后沉下了钢琴，自己却浮出海面，意味着要告别过去、告别自闭自恋的自我。她以自己的抗争与这个世界达成了和解，实现了重生（开始说话），尽管付出了一定代价。

图 13－13　色彩与光影成为表达哑女艾达的重要造型符号

影片的绝妙之处在于，主题上的抗争关系，通过各种光影及意象的巧妙传达，在视觉上直抵幽邃的内心。正如钢琴的黑白琴键，影片在色彩运用上也使用了鲜明的对比手法。如影片使用冷色调系列的蓝色滤光镜来表现森林的不可知性及丈夫斯图亚特的疏离之感；相反地，当主人公艾达弹钢琴之时、与女儿在一起之时或与情人在一起之时，镜头多采用暖色调的红色进行渲染，表达主人公热情或安稳的内心。同样对比强烈的是光调的运用，明或暗、暖和冷的用光都直接取决于艾达的情绪表达，如开篇艾达遥看被留在海滩上的钢琴一幕，充斥着灰霾阴暗的光调，在故事主体部分则是明暗混杂的光影暗喻着主人公挣扎不定的内心，及至最后艾达浮出水面，开始说话，画面光渐趋明朗及开阔。此外，影片在构图上充满了画面的形式美。主人公遥望钢琴一幕，移动摄影下微型的钢琴更显孤独，宛如被抛弃的生命，渺小且无能为力。当艾达找到贝恩斯重回海滩，陶醉地弹起钢琴时，女儿在旁摆出了漂亮的音符形状的蜡烛，画面光彩顿生，正是艺术给生带来的晖照。大俯瞰镜头下，艾达与女儿在海滩上相继走出两条独特清晰的脚印，最后融合成一条线，将海滩纯净的画面分成两半，刚好与画面形成弧度优美的对角线，构成了画面的整体和谐，喻示着过去回忆与当下的交接。到了“冲突”一面，海滩上斯图亚特伸出的手的特写暗示了欲望与危险的到来；随后镜头特写泥淖中摊起的黑裙，将美好的事物付诸丑陋的外形，形成落差极大的独特风景，隐喻了现实世界对人物灵魂的戕害；及至贝恩斯伸出情欲之手去抚摸艾达袜子上的破洞，以“洞”见欲望之门、探索之门，如是，视觉上点的集中带出了情绪张力的迸发。

最终，色彩、光调、构图的统一化及明朗化，推进完成了影片中女性与世界（及男性）从对抗、冲突到融合关系的任务，凸显了女性自决的鲜明主题。

作品5 《盗梦空间》——科幻片关于时空的重建

图13－14 《盗梦空间》

《盗梦空间》是一部经典科幻片。科幻片大多讲述一个虚构的但原则上可能发生的模式世界中的戏剧性事件。这个模式世界是指在已知科学原理基础上创造一个不同于现实时空的超自然时空，其间生发出奇迹般的幻想故事。《盗梦空间》的精彩即在于以严密的故事逻辑重建一个梦境时空，主人公在梦境中完成了改变目标对象意念的任务。

现实时空的一切都有其自然规律：水位依照重力法则下降，动物依照运行规律行走。现实空间指人类生存的空间环境，是看得见、摸得着的三维空间，物质从量变到质变，运动速度上限是光速，场模型为中心引力型的闭空间，物理运动有相对固定的轨迹。现实时间是线性运动，自然界的时间规律依从地球的自转和公转，用昼夜和四季标识，生命规律是从生到死。

但是科幻故事建构的科幻时空有其特殊逻辑：科幻时间是可逆的，彼此可以交叠穿越，无始无终，甚至无统一计量，总之是非线性的；科幻空间是多维的，没有轨迹、没有边际，超光速，并可任意穿梭，是无限性的。《盗梦空间》则是根据现代心理学、宇宙学的研究成果建构了六层时空。

第一层时空是现实时空。盗梦团队和目标人物菲舍一起坐在波音 747 飞机头等舱内，准备从巴黎飞往洛杉矶。在长达 10 个小时的飞行时间里，药剂会让大家沉睡，及至药剂失效或关闭联梦机实施唤醒。

第二层时空至第五层时空是四层梦境。第一层是药剂师的梦境，环境为暴雨中的一座城市，通过卡车撞桥护栏和坠落实施穿越。这层时空套取了目标对象菲舍的一组数字，即潜意识中保险箱的密码。第二层是前哨兵阿瑟的梦境，环境为一座封闭的酒店，通过爆炸冲击波令电梯坠落触地实施穿越。盗梦小组获得菲舍的信任。菲舍决定跟随大家一起去探寻关于“终极遗嘱”的真相。第三层是伪装者埃姆斯的梦境，环境为雪峰间的要塞，通过炸毁建筑形成坠落和电击实施穿越。菲舍从密室保险柜查看“终极遗嘱”的真相。第四层是主角柯布的梦境，是柯布和死去的妻子梅尔共同建造并生活了 50 年的梦境。那里破败并充满电闪雷鸣。柯布向梅尔忏悔，以自己为筹码，从梅尔那里换取了菲舍。

第六层时空为迷失域。环境为混沌，必须通过死亡实施穿越。这是一个潜意识边缘。柯布见到了齐藤并通过对话想起了来这里的原因和目的。最后齐藤举枪，两人通过死亡实施了穿越。

这次“植入梦境”的六层时空叙事，插入了柯布和妻子梅尔之间的感情纠葛。二人同为梦境探索者，坠入梦境度过了 50 年幸福时光，最后坠入迷失域。为了把梅尔唤醒，柯布在梅尔的意识深处植入了“怀疑一切，尝试一切”的意念。两人重返现实时空后，梅尔依然怀疑身处梦中，最终跳楼自杀。柯布的负罪感在潜意识中浮现，表现为梅尔和孩子在梦中“干扰”行动。

在盗梦故事里，时间变化倍率设计为每增加一层梦境，时间流逝延长 12 倍，如果使用特殊药剂在“植入”行动中，倍率就被增大到 20 倍，并设定镇静剂、联梦机、梦主、投射、悖论建筑、图腾、抽取、植入、穿越、协同穿越、迷失域等特殊梦境时空规则和动作原理。

三、电影艺术作品推荐

作品 1 《渔光曲》

《渔光曲》是 20 世纪 30 年代中国电影的重要代表作之一。

一对孪生子女小猫、小猴生于生活艰难的渔民家庭。父亲徐福死后，徐妈到船王何家做奶妈，因此小猫、小猴和何家少爷子英一起长大，感情要好。十年后，以捕鱼为生的小猫、小猴难以维持生计，携失明的母亲到上海。子英留学归来希望能改良中国渔业。卖唱的小猫、小猴在上海重遇子英，随后却遭受牢狱之灾，舅舅和徐妈也在火灾中丧生。经历了多番波折的三人重新回到海上捕鱼。

影片通过悲情的家庭伦理故事揭露和批判黑暗的中国社会现实。曲折感人的故事、丰满的人物塑造、比兴手法的运用、水墨画般的空镜头、回环往复的主题歌，使本片具有浓郁的中国风。这部电影取得了巨大成功，并获得莫斯科国际电影节“荣誉奖”，成为中国第一部在国际上获奖的影片。

作品 2　《雅马哈鱼档》

20 世纪 80 年代初，失足青年阿龙待业在家。看到昔日同伴纷纷办起了个体摊档，阿龙筹集资金，买了一辆“雅马哈”摩托车，邀好友海仔、女友珠珠一起，开设了一家“雅马哈”鱼档。经历了生意中的波折起落，阿龙认识到开办个体鱼档不仅是为赚钱，也是对社会做出贡献。

本片体现了广东电影人对时代脉搏的把握，敢为人先的勇气，是中国改革开放最早期的电影化表达。影片还以纪实性镜头，粤语背景音，表现了岭南的风土人情和社会变革的现代意识。

作品 3　《芙蓉镇》

《芙蓉镇》是中国第三代导演谢晋的代表作，根据古华同名小说改编。

女主人公胡玉音在芙蓉镇卖米豆腐，日夜辛劳，勤俭持家，靠劳动致富，却在“四清”“文革”等系列政治运动中饱受迫害。她与右派分子秦书田在共患难的劳动改造中产生了真挚爱情，最终共同迎来芙蓉花开又一春的时代。

本片在朴实逼真的社会生活事件中塑造了富有个性色彩和时代特征的人物：有胡玉音、秦书田历经磨难但保有生命热情的小人物，也有借着运动践踏别人最终自我异化的造反派李国香。影片以人道主义结合社会政治反思国家历史，将道德批判与社会批判融为一体，贯穿着对美好人性的赞颂和强烈的人道主义精神。

作品 4　《阿飞正传》

20 世纪 60 年代的香港，被生母抛弃的阿飞旭仔一边与身边偶遇的女人苏丽珍和咪咪周旋，一边向养母追问生母的信息。旭仔孤傲叛逆，把自己视为一生只能飞翔死去才会落地的“无脚鸟”。终于旭仔抛下一切去南洋找寻生母，可是已为贵妇的生母托故不见，失望的旭仔与朋友超仔非法得到出境证件，乘上飞驰的列车，却不知去往何方。

《阿飞正传》是王家卫艺术电影代表作。他的镜像语言富有灵气，精心设计的色彩灯光，奇特的镜头运动轨迹，富有表现力的构图，耐人寻味的哲言式台词，成就了独特的王家卫风格，打动了一代又一代观众。

作品 5　《霸王别姬》

《霸王别姬》以两位京剧伶人一生的悲欢离合为主线，以半个世纪中国社会的跌宕起伏为背景，表达对中国传统文化、人的生存状态及人性的思考。

9 岁的小豆子被送到关家戏班学戏，受到师兄小石头的关照。十年后小豆子饰演旦角，艺名程蝶衣。小石头饰演生角，艺名段小楼，二人合演的《霸王别姬》誉满京城。段小楼娶妓女菊仙为妻，程蝶衣倍感失落。他们在为太监、军阀、日本人、国军唱戏中，危机重重，冲突不断。“文革”时，被小四逼迫，与菊仙三人彼此揭发，最后菊仙上吊。“文革”后，师兄二人浓墨重彩最后一次合演《霸王别姬》。

本片故事时间长达半个多世纪，叙事沉稳流畅，情感丰富复杂，体现了导演极强的驾驭能力。程蝶衣对京剧角色的迷恋，“人生如戏、戏如人生”的艺术理想，使他的人生与现实充满矛盾和对立，充满隐喻的镜语在“曲终人散”后仍余音绕梁。

作品 6　《阳光灿烂的日子》

20 世纪 70 年代初的北京，学校秩序混乱，时常停课。某军队大院一帮十几岁的男孩整日沉溺于玩闹、打架和无所事事之中，马小军即是其中之一。他可以用万能钥匙偷开别人家的锁，经常趁家中无人溜进去，玩够了吃够了再走。这天马小军又进了一户人家，看到一张笑容灿烂的女孩照片。及至真的见到了女孩米兰，马小军立刻迷上她。在少男少女争风吃醋的打闹中，度过了他们“阳光灿烂”的懵懂少年时期。

本片是姜文的电影处女作，改编自王朔原著小说。影片通过流畅而富有表现力的镜头语言，以少年视点回看中国那个特殊的历史时期，具有独特意义。该片获得包括最佳导演、最佳男女主角等金马奖七项大奖。

作品 7 《卡里加里博士》

青年弗朗西斯坐在长椅上讲述。一个被称作卡里加里博士的人对凯撒施行催眠术，并让他为人们占卜。在小镇集市上，凯撒对弗朗西斯的朋友阿仑说，他活不到明天。这个预言真的应验了。弗朗西斯发誓要找到凶手。一天深夜，凯撒劫持了弗朗西斯的未婚妻珍妮，镇上居民紧追不舍，救下了珍妮，弗朗西斯也发现了精神病院院长的日记，和医生一起把化身卡里加里的精神病院院长关进禁闭室。弗朗西斯讲完这个故事，走进精神病院，精神病院院长让人捆绑弗朗西斯关进禁闭室，并说知道怎么医治弗朗西斯了。

该片人物造型怪异丑陋，物体与布景多用不规则的几何图形，暗示人物变态的心理和精神病患者的内心，故事多次反转，真相隐藏在叙事中，使本片成为德国表现主义电影代表作。

作品 8 《乱世佳人》

《乱世佳人》以 19 世纪 60 年代美国爆发南北战争为背景，以塔拉庄园小姐斯嘉丽的爱情和婚姻为主线，以众多人物错综复杂的关系为内容，表现战争的混乱、残酷，人们的逃难、坚强和成长。

《乱世佳人》被称作好莱坞“第一巨片”，耗资巨大，场景豪华，细节精致。宏大逼真的战争场面，辽阔恢宏的户外庄园，使其具有史诗般的气质。特点鲜明的人物性格和丰富细腻的心理刻画，结合男女主演天衣无缝的组合，使本片的艺术魅力横贯 20 世纪，成为电影史上的经典巨作。

1940 年，该片在奥斯卡金像奖颁奖典礼上获得了包括最佳影片、最佳导演、最佳女主角在内的十个奖项。

作品 9 《偷自行车的人》

在第二次世界大战后失业、饥饿、盗窃盛行的罗马，安东终于找到一份广告张贴的工作。第二天一早，他就骑上妻子当掉床单才赎回的自行车，带上儿子上工了。但是一个小偷乘安东工作时，骑上停在路边的自行车飞驰而去。安东向警察报案，向好友求援，带着儿子布鲁诺到处寻找自行车，沮丧时甚至向懂事的儿子大发脾气。在所有的希望破灭时，他瞥见了街边无人处停靠着的一辆自行车……

该片体现了新现实主义的全部美学原则：对社会的批判立场、普通人的日常生活、实景、长镜头、非职业演员的纪实风格，以及开放的故事结尾，成为意大利新现实主义电影的杰出代表作品。

作品 10　《辛德勒名单》

德国投机商人辛德勒善于利用关系攫取最大利润，他的工厂只雇佣最便宜的犹太人。这些人也因这份工作暂时获得了安全，因此工厂成了犹太人的避难所。纳粹对犹太人的残酷迫害使辛德勒越来越不满，开始尽可能多地保护犹太人，使其免受奥斯威辛的死亡。甚至他花费了大笔财产把名单上的犹太人全部买回。他的义举永远被犹太人和全世界铭记。

犹太人导演斯皮尔伯格，站在人性的立场上全面客观地再现纳粹屠杀犹太人的情景，塑造真实可信的人物来透视战争及战争中扭曲的人性。影片用黑白摄影，象征犹太人经历的至暗时刻。红色的光烛、红衣小女孩以及结尾的彩色，堪称电影色彩美学的经典。影片获得 1994 年七项奥斯卡大奖。

思考与探究

1. 构图方式是观众面对影像的第一直感。按照人眼对图像的接收规律，通常把构图分为常规构图和非常规构图。请举例分析不同的构图方式会让影片呈现什么样的艺术风格。

2. 通常把一个从开机到关机连续 30 秒不中断的镜头叫作长镜头。拍好一个长镜头需要导演预设镜头目的和极强的场面调度能力。请找一部影片，如《罗马》《四百下》《小武》等，分析其中一个长镜头的具体拍摄轨迹及导演意图。

3. 声音和画面作为电影的视听形式总是形成某种关系，如同一、分立和对位。请找一个声画对位的电影片段，分析其具体手法及意义。

4. 电影最吸引观众的永远是故事。一部影片也因故事的讲述方法不同而形成不同风格。请列出一部影片情节序列的完整构成，并分析其与票房的关系。

5. 通常把按照不同范式制作出来的商业电影称作类型电影。请任意找一部类型电影，按照剧作原理，分析其人物关系。

阅读参考书目

1. 尹鸿. 当代电影艺术导论［M］. 北京：高等教育出版社, 2007.

2. 丁亚平. 中国电影通史：全二册［M］. 北京：中国电影出版社, 2016.

3. 汤普森, 波德维尔. 世界电影史［M］. 陈旭光, 何一薇, 译. 北京：北京大学出版社, 2004.

4. 麦基. 故事：材质、结构、风格和银幕剧作的原理［M］. 周铁东, 译. 天津：天津人民出版社, 2016.

5. 贾内梯. 认识电影［M］. 焦雄屏, 译. 北京：北京联合出版公司, 2016.

第十四章　工艺艺术欣赏

"工艺"，在携带着各地的风土人情的同时，还隐含着丰富的民俗文化以及人类的历史记忆和文化基因。因此，不少民间工艺艺术被列入非物质文化遗产保护名录，成为非物质文化保护对象。

第一节　工艺艺术的性质特征

人生，还应该有艺术和各种游历。从一个熟悉的地方到一个你从未到过的地方，那里等待着你和吸引你的可能是对未知的好奇。

当你到达一个不同的国度或不同的民族地区时，你将会看到你从未接触过的东西。这些地方不仅有完全不一样的音乐、舞蹈，而且还有你不了解的习俗、风情和礼仪；不仅有你从未品尝过的味道，而且还有你从未听说过的故事和你从未接触过的民族传统工艺。你将被一些你过去所不熟悉的异域风情所吸引。在你离开的时候，你的眼睛一定会落在独具特色的民族传统工艺品上，它将作为你一次旅游的最好的纪念品。一般人掏钱买下的纪念品，很多时候就是当地的工艺艺术品。为什么会选择当地的工艺品作为旅游纪念品？因为在独具当地特色的工艺品里，经常承载着当地民族的风土人情、历史记忆和文化基因，例如非洲原始风格的木雕，意大利的彩色玻璃器皿，俄罗斯的套娃，东南亚风情十足的沙龙、木雕大象，西藏神秘的唐卡，极具书卷气的肇庆端砚，金碧辉煌的潮州木雕等。

一、什么是工艺艺术

工艺艺术，过去习惯称之为“工艺美术”，即通常所指的传统手工艺。传统工艺美术大致包括民间木雕、民间石雕（砖雕、玉雕、木雕、竹根雕）、泥塑、面人、糖人、民间年画、剪纸、木偶、皮影、纱灯、金银器、青铜器、玻璃器、漆器、陶瓷、染织、刺绣、抽纱、风筝、彩扎、香包、服装、首饰、鞋帽等，品类繁多。

工艺艺术从北京山顶洞人的小石珠、鸟骨管等装饰物品开始，到西汉的长信宫灯，再到后来的倒流壶以及文房四宝和金银首饰等，几乎覆盖了从宫廷到市井，从小孩到老人，从女性到男性，从一个民族到另一个民族。每一个民族都拥有属于自己的传统工艺艺术，每一个民族都会为自己拥有的传统工艺美术而感到骄傲。工艺艺术通常具有比较明显的民族文化特征、地域文化特色以及民俗文化的浓厚色彩和独特的审美趣味，其技艺有着明确的传承性。

世界各地区、各民族几乎都有着自己独具传统特色的工艺美术制品及其技艺。其中，有不少被联合国教科文组织列为世界非物质文化遗产加以保护。如中国的剪纸、皮影戏、传统木结构营造技艺、书法、篆刻、浙江龙泉青瓷、南京云锦、蚕桑丝织布技术等目前都已经列入世界非物质文化遗产保护名录。我国许多的民间工艺都还有待人们去很好地发掘和保护。

中国各民族不仅拥有独具特色的民族音乐，还拥有极具本民族传统文化特色的工艺艺术。如蒙古族除了已经列入世界非物质文化遗产保护目录的呼麦之外，他们的服饰、铜饰都极具特色。中国地大物博，各地区民间工艺各具特色，色彩纷呈，如宜兴紫砂、肇庆端砚、景德镇陶瓷、佛山石湾公仔、潮州大吴泥塑、天津泥人、漳州木偶戏、桃花坞年画、黄杨木雕、福建寿山石雕、榄核雕刻、贵州苗银、无锡泥人、佛山砖雕、山东潍坊风筝等。

二、工艺艺术的审美特征

绘画艺术，对于人的物质生活层面而言也许是可有可无的。而工艺艺术则以其与人的衣食住行关系密切而在过去被人们称之为“实用美术”，用以区别“纯艺术”的绘画艺术。

与绘画艺术相比，“工艺艺术品”在人们的日常生活中更具实用价值和现实意义。其起到美化生活和增添节日气氛的作用，更多的是与实用结合在一起，如石雕、砖雕、嵌瓷、瓦当等都与建筑结合在一起。用各种材料各种工艺制作出来的器物，如陶瓷制品、金属制品、玻璃制品等更多的是人们的生活用品。至于各式砚台、水承、笔架、印泥盒子、印章和各种毛笔则是文房用品；各种泥人、布老虎、面人、糖人、风筝、风铃则是小孩玩具；剪纸、窗花、灯笼、纱灯、对联、面具、年画则是年节增添节日气氛的用品；皮影、木偶则是在电影、电视出现之前广受人民群众喜爱的民间娱乐媒介；雕花大床、丝绸棉被、大红轿子、金银头饰、婚纱礼帽则是民间婚嫁用品。显而易见，工艺艺术通常具有实用的性质，其与人们日常生活的衣食住行关系十分密切。在过去人们的日常生活中几乎随处可以看到工艺品的身影。如今，许多民间工艺艺术正在逐渐减少和消失。但在许多偏远地区和少数民族的日常生活中，工艺制品依然在他们生活中随处出现。节日里的盛装，更是各家各人财富和技艺的大展示。工艺品和制作这些工艺品的技艺几乎成为他们生活中不可或缺的一部分，也正是这些工艺制品使他们的生活变得更加美好。

工艺艺术的制作和传承都有赖于一个特殊的群体——民间手工艺艺人。他们没有课本，只有口诀；没有老师，只有师傅；没有教室，只有作坊。师徒之间靠口口相授和手把手教等，传承着他们的技艺。在各种工艺艺术中无不凝结着民间艺人的智慧，沉淀着他们的技艺、经验乃至他们对生活的理解和对人生的认识。

用于制作工艺品的材料来源一般是就地取材，具有易得和价廉的特点，同时也方便加工，即材料具有较好的可塑性与技艺施展特性。工艺品的制作通常就地取材，因材造意，最大限度保存好材料的本身，不浪费材料。工艺品的制作者通常意因材定，立意和构思往往以材料本身作为思考的起点，根据材料所提供的形状来创作立意和构图，随高就低进行必要的加工。加工技艺常常是视材料特性而决定采用什么工具和手段，是由材料倒逼加工工艺技巧的生成，经过数代人的传承使用之后固定下来，逐渐形成该门手艺的一套技巧。这些技巧一般是掌握在民间艺人手中，几乎每一个优秀的民间手工艺人手中都有一手绝活。

人们对民间工艺品都会追求材质的美感，在要求材质细密的同时追求表面润泽、光洁，因而有丰富的各种不同材料的打磨技术，在形状上追求对称、稳定，在视觉上追求亮丽、夺目，在表现题材方面多会考虑人民群众喜闻乐见的吉祥题材。还考虑方便携带，不管是案头摆设还是金银首饰，都同样具有精巧的美。

装饰手法是工艺品常用的手法，对一些原来是“素面”的物品，施加装饰工艺而使之具有一定的观赏性而变成工艺品。装饰美感也是民间工艺家们擅长的拿手好戏。

18 世纪 60 年代，英国发起的工业革命开启了以机器代替手工劳动的时代。同时，随着世界各地工业化的进程的不断加速，在商品经济的消费社会中，传统手工业面临着极大的挑战，甚至是遭受致命的打击而面临崩溃的边缘。幸运的是，在这个过程中人们逐渐意识到手工艺自身独具的价值。

虽然工艺品的实用性正在被现代工业流水线生产的产品替代，其实用性也随着时代的前行逐渐丧失原先的地位，但工艺品及其制作技艺作为人类的历史记忆和文化基因的性质却在逐渐凸显出来。

恩格斯在《劳动在从猿到人转变中的作用》中指出：“手不仅是劳动的器官，它还是劳动的产物。只是由于劳动，由于和日新月异的动作相适应，由于这样所引起的肌肉、韧带以及在更长时间内引起的骨骼的特别发展遗传下来，而且由于这些遗传下来的灵巧性以愈来愈新的方式运用于新的愈来愈复杂的动作，人的手才达到这样高度的完善，在这个基础上它才能仿佛凭着魔力似地产生了拉斐尔的绘画、托尔瓦德森的雕刻以及帕格尼尼的音乐。”手工艺品，承载着人类手工活动的历史和过程，其手工艺的特点和作为人类的历史记忆和文化基因的性质是工业化产品所不可替代的，这也是工艺艺术的独特魅力和价值所在。

为防止人类这些优秀的民间传统手工艺及其制作技巧失传，联合国教科文组织世界非物质文化遗产已经将许多项目列为保护对象。

第二节　工艺艺术作品欣赏

一、工艺艺术欣赏要领

（一）美感的产生和成分的复杂性

人类美感是如何产生的？从早期人类的“工艺品”考察人类的美感，也许会发现一些有趣的现象。人们现在对史前人类遗留下来的一些装饰物称为“艺术品”“美术品”“工艺品”，其实都不一定正确。

早期的“工艺品”的诞生，也许并非仅仅为了装饰或好看而进行制作，吸引和驱使人们动手制作装饰品的动力不仅仅来自对装饰品的线条、色彩、形状的喜好。追求满足视觉美感也许并不是最主要的原因和动机，在看似简单的物品背后可能还存在更为复杂的观念，或想象不到的更为严肃、重要的意义和动机。

正如普列汉诺夫所说：“野蛮人在用虎的皮、爪和牙或野牛的皮和角来装饰自己的时候，他是在暗示自己的灵巧和有力，因为谁战胜了灵巧的对象，谁就是灵巧的人，谁战胜了力大的东西，谁自己就是有力的人。”①

早期人类的装饰品，还具有“护身符”的意义。普列汉诺夫还谈到“在北美西部的红色人种喜欢用当地最凶猛的野兽——灰熊的爪做装饰品。这样做在他们看来灰熊的大胆和凶暴会传给用它的爪做饰品的人”，“这些爪部分的是做他的装饰品，部分的是做他的护身符”。②

“这些东西最初只是作为勇敢、灵巧和有力的标记而佩戴，只是到了后来，也正是它们是勇敢、灵巧和有力的标记，所以开始引起什么的感觉，归入装饰品的范围。”③

“非洲许多部落的妇女在手上和脚上戴着铁环。富人的妻子身上戴着的这种装饰品有时几乎有一普特重。当然，这是不方便的，可是不方便并不妨碍她们高兴戴上这些被施维弗尔特称作奴隶的锁链的东西。按照施维弗尔特的说法，这些部落正在经历着铁的世纪，换句话说，就是在他们那里铁是贵金属。贵重的东西是美的，因为同它一起联想的是富的观念。”④

“在赞比西河上游地区的巴托克部落那里，没有拔掉门牙的人被认为是丑的。巴托克人拔掉自己的门牙，是竭力想模仿反刍动物。在我们看来，这种愿望有点不可理解。但是巴托克人是一个游牧部落，他们把自己的母牛和公牛几乎当神来崇拜。”⑤

不难看出，早期人类的美感夹杂着许多与美本身无关的观念。装饰品从一诞生，就带有炫耀与奢侈的色彩。人们佩带饰品是为了尽量使自己看起来更富有、更灵巧、更有力、地位更高，更接近自己想象中的神的样子。

---

①②③④⑤ 普列汉诺夫. 没有地址的信［M］// 普列汉诺夫. 普列汉诺夫美学论文集. 曹葆华，译. 北京：人民出版社，1983：314.

（二）“工艺”与“设计”的区别与联系

在展开工艺艺术欣赏之前，有必要先讨论一下“工艺”“设计”“装饰”这几个内涵看似很相似的词，特别是“工艺”和“设计”之间的本质区别。

（1）对“设计”概念的时代特征要有准确的把握。西方“Design”一词，是英国工业革命的产物，而且本身就带着有工业革命时代的时代特征的概念。关于“设计”概念的定义，1964年受联合国教科文组织委托，国际工业设计学会联合会曾对它下过这样的定义：“关于设计，是一种创造性活动。它的目的，是决定工业产品的造型质量。这些造型质量不仅是外部特征，而且主要是结构和功能的关系，它从生产者和使用者的观点把一个系统转变为连贯的统一。工业设计扩大到包括人类环境的一切方面，仅受工业生产可能性的限制。”① 1980年，又把定义修改为：“就批量生产的工业品而言，凭借训练、技术知识、经验及视觉感受而赋予材料、结构、形态、色彩、表面加工以及装饰以新的品质和资格，叫做工业设计。根据当时的具体情况，工业设计师应在上述工业产品全部侧面或其中几个侧面进行工作，而且，当工业设计师对包装、宣传、展示、市场开发等问题付出自己的技术知识和经验以及视觉评价时，这也属于工业设计的范畴。”② 不难看出，后来对定义的修改，是对初次给设计下的定义感到不满意。其实，修改后的定义现在看来也难以令人感到满意，却可看出对设计定义的足够重视。

概念，是人们在反复实践过程中，把事物共同的本质特点抽象出来加以概括，也是认识过程从感性上升到理性认识的标志。对概念的定义，通常体现了特定阶段人们对事物本质和规律的认识和把握程度。因此，对设计概念的准确把握不仅显得特别重要，也体现了人们对设计本质规律的认识和把握。

（2）对设计学的历史与人类早期的设计活动的关系要有一个清晰的认识。设计，作为一门独立学科是十分晚近的事，不论在中国还是在西方，设计学史的时间其实很短。人类的设计活动却可以追溯到人类的远古时代，那些活动是设计学史的“史前史”。也就是说，人类早期的设计活动，不能简单看作设计学史的内容。

（3）设计与工艺既有关联，也存在不容忽视的差异。如何厘清设计活动与工艺美术活动，准确把握设计与工艺的分界线？“设计”与“工艺”不仅仅是一个名称的新旧之分，而且存在实质性的差异。

---

①② 李砚祖．工艺美术概论［M］．北京：中国轻工业出版社，2005：73－74．

中国古代在视觉造型艺术领域本无“设计”一词。设计活动与工艺艺术活动常常是合二为一，以致难以分辨哪些部分属于设计活动，哪些部分属于工艺艺术活动。随着“设计”一词的传入，许多人就直接用“设计”替代原来的“工艺”。“设计”一词，对于100年前的国人来说无疑还停留在对诸如《资治通鉴》《孙子兵法》《三国演义》里所描述的政治、军事、外交、谋略等领域所表达的用以指“谋划”“暗算”“算计”“陷阱”“对策”“阴谋”等特定内涵。与今天所熟悉的设计学科的“设计”一词，用于指为人的生活提供更为方便、舒适、惬意的生活方式的需要而制定的解决问题的方案的内涵已经相去甚远。

在设计学诞生之前，在人类长久的发展历程中，哪些活动可以归为设计活动？哪些活动不适合归入设计活动？这显然有赖于对设计概念的理解和把握。如果从解决功能性需求的“器用”角度来看，远古人类为了捕获野兽而设计的各种陷阱、机关，早期人类为了捕捉到鱼而制作的鱼钩、渔网，以及打鸟的弋和在原始投掷器的基础上发明的弓箭，不仅射程更远、命中率更高，而且方便携带，还有诸如战车和瓮城，无疑都包含了设计的性质。设计要解决的主要目标应该是“器用”，即满足器物的功能性，而不仅仅是为了满足“美观”的欲望而施加的装饰美。为满足美观的欲望而对器物施以纹饰和图案就只是“装饰”而已。

半坡人生活中用以取水的尖底瓶、缝制衣服用的骨针，以及古代的指南车、地动仪、记里鼓车、计时铜漏，无疑都是不可多得的设计作品。西汉时期的铜羊灯、长信宫灯，外表看起来是一件工艺品，其实是优秀的设计作品。

古代生产劳动工具中用以提高劳动效率的曲辕犁，方便行走规范乡间小路的独轮车，用以提高充分燃烧的鼓风机，结合古代木结构建筑而设计的卯榫结构、斗拱结构，用以泄水的“人”字坡屋顶结构，用以分散受力点的拱桥，以及攻防意识明确的城池、护城河和用以“关门打狗”的瓮城，乃至一张收放自如的桐油纸雨伞的设计，都凝聚着先民们的生存智慧，这些作品至今仍然闪耀着先人设计智慧的光芒。

古代的设计作品，几乎都是手工制作而成。这种手工制作手艺也被称为工艺，由手工制作而成的物品也被称为工艺品。它和伴随现代工业革命一起诞生的现代设计不一样，现代设计要求考虑与大规模生产线生产相匹配的各种严格的标准化要求。

“设计”与“工艺”像是一对孪生兄弟，外人有时很难分辨出谁是兄谁是弟，但他们就是不同的两个人。弄清楚“设计”与“工艺”的区别与联系将有助于我们对作品进行欣赏。“装饰”，则仅仅是对物品表面施以纹饰，使之更加好看而已。

（三）工艺美术的材质与技巧的美感

工艺美术，由于载体的不同而产生各种丰富的制作技艺。木雕、剪纸、竹编和漆艺有其一套制作的技艺。从事工艺美术创作的匠师们娴熟地驾驭技艺的能力和技巧，使技艺本身产生了某种特定的工艺技巧的美感。这种工艺技艺既包含了工艺匠师们的经验、技巧，也包含了他们的知识和智慧。

无论哪个品种的工艺美术，匠师们都很注意保留和体现材质的美感。玉石雕刻，匠师们一定会注意保留玉石本身的美感，甚至想办法凸显原石材质的美感；木制品也一样要想办法保留和彰显木材的肌理纹路的材质美感。因此，匠师们都习惯在得到加工原材料之后，就开始对原材料进行“相材”，石雕艺人则进行“相石”，通过“相石”发现原石的材质特点、形状特点，力图最大限度去除无用部分，最大限度保存有用部分，并在“因材得形”的基础上“因形造意”，进行艺术创作的构思和构图，进而根据所确立的构思和构图进行艺术加工，也就是“以意施工”的实施阶段。

工艺技巧，往往来自于对材质的加工。不同的材质，有不同的加工制作技艺。不同的加工制作技艺，往往产生不同的工艺效果。采用什么样的工艺进行加工，这就要考验匠师的水平和经验。

二、经典工艺艺术作品欣赏

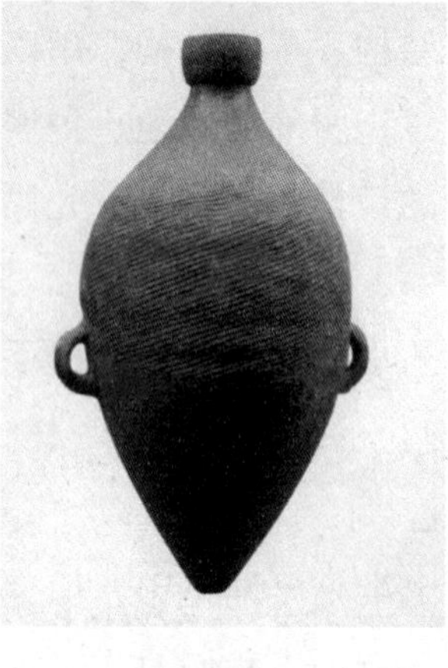

图 14－1　尖底瓶，陶质，新石器时代，西安半坡遗址博物馆藏

作品 1　原始的智慧：尖底瓶陶器

西安东郊半坡村半坡遗址出土的原始时代的尖底瓶陶器（见图 14－1），小口、细颈、圆腹、尖底，肩腹部有对称的双系，可用以穿绳子，器表装饰有绳纹，是仰韶文化半坡类型代表性器型之一。这种器型在仰韶文化庙底沟类型及马家窑文化均有发现而略有差异。有学者认为它应该是一种水器，双耳可用以穿线，瓶子里没有水时，由于重心的关系，瓶子发生倒悬，瓶口朝下。而当汲水的人把瓶子放到水里，瓶子逐渐装满水时，瓶身开始倒转过来，瓶口开始朝上。学者认为这是早期人类对物体重心的认识及其应用的具体例证。

西周时，有一种计时器——欹器，就是在这种尖底瓶原理的基础上进行改造而成的。也是通过利用重心来调节平衡的器物，双耳位置相对固定成为瓶子转动的轴心点悬挂，利于盛满大量的水时发生倾倒。其上放置匀速滴水，形成周期性自动滴入水、倾倒水、空瓶立正，循环往复。空的时候倾斜，装水不多不少时直立，水装多了就翻倒。《荀子·宥坐》载有："孔子观于鲁桓公之庙，有欹器焉。孔子问于守庙者曰：此为何器？守庙者曰：此盖为宥坐之器。孔子曰：吾闻宥坐之器，虚则欹，中则正，满则覆。孔子顾弟子曰：注水焉。弟子挹水而注之，果中而正，满而覆，虚而欹。孔子喟然而叹曰：吁！恶有满而不覆者哉！"

早期原始陶器上出现的编织纹样或绳纹，有学者猜想也许与陶器最初的诞生有一些关系。人们猜想陶器的发明也许最初是人们把泥巴抹在编织物的袋子上再放到火上去烧烤，最后发现编织物给烧没了却留下经过烧之后变硬了的陶器。也许最初的人们大概以为给器物留下编织物的痕迹会使得器物变得更加坚硬和结实。因此，我们在早期原始陶器上经常可以看到这一类的编织纹饰。

陶器，具有原始、质朴的美感。

作品2　汉字的魅力："长乐未央"瓦当

图14－2　西汉，"长乐未央"瓦当，陕西省博物馆藏

"秦砖汉瓦"，一方面反映了后世对秦汉时期历史文化的珍爱，另一方面从侧面透露了这一时期在建筑方面大兴土木的状况并暗示了这一时期建筑装饰上的奢华。唐朝诗人杜牧曾写有《阿房宫赋》："六王毕，四海一，蜀山兀，阿房出。覆压三百余里，隔离天日。骊山北构而西折，直走咸阳。二川溶溶，流入宫墙。五步一楼，十步一阁。廊腰缦回，檐牙高啄；各抱地势，钩心斗角。盘盘焉，囷囷焉，蜂房水涡，矗不知其几千万落。长桥卧波，未云何龙？复道行空，不霁何虹？高低冥迷，不知西东。歌台暖响，春光融融；舞殿冷袖，风雨凄凄。一日之内，一宫之间，而气候不齐。”可以想见，项羽当年一把火“烧秦宫室，火三月不灭”的情形。

西汉时期的宫殿建筑，在秦朝的基础上，规模更为壮丽宏大，形成以国都长安为中心的宫殿建筑群，包括长乐宫、未央宫、明光宫、北宫、桂宫、建章宫以及上林苑，连成宫殿群落，不仅建筑规模气势宏伟，而且宫殿装饰雕梁画栋，金碧辉煌。这也为瓦当在汉代大放异彩奠定了基础。

汉代瓦当，为后世文人墨客所倾倒。

“瓦当”，是中国古代建筑中用以蔽护、遮挡建筑檐头筒瓦前端的建筑构件，同时对建筑物起到装饰和美化的作用。瓦当常见的有文字、图案，也有用以代表东西南北的所谓“四神”，即“朱雀”“玄武”“青龙”“白虎”图案。

“四神”瓦当，是汉代瓦当中以动物装饰最为优秀的作品。汉代的瓦当纹饰相当丰富。动物纹样除了“四神”，还有龟、豹、鹤、玉兔、鹿、牛、马等各种动物，可谓品种繁多。还有花叶、卷草等纹等植物纹样，以及抽象的几何纹饰。

汉代瓦当中，尤以文字瓦当的数量最大且极具时代特色。文字内容丰富，且多为吉祥颂祷之词，如“上林”“长乐未央”“长生未央”“长生无极”“汉并天下”“千秋万岁”“万寿无疆”“富昌未央”“延年益寿”“与华无极”“与华相宜”“大吉祥富贵宜侯王”等，文字瓦当大多数为阳文，字数从一到十数字不等。内容多是反映统治者的意识和愿望。其形制在圆形或半圆形上进行分区划界，中心常常是乳钉与联珠，铭文安排有一个固定模板，在此范围内做上下左右的变化。文字瓦当字体有小篆、鸟虫篆、隶书、真书等，字体行云流水，且极富变化，布局疏密有致，章法华美，线条流畅、刚劲有力，手法粗犷，表现出独特的中国文字美感。其高妙的书法价值被历代文人墨客推崇备至。

书法是中国独有的艺术种类和审美对象，抽象化了的线条美，比具体图案纹饰更为自由。其多样化的线的曲直运动和空间构造，表现出汉字特有的形体姿态，形成中国汉字独有的线条的艺术美感。

作品 3　自然天成：唐三彩仕女俑

唐朝（618—907），是继隋朝之后的大一统王朝，也是公认的中国最强盛的时代之一。唐代科技、文化、经济、艺术呈现出多元化特点，在诗、书、画各方面涌现了大量名家，如诗仙李白、诗圣杜甫，书法家颜真卿、柳公权，画圣吴道子、李思训，音乐家李龟年等。唐朝文化兼容并蓄，接纳海内外各国民族进行交流学习，形成开放的文化。

唐朝与当时的阿拉伯帝国都是当时世界上最强盛的帝国，声名远播，与亚欧国家多有往来。唐朝以后海外多称中国人为唐人。现在海外的唐人街也是因唐人而得名。

唐三彩，是中国古代陶器中一颗璀璨的明珠。唐三彩，即唐代三彩釉陶器，是盛行于唐代的一种低温釉陶器。它是以细腻的白色黏土做胎料，因所施釉彩以黄、绿、白为主而得名。也有在三彩的基础上加上蓝色釉的，成为“三彩加蓝”。其实，唐三彩还有褐色、黑色等。也有只在器物上施加上述色彩中的一种或两种，人们都把它们统称为“唐三彩”。唐三彩在中国文化中占有重要的历史地位，在中国的陶瓷史上留下了浓墨重彩的一笔。

图 14－3　唐代，三彩仕女俑，陶质，陕西省博物馆藏

三彩仕女俑（见图 14－3）具有典型的唐代人物造型的时代审美特征。唐代的审美崇尚健康、丰满、阳刚、华丽，从而形成“浓丽丰腴”的时代特点。

唐三彩的工匠们，巧妙地利用厚釉在入窑之后釉色开始向下流淌，釉色与釉色之间发生交错、混合、渗透，在出窑以后变成自然协调、斑驳淋漓的多种彩色，让三彩色彩在相互辉映中更显得堂皇富丽。这是唐三彩的一个突出特点，也是它被世人所喜爱的原因。

唐三彩作为冥器用于随葬，因为它的胎质松脆，防水性能差，实用性不如当时已经出现的青瓷和白瓷。

作品 4　俏色玉器的巧思：《翡翠白菜》

《翡翠白菜》原陈列于清末光绪瑾妃所住的北京故宫的永和宫。它作为一件有着特别含义的嫁妆随着瑾妃出嫁而带入清宫。传说瑾妃和珍妃姐妹俩同时被选为光绪皇帝的妃子。她们的父亲在为她们姐妹俩准备嫁妆时，因考虑到瑾妃爱财就给她准备了许多的金银财宝；妹妹珍妃不爱财嫁妆中就没有金银财宝，而是把这件《翡翠白菜》放进她的箱子里。后来姐姐瑾妃发现后就大吵大闹起来。看到姐姐吵闹，珍妃于是就把这件宝贝给了姐姐。珍妃知书达理，后来深得光绪皇帝的宠爱。

图 14－4　清朝，《翡翠白菜》，玉雕，台北“故宫博物院”藏

《翡翠白菜》是一件“俏色玉器”。所谓“俏色”是指利用玉石的天然色泽进行雕刻。如这件《翡翠白菜》，一块翡翠玉料，天然含有白、绿、黄三种颜色，清代玉雕匠人巧妙地利用了这块一半灰白、一半翠绿，还有一丁点的翡色的玉石进行巧妙构思，把绿色的部位雕成菜叶，把白色部分雕成菜帮，上面还爬着两只翡色的“蝈蝈儿”。古代，白菜象征“清白”，“蝈蝈儿”则有“多子多孙”的意思，逼真地表现出白菜被霜冻后的质感，反而透露出一股浓郁的生活气息，让这棵白菜更具韵味。这件作品巧妙利用玉石本身的颜色，根据玉料进行构思构图，从而达到巧妙利用玉料的最佳效果。这种巧妙利用玉料天然颜色进行构思立意的玉雕，就被称为“俏色”或者“巧色”。

俏色玉器，不仅充分体现了玉雕匠师们的聪明才智，也充分体现了所谓“经营之极，似不经意”，从而带给人一种“清水出芙蓉，天然去雕饰”的自然美感。

作品 5　西汉·鎏金《长信宫灯》的设计思维

《长信宫灯》，中国汉代青铜器，1968 年于河北省满城县（今河北省保定市满城县西南约 1.5 公里的山崖上）中山靖王刘胜妻窦绾墓中出土，2010 年作为中国 2010 年上海世界博览会展品展出。

图 14－5　西汉，《长信宫灯》，铜器，河北省博物馆藏

宫灯灯体为一通体鎏金、双手执灯跽坐的宫女，其神态恬静优雅。灯体通高 48 厘米，宫女高 44.5 厘米，重 15.85 千克。铜器上的鎏金工艺在战国时期已出现。铜器经过鎏金处理后，表面金碧辉煌，显得灿烂而华丽，而且经过鎏金后对于铜器的保护也起着很好的作用。

该灯有“长信”字样，为窦太后（刘胜祖母）居所长信宫中所用之物，故名《长信宫灯》，现藏于河北省博物馆。

《长信宫灯》设计十分巧妙：宫灯的整体造型是一个跪坐着的宫女双手执灯。宫女一手托灯，另一手似是提灯又似是以袖挡风。头部、身躯、右臂、灯座、灯盘和灯罩六部分是分铸而组装成的。宫女通体中空，头部和右臂可以拆卸。宫女提灯右臂衣袖与灯的烟道相通，以衣袖作为排烟的管道。宽大的袖管自然垂落，巧妙地形成了灯的顶部。灯罩由两块弧形的瓦状铜板合拢后为圆形，嵌于灯盘的槽中，可以左右开合，这样可以随意调节灯光照射的角度和光亮度。灯点燃后，烟会顺着宫女的袖管进入灯体内部，不会污染环境，可以保持室内清洁，既防止了污染，又增添了审美价值。工匠的巧思由此可见。

三、工艺艺术作品推荐

作品1　薄如蝉翼的织品：西汉《素纱禅衣》

图14-6　西汉，《素纱禅衣》，湖南长沙马王堆1号墓出土。湖南省博物馆藏

西汉《素纱禅衣》，1972年在湖南长沙马王堆1号墓出土。交领、右衽、直裾式，袖较宽。衣长160厘米，通袖长195厘米，袖口宽27厘米，腰宽48厘米，下摆宽49厘米，重49克，薄如蝉翼，反映了当时高超的织造工艺技术，为国内所仅有。现藏于湖南省博物馆。

长沙马王堆汉墓出土的文物中有多个品种的丝织品实物，有保存完好的绢、纱、绮、锦、起毛锦、刺绣、麻布等丝麻织品。这些绚丽多彩的高级丝织物，用织、绣、绘、印等技术制成各种动物、云纹、卷草及菱形等花纹，它说明了西汉纺织技术已经达到相当高的水平。

素纱禅衣，由于选材的讲究而比一般纺织物穿起来更加舒适、休闲。它款式简洁明快，线条流畅，给人以素雅的美感。汉民族的这种追求内在品质和不事张扬的内敛的审美趣味，大致在宋人那里被推向了极致。

作品 2　剪纸：《抬花轿》

图 14-7　剪纸，《抬花轿》，陕北地区

剪纸，又称窗花，是我国古老的民间艺术样式之一。

《抬花轿》为陕北地区民间剪纸，其画面简洁，人物造型生动，比例夸张，民间艺术气息浓厚。

剪纸，纸是剪纸的主要载体，以剪刀做画笔，是一种镂空的平面艺术。剪纸材料工具生活中随手可得，成本低，因而在民间广为流行，特别为广大农村劳动妇女所喜爱。民间剪纸活动的主体是中国农村广大的劳动妇女，虽然也有专门的从事剪纸活动的民间艺人，但由于地位卑微，鲜有姓名可考者。比较出名的剪纸有：瑞昌剪纸、邳州剪纸、高密剪纸、佛山剪纸、台江剪纸、安塞剪纸、陇东剪纸、浮山剪纸、滨州剪纸、蔚县剪纸、南京剪纸、山西剪纸、庆阳民间剪纸等。

民间剪纸艺术具有“吉祥文化”特征。剪纸在过去的民间习俗中大量使用，每逢年节，家家户户张灯结彩、剪纸拉花，表达新年吉祥、万事如意、年年有余、四季平安、迎春纳福等美好愿望。其在婚嫁习俗中也广泛使用，有蝴蝶戏金瓜、喜鹊采梅、牛郎织女、龙凤呈祥、鸳鸯戏水、观音送子、金童玉女、榴开百子等，以祈求百年好合、白头偕老、早生贵子、多子多福。在庆祝寿诞、庆出生、庆满月、庆周岁等庆寿活动中，剪纸内容主要为麒麟送子、松鹤延年、寿比南山、长命富贵、福寿双全等。

剪纸，可谓是土生土长的艺术，是扎根于民间的艺术，是广大人民群众喜闻乐见的艺术形式。剪纸，镂空，以线为主，线条首尾相续，不仅体现了手巧，而且体现了巧思，更体现了我国民间艺人的聪慧和灵性。

作品 3　民间年画:《莲年有余》

图 14-8　年画，《莲年有余》

年画，是我国的一种古老民间艺术。年画和春联一样，都源于过年贴“门神”的古老习俗。年画，主要是民间“过年”时用于居室的张贴，以增加节日喜庆气氛，同时也有许愿、祈福的意思。

汉代，民间已有在门上贴“神荼”“郁垒”神像作为门神的习俗。至唐代，门神又出现了秦叔宝和尉迟恭。

年画，是中国民间美术的一个品种。它从早期的驱邪纳祥、祈福挡灾，发展到增添节日的喜庆、祥和气氛，以及表达民众对未来美好生活的向往，因而出现更加丰富的为广大人民群众喜闻乐见的表现题材。在南宋时期的木版年画上，就出现了赵飞燕、王昭君、班姬、绿珠等美女图，也出现了关羽、张飞、马超、黄忠和赵云“五虎将”图。元代出现寿星图、八仙图、松鹤延年图等。明清时期，这种习俗又得到了进一步的发展。由于戏曲杂剧、绣像小说及使用插图等木刻画的兴起，在绘制技术和雕刻技术上都有很大的发展，使木刻年画进入了年画的繁盛时期。产地遍及全国各地，同时涌现了一大批专门从事木刻年画制作的专业画工。

苏州桃花坞、天津杨柳青、山东潍坊和四川绵竹是我国著名的四大民间木刻年画产地。此四地的木版年画在历史上久负盛名，被誉为中国“年画四大家”。其实我国还有其他的特色年画，如广东佛山年画，山东年画中的聊城东昌府版画，河北武强年画，河南朱仙镇年画等。

年画的题材内容、刻印技术、艺术风格，都具有自己鲜明的特点，作为人民群众喜闻乐见的一种视觉图像而备受他们的欢迎，具有雅俗共赏和鲜明的民俗文化特征。

作品4　潮州金漆木雕：大神龛

图14-9　金漆木雕大神龛，1935年，广东省博物馆藏

潮州木雕，中国传统民间雕刻艺术之一。其主要用以建筑装饰、神器装饰、家具装饰、案头摆设等。其雕刻技法有沉雕、浮雕、圆雕、通雕等。其通雕手法在中国民间木雕艺术领域独树一帜。潮州木雕还因为工艺精湛、玲珑剔透，特别是经精雕细琢后髹漆贴金，显得金碧辉煌而独具鲜明的地方色彩，因此又称金漆木雕，与东阳木雕、黄杨木雕并誉于世。

这件大神龛高330厘米，宽231厘米，深145厘米，体量庞大，龛门饰以古代戏曲题材，雕饰精美，保存完好。大神龛综合运用了雕刻、髹漆、贴金、漆画等多种工艺，尤其采用了多层镂空通雕技艺，具有丰富的地方民俗文化内涵，堪称潮州木雕的代表作品。

潮州木雕题材内容十分丰富，有花鸟虫鱼、四季果品、珍禽瑞兽、民间神话传说、古代戏曲。最常见的大致有博古图案、鱼虫花鸟、山水、人物。人物题材多取自《封神演义》《三国演义》《隋唐演义》《西游记》《水浒传》《红楼梦》《聊斋志异》等。潮州木雕特别喜欢表现潮州地区人们喜闻乐见而且比较熟悉的潮剧内容。此外，还有一些具有地方色彩的题材，如表现韩愈被贬潮州的《蓝关雪》，表现明代潮州七贤进京应试的

《七贤进京》等。潮州木雕中的人物题材表现最为复杂，场面大，人物众多。潮州木雕艺人非常擅于处理众多人物的关系，通过木雕作品把人物故事说清楚。木雕艺人通过对木雕人物的上下左右的摆放，加上适当的道具的穿插，包括山峦、小径、牛马、舟车、亭台楼阁的合理布局，在有限的空间里把故事娓娓道来。

潮州木雕与潮州地区人民群众日常生活关系密切。可以说，潮州木雕渗透到潮州地区人们日常生活的各个角落。日常生活的场所，如民居、祠堂、庙宇、府衙，都有木雕装饰。潮州地区的祭神活动所用的器具，如神龛、神亭、神轿、进盒、宣炉罩、烛台、果碟等，也大都饰以金漆木雕。日用器具的眠床、椅桌也都喜欢饰以一些雕刻。

作品 5　榄核雕：《苏东坡夜游赤壁舫》

图 14－10　榄核雕，《苏东坡夜游赤壁舫》，湛谷生，清咸丰四年（1854 年），增城文化馆藏

《苏东坡夜游赤壁舫》榄核雕，由广东增城新塘民间核雕艺人湛谷生创作于清咸丰四年（1854 年）。该核雕作品技巧娴熟，所雕船上人物尺寸极小却各具情态，生动自然。舟中有一桌、三人围坐，旁边还有一个书童正俯身煮茶，后头有船娘把舵，船的两侧有八扇通花窗，可开合。船锚小链也由榄核雕刻而成，连成一体。船底刻有苏东城《前赤壁赋》全文，共 537 个字。该榄雕与明人魏学洢《核舟记》里所生动描述的情况近乎一致。现在保存在增城文化馆。

橄榄核、桃核、杏核本来是要被丢弃的无用之物。核雕就是在这些本来应该是被人丢弃的果核上进行雕刻，使之成为一件令人爱不释手的工艺品，堪称化腐朽为神奇之作。核雕，在凹凸不平且材质坚硬而又极其小巧的果核上雕刻出大千世界，不禁让人为之称奇。其中，广泛流行于广东地区的榄核雕，是极具岭南特色的传统民间工艺，2008 年入选国家级非物质文化遗产名录。

作品6　明式四出头扶手椅

图14－11　明式四出头扶手椅

明式四出头扶手椅，线条简洁明快，尺寸不小，构件却很细，以直线为主，却直中带弧，简单中含有变化，因而耐人寻味。

明式家具，堪称中国传统家具里的经典之作。以其简约风格深受现代人的喜爱。明式家具对做工、用料有比较高的要求，要求材美工良、造型简洁结实。

所谓材美，明式家具多选用密度高的各种比较稀缺的硬木木材，如黄花梨、紫檀、酸枝、鸂鶒木等，不仅不怕南方的潮湿，不怕虫蛀，耐久、稀有，而且木材本身纹理好看，木材本色历久弥新，色泽漂亮。所谓工良，由于木材本身就不便宜，做工、用工自然比较挑剔一些。明式家具基本不用金属钉梢，而全靠传统木作的榫卯结构来实现它的连接与承重。这全凭木匠高超的技艺，仅靠榫卯就使各种家具严丝合缝、结结实实。

作品7　蜡染工艺

蜡染是我国少数民族民间传统纺织印染工艺。我国贵州、云南苗族、布依族等少数民族擅长蜡染工艺。

图14－12　蜡染图案

蜡染是将蜡和水不能相侵的原理运用于纺织物的花纹制作。凡是不想让纺织物染上染料的部分，都在进入染缸之前涂上蜡水。这样，有蜡水保护的地方就不会被染上颜色。没有蜡水保护的地方就染上染缸里的颜料。纺织物的花纹就产生出来了。

蜡染中，有用蜡刀蘸熔蜡水绘花于布后以蓝靛浸染，去蜡后，布面就呈现出蓝底白花或白底蓝花的图案；有时，在浸染中，作为防染剂的蜡会出现自然龟裂，这令布面花纹呈现出自然的冰裂纹，尤具特殊效果。蜡染图案丰富，色调素雅，风格独特鲜明，很适合用于制作服装、服饰和各种装饰品，显得朴实大方、清新悦目，而且富有民族特色。

作品 8　青铜器　曾侯乙尊盘

曾侯乙墓，是 1978 年开始发掘的战国早期墓葬，位于湖北随州城西两公里的擂鼓墩。曾侯乙墓呈“卜”字形，墓坑开凿于红砾岩中，为多边形岩坑竖穴木椁墓。无墓道，南北向。墓坑南北长 16.5 米，东西宽 21 米，深 13 米，面积为 220 平方米。

图 14－13　曾侯乙尊盘，青铜器，湖北省博物馆藏

曾侯乙尊盘，是曾侯乙墓出土文物之一，是战国时期的一件冰酒器。原器尊通高 33.1 厘米、口径 25 厘米、重约 9 千克，盘通高 24 厘米、口径 57.6 厘米、重约 19.2 千克，现藏于湖北省博物馆。

曾侯乙尊盘繁缛精美，玲珑剔透，精巧华丽，镂孔附饰，系用失蜡法铸造而成，在造型艺术和铸造技术上都达到了炉火纯青的程度，是中国古代青铜器工艺技术的一件巅峰之作。

作品 9　漏壶

漏壶也叫漏刻，是古代利用水量缓慢滴泄来计量时间的一种仪器，原理与沙漏相同。

图 14－14　漏壶，青铜，广州博物馆藏

水漏以漏壶盛水，利用水均衡滴漏，以观测漏壶中刻度显示的数据变化来计算时间。漏刻的发明年代已不可考，据称西周时就已经出现了漏刻。漏刻由漏壶和刻有刻度的标尺两部分共同构成。漏壶用于盛水、泄水，称泄水漏壶和受水漏壶。标尺刻度用于标记水位变化，从而看出时间流走，使用时置于壶中。

漏刻是一种典型的等时计时装置，计时的准确度取决于水流的均匀程度。早期漏刻大多使用单只漏壶，滴水速度受到壶中液位高度的影响，液位高，滴水速度较快，液位低，滴水速度较慢。为解决这一问题，古人进一步创制出多级漏刻装置。所谓多级漏刻，即使用多只漏壶，上下依次串联成为一组，每只漏壶都依次向其下一只漏壶中滴水。这样一来，对最下端的受水壶来说，其上方的一只泄水壶因为有同样速率的来水补充，壶内液位基本保持稳定，从而保证滴水速度也相对保持匀速流动。

作品 10　漆碗

图 14－15　漆碗，河姆渡文化，浙江省博物馆藏

漆，来自漆树。漆树产自中国本土。资料显示，15 000 年前，中国已经在使用漆器了。1976 年河南安阳出土了一个公元前 13 世纪的漆器木棺。1978 年，浙江余姚河姆渡文化遗址中出土距今 7 000 年的漆木碗（现存于浙江省博物馆），木碗的外壁涂有朱红色，经化学鉴定为天然漆。

随着漆器的使用，青铜器数量逐渐减少。后来漆工艺流传至日本和东南亚，影响了日本和东南亚的漆器工艺。漆器工艺相当丰富，除了作为木材的保护层和装饰，还可以和贝壳、蛋壳一起用，也就是所谓的镶嵌工艺。漆还可以多层堆积，再用刀把不要的部分剔去，从而形成所谓的剔漆工艺。还有脱胎漆器工艺等。

思考与探究

1. 谈谈工艺艺术与民族历史文化、民俗文化之间的联系。
2. 说说厘清“工艺”与“设计”关系的意义。
3. 想想工业时代背景下手工艺的传承和发展。
4. 从工艺艺术中看民间艺人的智慧。

阅读参考书目

1. 王树村. 中国民间美术史 [M]. 广州：岭南美术出版社，2004.
2. 田自秉. 中国工艺美术史 [M]. 2 版. 上海：东方出版中心，2010.
3. 杭间. 中国工艺美学史 [M]. 北京：人民美术出版社，2007.
4. 杭间. 中国工艺美学思想史 [M]. 太原：北岳文艺出版社，1994.
5. 张少侠. 世界工艺美术史 [M]. 上海：上海书画出版社，2009.
6. 要彬. 西方工艺美术史 [M]. 天津：天津人民出版社，2006.

后记

经一番劳作，《大学美育》终于出版了。

本教材的编写基于对美育有关问题的几点基本认识：

第一，美育有实践和理论两种意义——美育作为一种实践，指的是教育主体借助“美”包括自然美、社会美、艺术美等实施对受育者的教育行为，或主体通过这些美的熏陶自我受育的行为。美育作为一种理论，指的是对美育实践的理论概括，它是构成美学的一部分，可谓“美学的教育学”；同时它又是教育学的一部分，可谓“教育学的美学”。就是说，完整的美育的内涵，是美育实践和美育理论的统一。《大学美育》主要是美育理论的阐述，但注重对美育实践的引导，重视通过本教材的教学更好地实现理论与实践的有机统一。

第二，美育以美育人，必须借助自然美、社会美、艺术美等实施教育。但是，无论是中国先秦时代倡导的“诗教”“乐教”，还是古希腊提出的“缪斯教育”的理念，以及后来两千多年美育实践的历史都表明，艺术美的教育是最重要的审美教育。这是因为艺术美是最典型的美的形态，是现实美与理想美的统一，是美的规律、美的特征的集中体现。根据这一认识，本教材重点放在下编的“艺术审美欣赏”，在阐述各种艺术门类的特点和欣赏要领的基础上，侧重通过具体的典型作品的赏析，引导学生进入艺术世界，在艺术审美活动中受到艺术美的熏陶，在潜移默化中得到审美情操和审美能力等审美素质的提升。

第三，美育理论不等于美学，美育理论只是美学的一个组成部分，但它必然要运用美学的基本理论、范畴等基本知识展开阐述。因此，学习《大学美育》必须具有一定的美学理论基础知识，例如关于美的性质特征、审美对象包括美的类型、美感经验的特点、审美活动的规律等。由此，学生在学习本教材或课程之前，可以通过学习《美学原理》《美学概论》获取一定的美学理论基础知识，这样才能更好地理解和掌握本教材的内容。

本教材的编写原则强调体现科学性、时代性、民族性的统一，力求深入浅出和图文并茂。

教材编写分工如下（按各章顺序）：

柯汉琳　第一、二、四、六章

唐晓敏　第三、十一、十二章

周小蓬　第五章

林钰源　第七、十四章

吴慧平　第八章

欧建平　第九章

林翠花　第十章

刘海玲　第十一章

本书从策划、组织编写到出版期间，本人于广东外语外贸大学南国商学院任专职教授，整个编写工作得到南国商学院的大力支持；同时也得到广东海燕电子音像出版社的协助，谨此表示感谢。

本书出版过程中，广东高等教育出版社的领导和编辑特别是周景芳、冯沪萍女士等为之付出了辛勤的劳动，也借此致谢。

本书部分图片来自百度，特此说明和感谢。

主　编

2020 年 3 月 5 日

于暨南园苏州苑

参考文献

[1] 柏拉图. 文艺对话集 [M]. 朱光潜, 译. 北京: 人民文学出版社, 1963.
[2] 亚里士多德. 形而上学 [M]. 吴寿彭, 译. 北京: 商务印书馆, 1959.
[3] 亚里士多德. 诗学 [M]. 罗念生, 译. 北京: 人民文学出版社, 1962.
[4] 康德. 判断力批判: 上卷 [M]. 北京: 宗白华, 译. 商务印书馆, 1995.
[5] 黑格尔. 美学 [M]. 北京: 朱光潜, 译. 商务印书馆, 1979.
[6] 鲍姆加通. 美学 [M]. 北京: 文化艺术出版社, 1987.
[7] 车尔尼雪夫斯基. 生活与美学 [M]. 周扬, 译. 北京: 人民文学出版社, 1957.
[8] 普列汉诺夫. 论艺术 [M]. 曹葆华, 译. 北京: 生活·读书·新知三联书店, 1973.
[9] 席勒. 美育书简 [M]. 徐恒醇, 译. 北京: 中国文联出版公司, 1984.
[10] 席勒. 秀美与尊严 [M]. 北京: 文化艺术出版社, 1996.
[11] 冈布里奇. 艺术与错觉 [M]. 长沙: 湖南科学技术出版社, 2000.
[12] 桑塔耶纳. 美感 [M]. 北京: 中国社会科学出版社, 1982.
[13] 鲍桑葵. 美学史 [M]. 北京: 商务印书馆, 1985.
[14] 李斯托威尔. 近代美学史评述 [M]. 上海: 上海译文出版社, 1980.
[15] 朱光潜. 西方美学史: 上下册 [M]. 北京: 人民文学出版社, 1964.
[16] 蒋孔阳. 德国古典美学 [M]. 北京: 商务印书馆, 1980.
[17] 朱立元. 现代西方美学史 [M]. 上海: 上海文艺出版社, 1993.
[18] 朱狄. 当代西方美学 [M]. 北京: 人民出版社, 1984.
[19] 北京大学哲学系美学教研室. 西方美学家论美和美感 [M]. 北京: 商务印书馆, 1980.

［20］伍蠡甫．西方文论选［M］．上海：上海译文出版社，1985．
［21］李泽厚，刘纲纪．中国美学史：第一、二卷［M］．北京：中国社会科学出版社，1987．
［22］李泽厚．美的历程［M］．北京：文物出版社，1981．
［23］叶朗．中国美学史大纲［M］．上海：上海人民出版社，1985．
［24］北京大学哲学系美学教研室．中国美学史资料选编：上册［M］．北京：中华书局，1980．
［25］北京大学哲学系美学教研室．中国美学史资料选编：下册［M］．北京：中华书局，1981．
［26］郭绍虞．中国历代文论选［M］．上海：上海古籍出版社，1980．
［27］朱光潜．朱光潜美学文集：第 3 卷［M］．上海：上海文艺出版社，1983．
［28］朱光潜．悲剧心理学［M］．张隆溪，译．北京：人民文学出版社，1983．
［29］李泽厚．美学论集［M］．上海：上海文艺出版社，1980．
［30］蔡仪．美学论著初编［M］．上海：上海文艺出版社，1982．
［31］吕荧．吕荧文艺与美学论集［M］．上海：上海文艺出版社，1984．
［32］高尔泰．论美［M］．兰州：甘肃人民出版社，1982．
［33］美学问题讨论集［M］．北京：作家出版社，1959．
［34］宗白华．美学散步［M］．上海：上海人民出版社，1981．
［35］赵士林．当代中国美学研究概述［M］．天津：天津教育出版社，1988．
［36］滕守尧．审美心理描述［M］．成都：四川人民出版社，1998．
［37］克罗齐．美学原理［M］．北京：外国文学出版社，1983．
［38］阿多诺．美学理论［M］．成都：四川人民出版社，2001．
［39］帕克．美学原理［M］．桂林：广西师范大学出版社，2001．
［40］王朝闻．美学概论［M］．北京：人民出版社，1981．
［41］蔡仪．美学原理［M］．长沙：湖南人民出版社，1986．
［42］周来祥．文艺美学［M］．北京：人民文学出版社，2003．
［43］蒋孔阳，朱立元．美学原理［M］．上海：华东师范大学出版社，1999．
［44］柯汉琳．美学原理［M］．广州：广东高等教育出版社，2015．
［45］杜卫．美育学概论［M］．北京：高等教育出版社，1997．